市场营销研究
方法与应用

（第四版）

涂平 编著

图书在版编目(CIP)数据

市场营销研究:方法与应用/涂平编著.—4版.—北京:北京大学出版社,2022.7
(光华思想力书系.教材领航)
ISBN 978-7-301-33123-1

Ⅰ.①市… Ⅱ.①涂… Ⅲ.①市场营销学 Ⅳ.①F713.50

中国版本图书馆CIP数据核字(2022)第108988号

书　　名	市场营销研究:方法与应用(第四版) SHICHANG YINGXIAO YANJIU: FANGFA YU YINGYONG (DI-SI BAN)
著作责任者	涂　平　编著
策划编辑	贾米娜
责任编辑	王　晶
标准书号	ISBN 978-7-301-33123-1
出版发行	北京大学出版社
地　　址	北京市海淀区成府路205号　100871
网　　址	http://www.pup.cn
微信公众号	北京大学经管书苑(pupembook)
电子邮箱	编辑部 em@pup.cn　总编室 zpup@pup.cn
电　　话	邮购部 010-62752015　发行部 010-62750672　编辑部 010-62752926
印刷者	天津中印联印务有限公司
经销者	新华书店
	730毫米×1020毫米　16开本　25.5印张　435千字
	2008年9月第1版　2012年7月第2版 2016年4月第3版 2022年7月第4版　2025年7月第3次印刷
定　　价	59.00元

未经许可,不得以任何方式复制或抄袭本书之部分或全部内容。
版权所有,侵权必究
举报电话: 010-62752024　电子邮箱: fd@pup.cn
图书如有印装质量问题,请与出版部联系,电话: 010-62756370

丛书编委会

顾 问
厉以宁

主 编
刘 俏

编委（以姓氏笔画排列）

王 辉　王汉生　刘晓蕾　李 其　李怡宗
吴联生　张圣平　张志学　张 影　金 李
周黎安　徐 菁　龚六堂　黄 涛　路江涌
滕 飞

丛书序言一

很高兴看到"光华思想力书系"的出版问世,这将成为外界更加全面了解北京大学光华管理学院的一个重要窗口。北京大学光华管理学院从1985年北京大学经济管理系成立,以"创造管理知识,培养商界领袖,推动社会进步"为使命,到现在已经有三十余年了。这三十余年来,光华文化、光华精神一直体现在学院的方方面面,而这套"光华思想力书系"则是学院各方面工作的集中展示,同时也是北京大学光华管理学院的智库平台,旨在立足新时代,贡献中国方案。

作为经济管理学科的研究机构,北京大学光华管理学院的科研实力一直在国内处于领先位置。光华管理学院有一支优秀的教师队伍,这支队伍的学术影响在国内首屈一指,在国际上也发挥着越来越重要的作用,它推动着中国经济管理学科在国际前沿的研究和探索。与此同时,学院一直都在积极努力地将科研力量转变为推动社会进步的动力。从当年股份制的探索、证券市场的设计、《中华人民共和国证券法》的起草,到现在贵州毕节试验区的扶贫开发和生态建设、教育经费在国民收入中的合理比例、自然资源定价体系、国家高新技术开发区的规划,等等,都体现着光华管理学院的教师团队对中国经济改革与发展的贡献。

多年来,北京大学光华管理学院始终处于中国经济改革研究与企业管理研究的前沿,致力于促进中国乃至全球管理研究的发展,培养与国际接轨的优秀学生和研究人员,帮助国有企业实现管理国际化,帮助民营企业实现管理现代化,同时,为跨国公司管理本地化提供咨询服务,从而做到"创造管理知识,培养商界领袖,推动社会进步"。北京大学光华管理学院的几届领导人都把这看作自己的使命。

作为人才培养的重地,多年来,北京大学光华管理学院培养了相当多的优秀学生，他们在各自的岗位上做出贡献，是光华管理学院最宝贵的财富。光华管理学院这个平台的最大优势，也正是能够吸引一届又一届优秀的人才的到来。世界一流商学院的发展很重要的一点就是靠它们强大的校友资源，这一点，也与北京大学光华管理学院的努力目标完全一致。

今天，"光华思想力书系"的出版正是北京大学光华管理学院全体师生和全体校友共同努力的成果。希望这套丛书能够向社会展示光华文化和精神的全貌，并为中国管理学教育的发展提供宝贵的经验。

北京大学光华管理学院名誉院长

丛书序言二

"因思想而光华。"正如改革开放走过的40年,得益于思想解放所释放出的动人心魄的力量,我们经历了波澜壮阔的伟大变迁。中国经济的崛起深刻地影响着世界经济重心与产业格局的改变;作为重要的新兴经济体之一,中国也越来越多地承担起国际责任,在重塑开放型世界经济、推动全球治理改革等方面发挥着重要作用。作为北京大学商学教育的主体,光华管理学院过去三十余年的发展几乎与中国改革开放同步,积极为国家政策制定与社会经济研究源源不断地贡献着思想与智慧,并以此反哺商学教育,培养出一大批在各自领域取得卓越成就的杰出人才,引领时代不断向上前行。

以打造中国的世界级商学院为目标,光华管理学院历来倡导以科学的理性精神治学,锐意创新,去解构时代赋予我们的新问题;我们胸怀使命,顽强地去拓展知识的边界,探索推动人类进化的原动力。2017年,学院推出"光华思想力"研究平台,旨在立足新时代的中国,遵循规范的学术标准与前沿的科学方法,做世界水平的中国学问。"光华思想力"扎根中国大地,紧紧围绕中国经济和商业实践开展研究;凭借学科与人才优势,提供具有指导性、战略性、针对性和可操作性的战略思路、政策建议,服务经济社会发展;研究市场规律和趋势,服务企业前沿实践;讲好中国故事,提升商学教育,支撑中国实践,贡献中国方案。

为了有效传播这些高质量的学术成果,使更多人因阅读而受益,2018年年初,在和北京大学出版社的同志讨论后,我们决定推出"光华思想力书系"。通过整合原有"光华书系"所涵盖的理论研究、教学实践、学术交流等内容,融合光华未来的研究与教学成果,以类别多样的出版物形式,打造更具品质与更为多元的学术传播平台。我们希望通过此平台将"光华学派"所创造的一系列具有国际水准的立足中国、辐射世界的学术成果分享到更广的范围,以理性、科学的研究去开启智慧,启迪读者对事物本质更为深刻的理解,从而构建对世界的认知。正如光华管理学院所倡导的"因学术而思想,因思想而光华",在中国经济迈向高质量发展的新阶段,在中华民族实现伟大复兴的道路上,"光华思想力"将充分发挥其智库作用,利用独创的思想与知识产品在人才培养、学术传播与政策建言等方面做出贡献,并以此致敬这个不凡的时代与时代中的每一份变革力量。

北京大学光华管理学院院长

推荐序

"市场营销研究"(marketing research)又名"市场调研",是营销学专业课程中一门重要的基础课,北京大学光华管理学院自20世纪90年代开始就为本科生、研究生和MBA学生开设"营销研究"课程,涂平教授编著的《市场营销研究:方法与应用》是广受北京大学及国内众多高校师生喜欢的教科书,已经多次再版,第四版补充了很多最新知识,是一本高水平的教科书,值得大力推荐。

就当前特别强调的课程思政来说,这本教材完全符合要求,它的核心内容是如何用科学的方法来进行市场调查研究,与党和政府倡导的调查研究完全吻合。

"没有调查,没有发言权",这是毛泽东主席1930年发表的《反对本本主义》一文中的至理名言。习近平总书记进一步指出:"没有调查,就没有发言权,更没有决策权。"习近平总书记2020年10月10日在中央党校(国家行政学院)中青年干部培训班开班式上的重要讲话中指出,"调查研究是做好工作的基本功。一定要学会调查研究,在调查研究中提高工作本领"。调查研究是谋事之基、成事之道。没有调查,就没有发言权,更没有决策权。研究、思考、确定全面深化改革的思路和重大举措,刻舟求剑不行,闭门造车不行,异想天开更不行,必须进行全面深入的调查研究。

要做好调查研究,不仅需要科学的态度,更需要专业的方法。《市场营销研究:方法与应用》是对于科学的调研方法的系统论述。全书分四篇二十章,从研究设计、数据收集、数据分析与报告等环节,全面、系统地介绍了营销研究过程的各个步骤,仔细阐释了在实际应用过程中应当注意的问题。

浏览全书,可以看到这本教材的几个显著特点:

第一,在教育理念上,教书与育人相结合,尤其是强调专业精神与职业道德。教材中专门阐释了"市场营销研究的职业道德""实验研究的职业道德问题""现场执行的职业道德问题"等,教导学生以合乎道德和负责任的方式从事研究及使用研究结果,说明了开展营销研究时应遵循的一些基本原则、价值观和行业准则。教材中还结合实际案例(比如例7-5 首起在华外国人非法获取公民个人信息案),告诉学生"通过不正当的手段获取消费者的私人信息或者竞争对手的内部数据是不道德的,也是违法的,因此一定要通过合法、正当的途径获取二手数据"。

第二,在教材内容上,与时俱进,不仅包含营销研究的经典理论与成果,而且介绍了营销研究的最新趋势和方法。

第三,在本土特色上,关注中国市场的特点,充分考虑在中国开展营销研究的具体环境与问题,强调理论联系实际,力图加深学生对市场营销研究实践活动的理解。

第四,在教学方法上,强调学以致用,注重培养学生分析问题和解决问题的实际动手能力。

涂平教授是北京大学光华管理学院市场营销学系资深教授、博士生导师。他长期担任教育部工商管理教学指导委员会委员、市场营销专业组长,为中国高校的营销学研究和教学做出了重要的贡献。涂平教授为人正直,为学严谨,热爱教学事业,曾经被北京大学的学生评为其最喜爱的老师,这本书正是他多年教学研究心得的结晶,希望读者能够从中受益。

彭泗清

北京大学光华管理学院市场营销学系教授
2022 年 6 月

第四版前言

我们生活在一个充满机遇与挑战的时代。互联网的普及和大数据应用的兴起,使市场营销研究的发展日新月异:跨终端海量实时数据的产生和数字化营销的发展,为市场营销研究中的数据采集与分析提供了前所未有的机会,也对研究提出了更高、更快的要求;在线调查与追踪、在线实验、计算机辅助观察、基于位置信息的消费者行为分析、网络分析与可视化等分析方法及技术手段的采用,为提高数据采集、分析和报告的速度、质量与效率提供了有效的工具及手段;上述市场营销研究实践的发展,对市场营销研究教学与人才培养提出了新的要求和挑战,也为这方面的专业人才提供了前所未有的机遇。

北京大学光华管理学院早在20世纪90年代就开始为本科生、普通硕士生和MBA学员开设营销研究课程。在开设这门课的初期,学院老师们选用的是英文原版教材,后来又翻译了纳雷希·K.马尔霍特拉(Naresh K. Malhotra)所著的《市场营销研究:应用导向》(Marketing Research: An Applied Orientation)的第3版、第4版和第5版。十多年的教学实践表明,虽然英文原版教材及其中译本的内容非常全面和系统,并有大量的案例和练习,但毕竟不是为中国学生量身定制的,还不能完全适应国内市场营销研究教学的需要,也没有跟上国内市场营销研究实务的快速发展。而国内许多教材存在两种倾向:一是主要借鉴国外教材的内容,比较侧重于研究方法的介绍,缺乏生动和实用的案例与练习;二是比较强调实用性,但对理论与方法的介绍不够系统、全面和深入,内容更新也非常不及时。

为了向市场营销及相关专业的师生、营销研究专业人员提供一本系统、全面和实用的营销研究教科书,在北京大学出版社经济与管理图书事业部林君秀主任的大力支持下,笔者根据多年教学实践经验与心得,在借鉴国内外有关教材、参考书和专业文献的基础上,结合教学过程中积累的案例和素材,编写了

《营销研究方法与应用》一书,并于 2008 年由北京大学出版社出版。

本书第一版出版后,得到了国内同行与读者的积极响应和鼓励。多年来在亚马逊、当当等图书销售平台的同类图书销量中位居前三。根据第一版的使用情况及读者的反馈,笔者在 2012 年对本书进行了全面修订并推出了第二版,2016 年推出了第三版。

为了跟上营销研究实践的快速发展,此次对本书再进行修订。第四版保持了第三版的基本结构,对各章节中的部分案例与主要数据进行了更新,进一步强调了互联网与大数据等技术手段,尤其是在线调查与实验方法在营销研究领域的应用。

本书力求全面、系统地介绍营销研究过程的各个步骤,以及在实际应用过程中应当注意的问题;努力反映营销研究方法与应用的经典成果及最新趋势,充分考虑在中国开展营销研究的具体环境与问题;通过各章的案例与练习,强调理论联系实际,加深读者对市场营销研究实践活动的理解,培养学生分析问题和解决问题的实际动手能力。

本书的修订得到了北京大学出版社经济与管理图书事业部林君秀主任及其同事们的大力支持与鼓励,贾米娜和王晶两位编辑对本书进行了认真的编辑和校对;北京大学光华管理学院和市场营销学系的领导、同事们为本书的写作提供了很好的工作环境,彭泗清教授认真阅读了本书并为本书作序;兄弟院校的师生和广大读者对本书提出了很多宝贵的意见与建议。笔者在此表示衷心的感谢。

尽管付出了很大的努力,但由于笔者水平有限,本书一定还存在许多不足,欢迎读者批评指正。笔者将虚心听取各方面的意见,根据读者的反馈不断对本书进行改进。

涂平博士

北京大学光华管理学院市场营销学系教授

2022 年 7 月

目录
CONTENTS

第1篇 概述

第1章 市场营销研究概述 ··· 3
- 1.1 市场营销研究的作用及意义 ·· 4
- 1.2 市场营销研究的内容 ·· 7
- 1.3 市场营销研究过程 ·· 11
- 1.4 市场营销研究的发展状况与趋势 ·· 13
- 1.5 市场营销研究对人才的需求 ··· 15
- 1.6 市场营销研究职业道德 ··· 17

第2篇 研究设计

第2章 定义研究问题 ·· 23
- 2.1 定义研究问题的重要性 ··· 24
- 2.2 确认营销决策问题 ·· 25
- 2.3 定义营销研究问题 ·· 31
- 2.4 起草和提交研究项目意向书 ··· 33
- 2.5 定义研究问题时的注意事项 ··· 34

第3章 确定研究框架 ·· 37
- 3.1 研究框架的主要组成部分 ·· 38
- 3.2 理论与模型 ··· 39

3.3 研究问题与假设 ………………………………………………… 42
3.4 概念与变量 ……………………………………………………… 43
3.5 研究总体与分析单位 …………………………………………… 47

第4章 研究设计 ……………………………………………………… 53
4.1 研究设计的定义与分类 ………………………………………… 54
4.2 探索性研究 ……………………………………………………… 55
4.3 描述性研究 ……………………………………………………… 58
4.4 因果研究 ………………………………………………………… 65
4.5 探索性研究、描述性研究与因果研究的关系 ………………… 67
4.6 市场营销研究计划书 …………………………………………… 68

第5章 样本设计 ……………………………………………………… 72
5.1 基本概念 ………………………………………………………… 73
5.2 抽样过程 ………………………………………………………… 74
5.3 非概率抽样方法 ………………………………………………… 77
5.4 概率抽样方法 …………………………………………………… 80
5.5 互联网抽样 ……………………………………………………… 85
5.6 抽样方法的选择 ………………………………………………… 86
5.7 确定样本量的经验方法 ………………………………………… 87
5.8 确定样本量的统计学方法 ……………………………………… 88
5.9 样本量的调整 …………………………………………………… 91
5.10 无回答问题 ……………………………………………………… 92

第6章 测量与量表 …………………………………………………… 97
6.1 测量过程 ………………………………………………………… 98
6.2 测量的基本尺度 ………………………………………………… 100
6.3 量表技术 ………………………………………………………… 103
6.4 测量误差 ………………………………………………………… 109
6.5 信度与效度评估 ………………………………………………… 110
6.6 信度和效度之间的关系 ………………………………………… 112

第3篇 数据收集方法

第7章 二手数据的利用 ······ 119
- 7.1 二手数据的特点与分类 ······ 120
- 7.2 内部数据 ······ 122
- 7.3 外部数据 ······ 124
- 7.4 大数据的发展与应用 ······ 128
- 7.5 二手数据的收集与评估 ······ 130

第8章 定性研究 ······ 137
- 8.1 定性研究的特点与分类 ······ 138
- 8.2 专题组座谈 ······ 142
- 8.3 深度访谈 ······ 146
- 8.4 影射法 ······ 149
- 8.5 定性数据分析与发展趋势 ······ 153
- 8.6 定性研究的职业道德问题 ······ 155

第9章 问卷调查 ······ 161
- 9.1 问卷调查的特点与分类 ······ 163
- 9.2 人员访问 ······ 164
- 9.3 电话访问 ······ 167
- 9.4 网络调查 ······ 168
- 9.5 邮寄问卷调查 ······ 171
- 9.6 其他问卷调查方法 ······ 172
- 9.7 不同问卷调查方法的比较 ······ 173
- 9.8 问卷调查的基本步骤 ······ 174
- 9.9 问卷调查的职业道德问题 ······ 175

第10章 问卷设计 ······ 180
- 10.1 基本原则与步骤 ······ 181
- 10.2 确定要收集的信息和调查方法 ······ 183

10.3 问题设计 ……………………………………………………… 185
10.4 外观设计 ……………………………………………………… 190
10.5 导语与填写说明设计 ………………………………………… 191
10.6 问卷设计中的常见错误 ……………………………………… 192
10.7 预调查与问卷测试 …………………………………………… 192

第11章 实验法 …………………………………………………… 198
11.1 概念与符号 …………………………………………………… 199
11.2 实验的效度及其影响因素 …………………………………… 204
11.3 实验设计类型 ………………………………………………… 207
11.4 实验室实验与现场实验 ……………………………………… 211
11.5 市场测试 ……………………………………………………… 212
11.6 实验研究的职业道德问题 …………………………………… 215

第12章 现场执行的组织与管理 ………………………………… 223
12.1 现场执行的基本原则 ………………………………………… 224
12.2 现场执行的工作流程 ………………………………………… 225
12.3 制订执行计划与前期准备 …………………………………… 226
12.4 人员招聘与培训 ……………………………………………… 228
12.5 执行与督导 …………………………………………………… 232
12.6 质控与复核 …………………………………………………… 235
12.7 总结与评估 …………………………………………………… 236
12.8 现场执行的职业道德问题 …………………………………… 237

第4篇 数据准备、分析与报告

第13章 数据准备 ………………………………………………… 243
13.1 数据准备过程 ………………………………………………… 244
13.2 问卷审核与编辑 ……………………………………………… 245
13.3 数据编码 ……………………………………………………… 247
13.4 数据录入 ……………………………………………………… 252

13.5 数据清理 ············ 253
13.6 准备数据文件 ············ 255
13.7 选择数据分析方法 ············ 255
13.8 数据准备的职业道德问题 ············ 256

第 14 章 描述性统计分析 ············ 262
14.1 频数分布 ············ 263
14.2 与频数分布有关的统计指标 ············ 265
14.3 列联表 ············ 268
14.4 与列联表有关的统计量 ············ 271
14.5 常用的统计分析软件 ············ 274

第 15 章 方差与协方差分析 ············ 279
15.1 单因子方差分析 ············ 281
15.2 多因子方差与协方差分析 ············ 285
15.3 方差分析结果的解读 ············ 287
15.4 重复测量的方差分析和多元方差分析 ············ 290
15.5 常用的统计分析软件 ············ 291

第 16 章 相关回归分析 ············ 296
16.1 相关分析 ············ 298
16.2 回归分析的基本概念 ············ 301
16.3 简单回归分析 ············ 303
16.4 多元回归分析 ············ 307
16.5 回归分析的应用 ············ 313
16.6 常用的统计分析软件 ············ 314

第 17 章 Logistic 回归 ············ 319
17.1 Logistic 回归的基本概念 ············ 320
17.2 分析步骤 ············ 322
17.3 分析实例：大学生公寓的目标市场识别 ············ 324

17.4 多项 Logistic 回归 …… 327
17.5 常用的统计分析软件 …… 328

第 18 章 因子分析 …… 334
18.1 基本概念 …… 336
18.2 分析步骤 …… 338
18.3 公因子分析的应用 …… 345
18.4 常用的统计分析软件 …… 347

第 19 章 聚类分析 …… 351
19.1 基本概念 …… 352
19.2 分析步骤 …… 353
19.3 快速聚类与二步聚类 …… 360
19.4 对变量的聚类 …… 362
19.5 常用的统计分析软件 …… 362

第 20 章 报告研究结果 …… 368
20.1 沟通过程和基本要素 …… 369
20.2 撰写研究报告 …… 371
20.3 审阅与提交报告 …… 377
20.4 口头汇报 …… 379
20.5 后续工作 …… 380

附 录 …… 383
附录 1 标准正态分布表 …… 383
附录 2 卡方分布表 …… 385
附录 3 t 分布表 …… 387

第1篇

概 述

第1章　市场营销研究概述

本章概要

本章重点描述市场营销研究的基本概念、内容和作用,强调其在获得市场与顾客洞察并将之转变为有效决策与行动方面所起的重要作用。本章首先介绍市场营销研究的作用及意义;其次介绍市场营销研究的主要内容、研究过程、发展现状与趋势;最后介绍市场营销研究人员应该具备的基本素质、专业知识和技能,并强调进行市场营销研究时应当注意的职业道德问题。

教学目的

阅读本章后,学生应当能够:
1. 理解市场营销研究的性质、内容与作用;
2. 对市场营销研究过程有一个初步的了解;
3. 了解互联网与大数据时代市场营销研究的现状和发展趋势;
4. 了解从事市场营销研究工作必备的专业背景与技能要求;
5. 注意与市场营销研究有关的职业道德问题。

开篇案例

打造洞察引擎

在大数据与人工智能应用迅速发展与普及的时代,越来越多的企业意识到要以顾客为中心,及时洞悉并更好地满足顾客需求。

实现这一点,不仅需要数据支持,而且需要能将数据转化成深入洞察市场与顾客并采取有效行动的能力。由战略咨询公司 Kantar Vermeer 主导的一项全球研究(i2020,即洞察2020)揭示:很多高绩效企业(年收益增长超过竞争对手的企业)成功的原因是擅长将数据转化为有关消费者动机的洞察,并据此制定战略。要想点石成金,企业就需要创新的组织能力,这就是目前越来越被重视的"洞察引擎"。

为了揭示"洞察引擎"这一关键性角色,这项研究采访了全球1万多名企业从业者。研究结果揭示,在所有以顾客为中心的增长驱动因素中,洞察引擎的作用无可比拟,它往往存在于企业的洞察和分析部门,尽管各企业所采用的具体名称可能各不相同。

以消费品巨头联合利华为例,其公司内部的洞察引擎对于公司战略的制定起了关键性的作用。该公司有400多个品牌,2015年创造年收益600亿美元,年基本销售额增长4.1%。这种高绩效需要公司包括供应链、研发、市场和财务在内的所有部门共计16.9万员工的通力合作。但是,正如研究所示,联合利华消费者和市场洞察(Consumer and Market Insight, CMI)团队的洞察引擎,是该公司以顾客为中心战略的支柱。

资料来源:弗兰克·范·德·德里斯特、斯坦·萨纳南森、基斯·威德,《打造洞察引擎》,《哈佛商业评论》(中文版),2016年第9期。

1.1 市场营销研究的作用及意义

我们所处的市场营销环境及与此相对应的市场营销战略和策略发生了巨大的变化。市场营销环境与消费者需求的多变性、产品和技术更新升级的快节奏,使竞争规则由原来的"大鱼吃小鱼"变为"快鱼吃慢鱼",使营销策略由大规模营销变为动态的个性化营销。因此,企业必须建立一个以及时、可靠和有用的信息为基础的决策机制,才能适应营销环境和市场需求的变化,保证其生存与发展。而市场营销研究的作用就是通过提供及时、可靠和有用的信息,获得深入的市场和顾客洞察,保证决策与行动的及时性、有效性和前瞻性,避免决策失误和贻误商机。

美国营销学会(American Marketing Association)理事会通过的"市场营销研究"的定义为:市场营销研究(marketing research)是营销者通过信息与消费者、

顾客和公众联系的一种职能。这些信息用于识别和定义营销问题与机遇,制定、完善和评估营销活动,监测营销绩效,改进对营销过程的理解。市场营销研究确定解决问题所需的信息,设计信息收集方法,管理和实施数据收集过程,分析结果,就研究结论及其意义进行沟通。

本书将"市场营销研究"定义为:运用科学的方法和合适的手段,系统地收集、整理、分析、解读和报告有关市场营销信息,获得市场与顾客洞察,以便及时、准确地了解市场机遇与问题,制定、实施、评估和调整营销策略和行动。为了克服决策的随意性、主观性和盲目性,本书重点强调市场营销研究的系统性、科学性和实用性。

市场营销研究是系统的,因此在营销研究过程的各个阶段都需要系统、周密的计划,避免随意性,在每一阶段所用的方法与手段必须恰当、有效并尽可能事先计划。当然,这并不意味着不需要根据实际情况的变化及时调整研究设计与执行计划。

市场营销研究应当是科学的,建立在准确的数据和科学的方法论基础上。这并不否认市场营销研究有其艺术性的一面,而是强调在进行市场营销研究时必须做到公正、客观和诚实,达到科学性与艺术性的平衡。尽管市场营销研究不可避免地受到研究机构和人员背景、专长和研究哲学的影响,但是应当尽量避免先入为主,避免受研究人员和管理层个人偏见与私利的干扰,避免人为地操纵、影响研究结果。这样做不仅不科学,也不道德。

市场营销研究应当是实用的,重点是根据具体营销决策和行动的需要,获得及时、有用和深入的市场与顾客洞察,并转化成有效的策略与行动,而不是无的放矢,获得一般性的知识,更不是为了研究而研究。

市场营销的重点在于准确识别千差万别的顾客需求,并比竞争对手更有效地去吸引目标顾客,满足其需求。为了完成这一任务,营销经理需要及时、准确和有用的信息,包括顾客、竞争对手、营销环境以及其他相关方面的信息。

全球化导致市场竞争范围的不断扩大、营销环境和消费者需求的快速变化以及竞争的加剧,使及时、有效地满足营销决策的信息需求变得越来越重要。与此同时,剧烈的竞争和企业、市场规模的不断扩大使决策失误的代价不断上升。这些客观现实都要求市场营销研究能够为科学决策提供及时、准确和有用的信息,这为从事市场营销研究的专业人员提供了新的机遇和挑战。

企业在开展市场营销时,需要营销经理做许多战略和战术决策,而企业无法控制的一些环境因素使得这些决策更加复杂化。另外,决策可能涉及方方面面的利益,包括消费者、员工、股东、供应商、经销商等。因此,有效的沟通和协调对于提升市场营销的绩效变得越来越重要。市场营销研究可以通过及时提供有关营销变量、环境和顾客的可靠信息,减少决策失误,提高营销活动的绩效(见图1-1)。

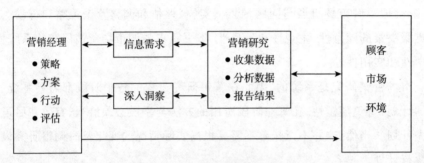

图1-1 市场营销研究的作用

过去,市场营销研究人员和营销经理之间的分工比较明确。研究人员负责判断信息需求并收集有关信息,经理们制定有关营销决策。目前这一传统分工模式已被打破,研究人员不仅负责收集和分析信息,而且越来越多地参与决策过程,而营销经理也越来越多地参与研究的全过程。因此,市场营销研究不再是简单的数据收集,而是要将数据转变为深刻的洞察和切实可行的解决方案。而这里所谓的洞察(insight)是指关于顾客需求、市场机会与风险的新鲜的、深入的见解。它应该是具有前瞻性的,并非显而易见,并且应该是可以转化成有效行动的。

例1-1

《藏地密码》的市场定位

根据西藏旅游局的普查,全国对西藏有强烈兴趣的人在3 000万左右,其中大部分为都市白领与大学生。对这类读者的图书购买与阅读习惯调查显示,他们具有以下主要特点:

- 注重阅读价值。他们中的大部分人会按需买书,书对他们来说既是消遣工具,也是实用工具。

- 消费能力较强。买书对他们属于低价消费,他们对 30 元以下的图书价格敏感度低,每月购买 2—4 本图书。
- 网络书店、书城、机场、超市是主要的购买渠道。

根据对上述调查数据的分析,北京读客图书有限公司发现了一个巨大的图书细分市场,及时推出了针对该市场的《藏地密码》系列图书,并制定了以下营销策略:

- 市场定位。一部关于西藏的百科全书式小说。
- 产品策略。快速了解西藏的系列图书,将图书打造成为快消品,引导"知识的快速消费"。
- 定价策略。都市白领可接受的价格区间(22—30 元)。
- 渠道策略。以点带面(以网络书店为龙头,以重点终端和战略经销商为核心),建立稳固的渠道利益链;迅速发动销售商大规模销售,发动购买者大规模尝试。
- 传播策略。具有藏族特色和神秘色彩的名字及封面,充分利用网络的力量和货架的媒介作用。

准确的市场定位和有效的营销组合策略使《藏地密码》自出版以来销量超过 300 万册。

资料来源:"2008—2009 年度中国杰出营销奖"获奖案例。

1.2 市场营销研究的内容

市场营销研究所涉及的内容非常广泛。研究的主题包括行业与市场分析(industry and market analysis)、定价研究(pricing research)、产品研究(product research)、分销研究(distribution research)、广告与促销研究(advertising and promotion research)、购买行为研究(buying behaviour research)等类别。

此外,近年来市场营销研究中越来越重视大数据(big data)的采集、存储、分析和应用,跨平台的、基于地理位置和社交网络的消费者行为追踪分析也受到越来越多的重视。

表 1-1 列出了市场营销研究经常涉及的一些主要内容。

表 1-1　市场营销研究的内容

A. 行业与市场研究	D. 分销研究
1. 行业与竞争者分析	1. 选址研究
2. 市场分析与预测	2. 渠道绩效研究
3. 市场份额分析	3. 渠道覆盖面研究
4. 兼并与多元化研究	E. 广告与促销研究
B. 产品研究	1. 媒体研究
1. 概念开发与测试	2. 文案测试和广告效果测评
2. 品牌命名与测试	3. 竞争性广告监测与研究
3. 试销市场	4. 舆情监测与公共形象研究
4. 现有产品测评	5. 个性化促销与广告推送
5. 包装设计研究	6. 新媒体与网络传播研究
6. 竞争产品研究	F. 购买行为研究
C. 定价研究	1. 市场细分研究
1. 需求分析	2. 目标客户识别与筛选
2. 价格弹性分析	3. 品牌认知与偏好研究
3. 竞争者价格监测与分析	4. 购买意向与行为研究
4. 动态定价研究	5. 网上消费者购买路径分析

市场营销研究最主要的作用就是获得有关市场与顾客的深入洞察，并将其转化成有效的策略与行动。这种洞察是关于顾客、市场和产品的新鲜的、深入的了解，让我们通过下面的一些具体实例，简要说明市场营销研究的内容和作用。

购买行为研究。了解购买者的特征与偏好（用户画像）、购买动机与决策过程、品牌认知与选择以及产品的使用状况等，这些信息对于企业选择合适的目标市场、推出和改进产品与服务、制定合适的营销策略具有重要的意义。由于网购的快速增长，网上购买者购买路径的追踪对于制定有针对性的导流和广告推送策略、优化用户体验也有重要的价值。例如微软在推出 Windows 10 操作系统时，对 50 户家庭进行入户观察与录像，了解用户对新的操作系统的使用情况，从中发现了约 1 000 处错误，其中 80% 是公司测试时未发现的。

产品研究与测试。针对消费者不断变化的需求创新，开发能够填补市场空白和有效满足消费者需求的产品是企业保持市场竞争力的关键。国际上许多知名企业在推出新产品时，都要进行从产品概念测试、市场潜力预测到市场试销等一系列研究。例如,由于人们对健康的普遍关注,碳酸饮料的消费在很多国家呈不断下滑的趋势。可口可乐公司针对这一挑战,通过大量的消费者调查、产品概念测试和口味测试,于2008年推出了不含糖的零度饮料。这种饮料所含的热量几乎为零,但口味和传统的可口可乐非常相似,因此受到摄入热量过高、营养过剩的消费者的欢迎,成为可口可乐近年来推出的最成功的产品。当然,营销经理不能简单地去迎合消费者所表达的偏好,对于那些首次投放市场的新产品,消费者并不了解,缺乏做出正确选择的必要信息,其所表达的偏好并不一定能够很好地预测产品的市场前景,功能性饮料红牛就是一个很好的例子。口味测试显示,大多数被试都表示不喜欢红牛的味道,但红牛后来还是成了一款非常成功的功能性饮料。

定价研究。正确的定价策略建立在对成本、市场需求、价格弹性、竞争产品和替代品价格以及消费者心理的良好把握的基础上。一方面,产品的价格直接影响企业的销售收入和利润;另一方面,价格也决定了顾客购买、使用某一产品需要付出的成本,而且还可能影响顾客对产品质量的感知。因此,企业在制定定价策略时必须对目标市场的价格承受能力与认知做深入的研究。例如,动态定价就是按个体消费者的支付意愿和购买情境不断调整价格,从而增加收益。在大数据时代,动态定价更加普及,同时也引起了一些争议。因此在实行动态定价时,除了基于大数据和分析模型,在产品生命周期的不同阶段实现动态定价,还要监测消费者的反应。

分销研究。选择合适的渠道、加强渠道成员之间的合作、避免渠道冲突、提高渠道效率,是整个营销过程中的重要一环。无印良品是一个日本杂货品牌,在日文中意为无品牌标志的好产品。无印良品的产品类别以日常用品为主,从笔、笔记本、服饰、食品到厨房的基本用具都有,在包装与产品设计上皆无品牌标志。无印良品自2005年进入中国市场后发展速度很快,至2014年已开了约130家分店。2013年,无印良品进行了一次消费者调查,结果意外地发现:①网购销量的增长速度远远超过实体店销量的增长速度,即使在有很多实体店的城市,网购的比例也非常大;②在淘宝等C2C(消费者间)平台上,很多无印良品的正品被加价转售。对淘宝上的卖家记录的分析显示,大量的订单都来自甘肃、宁夏、青海、新疆、四川等西部省区。进一步的研究表明,因为网上传播的作用,三、四线城市相对富裕的人群很喜欢无印良品,但在当地却买不到,因此只好借助于网购。由于有市场需求,许多淘宝店主就把买来的无印良品商品在网上加价转售。根据这些研究结果，无印良品决定调整开设实体店的速度与节奏，大力发展网上销售，并加强仓储、物流和配送系统的建设。

广告与促销研究。 有效的广告与促销需要对消费者的需求、偏好和认知过程以及各种媒体的特点和覆盖面、竞争者的产品和广告有非常深入的了解，这样才能正确地确定产品的卖点，选择合适的广告创意、媒体和预算。例如，电商平台经常进行AB测试，比较不同展示广告版本的点击率和转化率，不断优化展示广告；还可以通过在线实验，比较不同推荐算法的效果，不断加以改进。

例 1-2

你的心思我能懂

有过网购经历的人也许会注意到，当你登录某个电商网站，将某件商品放入购物车或者下单的时候，网站会自动地向你推荐相关产品。精准的个性化推荐将节省消费者的搜寻成本，提升购物体验，达到促进消费者购买和增加商家盈利的双赢目的。而盲目的、死缠烂打的推送广告往往会对消费者造成骚扰，降低其购物体验和满意度，导致消费者的严重不满甚至投诉。最著名的电子商务推荐系统应属亚马逊网上购物商城。亚马逊根据其积累的海量消费者和商品的数据，运用协同过滤的方法在恰当的接触点对顾客进行个性化推荐，取得了非常好的效果，成为这一领域的翘楚（如图1-2所示）。

资料来源：亚马逊中国官网，https://www.amazon.cn，访问日期：2021-03-10。

图 1-2 亚马逊中国的个性化推荐页面

由于新注册用户的个人偏好和购买行为数据较少,给个性化推荐和营销带来了很大的挑战。目前很多电商都允许顾客用其社交网络的用户名登录,这样做除了使购物更加便捷,还能获取更多的消费者本人(甚至好友)的偏好和行为信息,为个性化营销采集必要的信息。

1.3 市场营销研究过程

市场营销研究过程(marketing research process)指的是进行营销研究时所遵循的基本步骤和程序,一般包括六大步骤:定义研究问题、确定研究框架、确定研究设计、收集数据、准备与分析数据、报告研究结果。本章对这几大步骤只作一个简要的介绍,使读者了解营销研究过程的概貌和本书的基本结构,以后各章将对每一步骤进行比较详细的介绍。

定义研究问题。定义研究问题是营销研究的第一步,也是最重要的一步。定义问题时应当考虑研究的目的、有关背景、所需信息、成本以及研究在决策中的用途。市场营销人员在定义问题时需要与决策者进行良好的沟通,咨询有关专家,分析二手数据,有时也许需要开展定性的探索性研究。只有准确地定义了问题,才能正确地设计和开展研究(详见第 2 章)。

确定研究框架。确定研究框架包括确定研究目的、理论框架、分析模型、具体的研究问题和假设,以及考虑影响研究设计的有关因素。这一步骤需要借助与管理层和专家讨论、查阅有关文献和案例、分析二手数据、进行定性研究和其他实际的考虑(详见第 3 章)。

确定研究设计。研究设计是开展某一营销研究时要遵循的框架或计划,包括研究人员为了解决某一问题所制订的数据收集、处理、分析、解释与报告的预定计划和构想。研究设计的确定除了取决于研究题目、目的和内容,还要考虑所需人员、经费、时间和技术上的可行性等客观条件。书面的研究计划,除了对研究实施有指导作用,还起到作为研究的执行方与委托方之间就研究的内容和具体要求所达成的合同的作用(详见第 4 章)。研究设计中还必须考虑如何从调查对象那里获取信息和设计抽样方案(详见第 5 章)。开展探索性研究、准确地定义变量、设计合适的测量方法和问卷(详见第 6 章和第 10 章)也是研究设计的一部分。

收集数据。市场营销研究的数据收集方法包括利用二手数据、定性研究、问卷调查法、观察和实验法。当开展一项营销研究时,首先要尽量充分利用已有的二手数据(详见第 7 章),只有当二手数据不能满足研究需要时才考虑专门收集原始数据。调查法是进行描述性研究时最常用的方法,包括专题组座谈、深度访谈等定性研究方法(详见第 8 章)和以收集定量数据为主要目的的问卷调查法(详见第 9—10 章)。实验法是在人工环境下引入某种刺激,然后观察和度量其作用,这种资料收集方法常用于因果研究(详见第 11 章)。应当根据研究目的、不同数据来源的特点、成本以及技术上的可行性来选择数据收集方法。

原始数据收集工作常常涉及有关现场执行问题。现场执行方式通常包括个人入户访问、商场拦截访问、电话调查、邮寄问卷或网络问卷调查、线上或线下实验。现场执行人员的挑选、培训、督导和评估考核对保证数据收集工作的质量非常重要(详见第 12 章)。

准备与分析数据。数据准备分为定性资料的处理和定量数据的处理。本书主要介绍定量数据的处理与分析。定量数据的处理包括数据的审核、编码、录入、编辑、清理和制作必要的数据文件。首先要对每份调查表或观察表进行审核并作必要的更正。要尽可能地用专用软件实现数据处理的智能化和自动化,减少数据处理误差。数据文件的制作是非常必要但又容易被忽略的一项工作,忽略它会给后面的数据分析和结果解释带来很多不便(详见第 13 章)。

营销研究所收集的数据常用统计软件包(例如 Stata、SPSS、Minitab 等)或专门的软件进行分析。常用的统计软件包都具备描述性统计分析、统计推断、相关回归分析、多元统计分析等功能;而市场模拟与预测、营销组合优化、社会网络分析等特定研究则需要专门的软件。数据的正确分析和解释常需要研究人员与市场营销管理人员的密切合作。第 14—19 章将对市场营销研究中常用的数据分析方法进行介绍。

报告研究结果。每个研究项目完成后,应当及时撰写完整的书面报告并进行口头汇报。研究报告(research report)的内容包括执行小结、研究问题、研究框架与设计、数据收集与分析方法,以及研究结果、主要结论与建议。应当用容易理解、直观的方式报告研究结果,以便这些结果能在决策过程中充分发挥作用。除此之外，还需要尽可能及时地向管理层做口头汇报（详见第20章）。由于数据和分析方法的局限性，研究结果的信度和效度通常可能有限，因此在利用这些结果进行重大决策时，一定要认识到研究的局限性。

1.4 市场营销研究的发展状况与趋势

市场营销研究是伴随市场营销观念的发展而发展的。20世纪以前是市场营销研究的萌芽期，陆续有人对选举投票、农产品产量、顾客特征进行调查；1900—1920年间，市场营销研究进入成长初期，第一家正式的调研机构于1911年在美国成立，主要针对汽车的潜在购买者，随后丹尼尔·斯塔奇（Daniel Starch）创立了广告反应的认知测量方法，E.K.斯特朗（E.K.Strong）提出了回忆测度与认知量表；1920—1950年是营销研究的成长期，问卷调查得到了广泛的运用，实验法与专题组座谈也开始被采用，抽样方法与调查过程也有了很大的进步；1950年之后，市场营销研究进入成熟期，市场研究机构和活动随着营销观念被广泛接受而迅速增加，许多商学院也纷纷开始设立营销研究课程，出版大量的教材，随着相关学科的发展和计算机与互联网的普及，研究方法和手段日趋成熟。①

进入21世纪之后，互联网与电子商务的快速发展、社交媒体的兴起、智能手机与平板电脑的普及，导致大数据的产生，为市场营销研究提供了前所未有的机遇与挑战。对大量的个体消费者偏好与行为的在线实时监测、追踪与预测，建立在社交媒体与位置信息基础上的个性化营销研究，跨平台的广告与口碑传播研究，在线市场研究社区的建设等越来越受到重视。

目前市场营销研究已经非常普及，发达国家绝大部分大中企业都设有**市场营销研究部门**（marketing research department）或专职的市场营销研究人员，与此同时，还有一大批从事市场营销研究的专业公司（marketing research firm），形成了一个稳步发展、相对成熟的行业。

市场营销研究在我国开展得相对较晚，但随着社会主义市场经济在我国的建立，越来越多的企业认识到了市场营销研究的重要性。1984年，市场调查由

---

① 小卡尔·麦克丹尼尔、罗杰·盖茨著，范秀成等译，《当代市场调研》（第4版），机械工业出版社，2000:10。

于外资企业进入我国市场的需要而被引入我国。20世纪80年代初期的市场调查大多都由企业委托国内的研究机构和大专院校进行。企业对市场营销研究的需求推动了市场营销研究在我国的普及和发展。我国第一家专业市场研究公司——华南市场研究公司于1990年诞生。市场营销研究在20世纪90年代进入快速发展的黄金时期：大批的专业公司先后成立，从业人员不断增加，整个行业的营业额以每年200%—300%的速度增长；国外的市场营销研究公司在这一时期陆续进入我国市场，推动了市场营销研究的进一步发展；许多院校也相继开设了有关市场研究的课程，培养具有市场营销研究知识与技能的人才。

2005年以后，许多市场研究公司相继向咨询公司转型，从数据服务供应商转变为解决方案供应商。目前市场研究领域的大公司基本完成由市场调查公司→研究型公司→咨询公司的转变，由为客户提供数据转变为向客户提供更多的增值服务和全面解决方案；而为数众多的小公司则逐步转型为提供某项专门服务的执行公司，成为大公司全国性研究网络的一部分。

2010年以来，随着移动互联网的普及、新媒体和大数据应用的兴起与推广，营销研究也开始了线上与线下、不同媒体平台之间的逐步整合，向自动化、智能化和数字化方向发展，基于实时位置的大数据应用也越来越受到重视。

经过近四十年的发展，市场营销研究在我国日趋成熟，研究水平不断提高。一方面，越来越多的企业认识到市场营销研究的重要性，同时由于人员专业素质的提高和竞争的加剧，企业对研究的要求也不断提高，这给专业的研究公司和人员提供了巨大的机遇与挑战。另一方面，在市场需求的拉动下，市场营销研究的手段和质量也在不断提高，呈现出自动化、智能化、网络化、专业化和规范化的趋势。

例 1-3

从520外卖订单看五大名校的爱恨情仇

2019年5月20日，饿了么用外卖大数据分析出全国各大高校的"恋爱关系"，如图1-3所示。

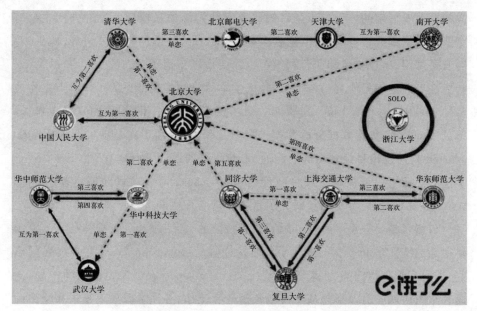

图 1-3 全国各大高校"恋爱关系"

饿了么数据显示,清华学生所点的跨校外卖中,给北大学生的最多。但清华学子并没有得到回应,在北大送往其他高校的外卖榜单上,清华连前五都没排上。

同济、华东师范、华中科技、南开也都对北大进行"外卖表白",可惜,这四大高校也没有一个挤进北大"意中人"前五名。从饿了么外卖走向可以看出,北大的"隐藏爱人"其实是人大,而后者也首选北大,双方点给对方的外卖次数均居各自学校的第一位。

资料来源:"都市快报"微信公众号,2019-05-20。

上面这幅相对简单的"恋爱关系"图其实用到了下单和收货方的位置信息、大数据处理、社会网络分析和可视化四大技术。大家可以思考一下,这类数据和方法还可以用来揭示哪些鲜为人知的消费者行为呢?

1.5 市场营销研究对人才的需求

市场营销研究在我国的普及和发展拉动了对市场营销研究及相关专业(社会学、统计学、心理学、计算机科学等)人才的需求,创造了更多的就业与更大的职业发展空间。受过市场营销研究专业训练的高校毕业生的去向主要有企业的市场部或市场研究部、广告公司、咨询公司和市场研究公司等；此外，政府有关部门、事业单位和非营利组织也需要市场营销研究人员。

在专业的市场研究与咨询公司，大学本科毕业生最常见的工作起点是作业督导(fieldwork supervisor)，负责有关现场执行、数据编辑、编码的督导工作；分析员(analyst)，负责数据分析和报告撰写工作；另一项工作是项目助理(project assistant)，协助项目经理与客户沟通，参与研究的设计、执行与汇报。具有硕士学位的毕业生一般被聘为项目经理(project manager)或项目助理经理(project assistant manager)，负责某项研究项目的日常管理协调工作。

市场营销研究需要各种不同背景和技能的人才：统计分析师类技术专家需要很强的统计学和数据分析背景；研究总监(research director)需要很强的研究、沟通和管理协调能力；营销总监(marketing supervisor)需要很强的策划、沟通和组织协调能力。要想从事市场营销研究工作，必须掌握如下知识和能力：

市场营销学。为了能够使研究很好地为决策服务，必须了解市场营销决策所涉及的主要问题、营销人员的主要任务和职责，以及营销决策逻辑与程序。因此，市场营销学知识对于营销研究人员来说是必不可少的。

心理学和消费者行为学。消费者行为是市场营销研究的重要内容。为了能够很好地设计和进行此类研究，必须对心理学和消费者行为学的基本理论、概念与方法有一定程度的掌握。

定量、定性分析方法。市场营销研究需要采用很多定量和定性的分析方法，只有掌握了这些方法，才能针对某一具体研究问题收集合适的数据并进行分析，提供准确和有用的结果，为正确决策服务。虽然近年来有很大的进步，但数据分析方法及能力的训练仍是国内本科生和研究生教育的一个薄弱环节，亟待加强。

大数据抓取和编程能力。随着大数据与人工智能技术应用的逐步推广，大数据抓取与挖掘、社会网络分析方法、机器学习等相关领域的技能在营销研究领域越来越有用武之地。

书面和口头沟通技能。再好的研究成果，如果不能及时送达有关决策者手中并被采纳，也无法发挥应有的作用。因此，研究人员需要具备很好的书面和口头沟通的技能，能够提交高质量的研究报告并进行有效的口头沟通。

创造性思维能力。市场营销研究的使用者，已经不再满足于获得一般的信息和知识,他们要求所进行的研究并非仅仅提供众所周知的常识,而是还包括独特的见解,使决策者能够获得解决问题的新思路和独创性办法。因此,在竞争激烈的市场环境中,创造性思维能力是一个人脱颖而出的关键技能。

1.6 市场营销研究职业道德

市场营销研究职业道德(marketing research ethic)涉及如何以合乎道德和负责任的方式从事研究及使用研究结果,以及开展营销研究时应遵循的一些基本原则、价值观和行业准则。判断什么是合乎道德的,常因社会环境、文化传统、法律制度的不同而异。在进行道德判断时有两大派别:

- 权利派——强调一些基本的个人权利(例如生命、健康和知情权)不可侵犯,根据手段和目的判断行动是否合乎道德。
- 功利派——将社会作为分析单位,强调行动的后果而不是其手段和目的,其标准是多数人利益的最大化。

在从事营销研究时,其职业道德问题主要涉及以下几大方面:

- 保护研究对象。在处理研究人员与研究对象的关系时,必须尊重研究对象的隐私权、知情权和选择权,保证其身心健康和人身安全。
- 保护客户利益。在处理与客户的关系时,应当保守客户的秘密,坚持公正、客观、科学的原则,信守合同,避免研究结果的误用与滥用。
- 尊重他人的劳动。在处理研究人员之间的关系时,应当公平确定研究人员的责任、义务与权利,尊重他人的劳动成果与贡献。

小 结

市场营销研究是运用科学的方法和合适的手段,系统地收集、整理、分析、解读和报告有关市场营销信息,获得市场与顾客洞察,以便及时、准确地了解市场机遇与问题,制定、实施、评估和调整营销策略和行动。为了克服决策的随意性、主观性和盲目性,本书重点强调市场营销研究的系统性、科学性和实用性。

市场营销研究所涉及的内容非常广泛,包括行业与市场分析、定价研究、产品研究、分销研究、广告与促销研究、购买行为研究等各个方面。此外,近年来市场营销研究中越来越重视大数据的应用,跨平台的消费者偏好和行为监测与分析也越来越受到重视。

市场营销研究过程指的是进行市场营销研究时所遵循的基本步骤和程序，一般包括六大步骤：定义研究问题、确定研究框架、确定研究设计、收集数据、准备与分析数据、报告研究结果。

市场营销研究在我国经历了三个发展阶段：20 世纪 80 年代的引入阶段、90 年代的快速发展阶段以及进入 21 世纪后的成熟调整阶段。随着移动互联网的普及、新媒体和大数据应用的兴起与推广，市场营销研究也开始了线上与线下、不同媒体平台之间的逐步整合，向自动化、智能化和数字化方向发展，基于实时位置的大数据应用也越来越受到重视。

企业对市场营销研究需求的提升为市场营销研究公司和人员提供了新的机遇与挑战。从事市场营销研究需要具备市场营销学、心理学和消费者行为学、定量与定性分析，以及大数据挖掘与分析等专业知识及能力，还需要有良好的沟通能力，而创造性思维能力则是一个人脱颖而出的关键技能。

从事市场营销研究时应当遵守基本的职业操守，注意处理好与研究对象、客户及研究人员之间的关系。

■ 重要术语 ■

marketing research 市场营销研究，营销研究
market analysis and forecast 市场分析与预测
industry research 行业研究
pricing research 定价研究
price sensitivity meter(PSM) 价格敏感度模型
product research 产品研究
distribution research 分销研究
advertising and promotion research 广告与促销研究
buying behavior 购买行为
data mining 数据挖掘
big data 大数据

online research 在线研究
marketing research process 市场营销研究过程
marketing research firm 市场营销研究公司
marketing research department 市场营销研究部门
field supervisor 作业督导
analyst 分析员
project manager 项目经理
project assistant manager 项目助理经理
research director 研究总监
marketing supervisor 营销总监
marketing research ethic 市场营销研究职业道德

■ 复习思考题 ■

1. 举例说明市场营销研究的定义及主要内容。
2. 简述市场营销研究过程。
3. 营销经理通常做哪些决策？营销研究如何帮助他们进行决策？
4. 市场营销研究有哪些主要的发展趋势？你对哪个方向感兴趣？
5. 大数据时代，市场营销研究面临的机遇与挑战有哪些？
6. 访问一个主要的招聘网站，考察与市场营销研究相关的就业机会有哪些。
7. 从事市场营销研究需要哪些知识和技能？
8. 市场营销研究职业道德主要涉及哪几个方面的问题？

■ 练 习 题 ■

1. 访问三家市场营销研究公司的网站，描述这三家公司擅长的研究领域和提供的服务，以及它们各自的特色。
2. 访问百度迁徙网站（http://qianxi.baidu.com），写一篇关于百度迁徙数据在市场营销研究中的潜在用途的短评。
3. 收集一个市场营销研究的实际案例，简述其研究问题、方法、主要结果及其对营销决策的指导意义。

■ 延伸阅读 ■

1. 弗兰克·范·德·德里斯特、斯坦·萨纳南森、基斯·威德，《打造洞察引擎》，《哈佛商业评论》（中文版），2016年第9期。
2. Naresh K. Malhotra, Daniel Dunan, David F. Birks, *Marketing Research: An Applied Approach*, 5th edition, Chapter 1, Pearson, 2017.
3. Steve LaValle, et al., "Big Data, Analytics and the Path from Insights to Value", *MIT Sloan Management Review*, Winter 2011: 21-31.

第 2 篇

研究设计

第 2 章 定义研究问题

本章概要

定义研究问题是市场营销研究的第一步,也是最重要的一步。本章讨论定义研究问题的基本步骤、相关工作与注意事项,使学生了解如何针对决策的需要及其他相关因素筛选和界定研究问题。本章首先讨论定义研究问题的重要性;然后讨论如何确认营销决策问题,并根据决策问题及其信息需求定义研究问题和起草研究项目意向书;最后简要讨论定义研究问题时应当注意的事项。

教学目的

阅读本章后,学生应当能够:
1. 理解定义研究问题的重要性;
2. 了解定义研究问题的过程和相关工作;
3. 明确管理决策问题和营销研究问题之间的联系与区别;
4. 掌握研究项目意向书的主要内容与格式;
5. 注意避免定义研究问题时常犯的错误。

开篇案例

可口可乐的新配方

20 世纪 80 年代初,可口可乐面临市场份额不断下滑的严峻局面,从 40 年代的 60% 跌到 1983 年的 23%。与此同时,百事可乐的市场份额却不断上升。通过一系列街头免费品尝的促销活动,百事可乐声称,双盲测试的结果表明多数的消费者都认为百事可乐的味道更佳。面临百事可乐的严峻挑战,可口可乐公司决定调整可口可乐的配方。经过两年时间的准备,可口可乐公司花费400万美元进行了20万人次的口味测试,确定了新的配方。后来,配方又经过3万人次的双盲测试,其结果表明:60%的人喜欢新可乐胜过老可乐,52%的人喜欢新可乐胜过百事可乐。以上消费者调查结果显示大多数人对新可乐持接受态度,但专题组座谈显示少数人对该配方的想法持非常反感的态度,不过在当时并未引起重视。

鉴于上述研究结果,可口可乐公司于1985年正式向市场推出了新可乐。但是,实际销售结果却与原来的预期相差甚远,迫使可口可乐公司不得不于3个月后恢复了原配方,冠以"古典可口可乐"的名称销售。3年后新旧可乐的销量比降为1∶10,最后新可乐只好黯然退出市场。

可口可乐公司在其营销史上的惊人错误已经成了一个非常经典的营销案例。可口可乐公司犯的主要错误是将研究问题定义过窄,只考虑了口味而忽略了其他影响消费者选择饮料的重要因素——品牌、历史、文化传统及形象等。现在人们已普遍认识到,对于像可口可乐这种文化含量很高的饮料,口味并不是影响消费者选择的唯一因素,甚至不是最主要的因素。后来的实验结果也表明,知道品牌名称后饮用可口可乐比不知道时有更多的愉悦感。而双盲测试恰恰将这一影响消费者体验的重要因素排除在外了,因此得出了不利于可口可乐老配方的结果。

资料来源:https://en.wikipedia.org/wiki/New_Coke,访问日期:2021-03-16。

这个被广泛引用的、经典的失败案例说明了正确定义研究问题和确定研究思路的重要性。一旦将问题定义错了,后续的研究工作做得再好也无济于事。可口可乐在这个案例中犯的错误包括:第一,将研究问题定义得过窄,忽略了影响消费者选择的许多重要因素;第二,双盲口味测试的实验情景与现实差距较大,因此实验结果很难代表消费者在现实生活中的产品选择、消费与体验。

2.1 定义研究问题的重要性

"良好的开端是成功的一半。"虽然营销研究项目的每一步都很重要,但定义研究问题(defining research problem)是研究的第一步,也是最重要的一步。

只有清楚地定义了研究问题,才能正确地设计和实施研究,获得真实有用的洞察,并采取有效的策略和行动。在市场营销研究项目的所有工作中,定义研究问题对于最终满足客户需求是最重要的一项工作。没有找准问题就如打靶没有瞄准正确的目标,枪法再准也无济于事,在此之后花费的所有努力都将白费。正如可口可乐的例子所示,不完备的问题定义是整个研究项目失败的重要原因,所以清楚地识别和定义问题的重要性如何强调都不过分。

因为定义研究问题至关重要而且有一定难度,因此必须在这方面下足够的功夫,避免弄错方向。营销研究是为决策服务的。因此,在开展一项研究之前必须收集必要的背景信息,了解决策者当前面临的主要营销决策问题是什么;然后判断决策所需要的信息和获得这些信息的可能途径,并据此列出可能的研究题目;接着根据这些研究题目对决策的作用、成本和技术上的可行性等因素进行筛选,确认最终的研究问题;最后起草研究项目意向书并获得管理层的批准。

定义研究问题的过程如图 2-1 所示。

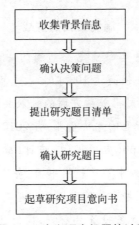

图 2-1　定义研究问题的过程

2.2　确认营销决策问题

一般来说,研究题目来自营销管理人员在经营过程中所面临的机遇或挑战,或者管理人员对业务或产品的新想法。研究人员应当根据决策者所面临的决策问题和做出正确决策所需要的信息定义研究问题。因此,在确定研究题目之前，首先要弄清当前面临的主要决策问题及其可供选择的行动是什么。

营销决策问题（marketing decision problem）所关心的是决策者可以采取什么样的行动和如何行动，是行动导向的。决策问题可以分为两大类：被动的应对和主动的改变。前者的例子包括如何阻止顾客流失、如何夺回失掉的市场份额、如何扭转不佳的品牌形象等，后者的例子包括是否应该投放一种新产品、是否要进入新的市场、如何提升注册用户的活跃度等。

我们通常以为管理层应该非常清楚自己所面临的决策和可以采取的行动，但事实上却并非如此。决策者经常对所面临的问题只有一个非常模糊的认识，或者只看到了问题的表面而不了解其背后深层次的原因。这时研究人员不能单纯依赖有关管理人员的意见，而是应该在充分沟通的基础上提出自己的见解。这和医生不能单纯根据病人自己的意见开处方，而是应该在仔细诊断之后提出治疗方案是一个道理。如果不能准确识别决策问题，就会把研究引向错误的方向！

例 2-1

滴滴面临的挑战

2019年2月13日，网约车行业龙头滴滴的一份内部财务数据流出，数据显示，滴滴在2018年全年亏损高达109亿元人民币（日亏约3 000万元）。与此同时，2018年全年滴滴在司机补贴方面的投入共计113亿元。

滴滴作为国内网约车行业的龙头企业，自2012年上线以来，便备受资本青睐。根据"前瞻经济学人"App（应用程序）统计，截至目前，滴滴已先后进行了20轮融资，100多家投资机构中不乏软银中国、金沙江创投、淡马锡、腾讯、阿里巴巴等知名投资机构，共计融资额度已超200亿美元。目前，滴滴估值超600亿美元。然而，尽管滴滴被众多投资者看好，同时已取得中国网约车市场的垄断地位，但是公司运营6年间却持续处于亏损状态。

数据显示，2017年，平均每天有超过1 300万用户在使用滴滴服务，出租车日订单量达到1 500万单，专车日订单量达到600万单。目前，滴滴平台日均单量已达3 000万。尽管用户数量与订单数量双双增长，但是结合上述消息，滴滴在2018年仍然没有摆脱亏损，且相较于亏损25亿元的2017年，2018年的亏损幅度堪称惊人。

2019年2月15日，滴滴CEO程维宣布，2019年将进行业务重组，对岗位重叠和绩效不达标的员工进行减员,预计裁员人数达 2 000 人左右,占全体员工总数的 15%。祸不单行,2020 年年初出现的新冠病毒流行又让滴滴的业务雪上加霜……

请问,面临巨额的亏损,滴滴管理层面临的主要决策问题是什么?有哪些行动可供他们选择?

资料来源:http://www.tzgcjie.com/shangye/chanjing/43280.html,访问日期:2019-02-18。

为了准确把握营销管理人员面临的决策问题及其起因,研究人员需要收集必要的背景信息,做好必要的前期准备工作,包括与决策者沟通、咨询专家、分析二手数据、进行探索性研究,等等。这将有助于弄清营销决策问题的关键及其起因,为定义营销研究问题以及后续的研究工作打下良好的基础。

与决策者沟通。在研究正式立项前,尽早与管理层沟通,了解其意图和需求,取得其对项目的理解与支持至关重要。研究人员需要了解主管人员面临的决策问题及其背景、他们希望从研究中得到什么以及可供选择的行动方案和可能的后果;决策者需要了解拟开展的研究内容、目的、产出、成本和需要的资源,这样才能找到问题的关键及可行的解决方案,获得有关部门和人员的配合与支持,使研究项目顺利地启动和开展;同时也能保证研究完成后的研究结果能被及时地送达有关人员手中,使其在决策中发挥应有的作用。

有很多因素会使与相关决策者的沟通变得复杂和困难:由于决策者事务繁忙,约见主要决策者可能有一定的难度,或者时间很短而且常被打断;决策者对问题也许仅有一个模糊的认识、缺乏专业知识或者有很强的个人偏见,使得双方的互动有一定的困难;相关部门与人员之间的复杂关系,常使确定合适的拜访人选变得格外敏感;等等。

为了克服上述困难,研究人员需要有锲而不舍的精神,同时注意方式方法,寻找合适的接触渠道和时机。同时,为了保证沟通的效果,事先一定要做好充分的准备。在沟通过程中研究人员必须避免简单地满足客户的要求,要有自己的见解和想法,能够提供新的看问题的视角。

在与决策者沟通时,需要深入了解以下几方面的情况:

- 问题的起因。例如,产品销量不理想背后的原因是什么?是产品和服务有缺陷导致用户不满意，口碑不佳？还是价格定得不合适？或者是推广力度不够？对问题起因的判断将有助于确定研究的方向和重点。

- 决策者的目的。例如，是找到问题的对策？还是验证自己已有的想法？或者当决策被证明是错误时能够推卸或减轻自己的责任？在后两种情况下，接受研究项目时一定要格外慎重。
- 决策者的个性与处境。决策者是否能虚心听取不同意见？是否有足够的魄力和影响力推动项目的开展并提供必要的支持？
- 可供选择的行动方案及其后果。可供选择的行动方案有哪些？可能产生什么样的后果？研究结果是否会对决策产生实际影响？当可供选择的方案只有一个，或者管理层对应当采取什么行动已经做出决定时，进行研究的意义就不大了。

例如，当公司主要产品的销量下滑时，市场部可能认为主要原因是广告投入不够；而销售部则认为是因为公司的销售政策不灵活，不能给销售人员和经销商足够的激励；研发部门认为是由于公司在产品研发上投入不足，导致新产品研发周期长，更新换代的节奏太慢，创新不足；等等。在这种情况下，研究人员需要听取各方面意见，收集必要的背景资料，找出问题的关键线索。只有对销量下降的原因和可能采取的行动有一个比较明确的判断时，才能决定研究的重点和内容。如果销量下滑的原因很可能是广告投入不足，那么研究重点应当放在公司和竞争对手的广告投放情况比较与效果评估，以及增加广告投放的成本效益分析上。

为了使研究人员与决策者的讨论富有成效，研究人员在与管理层沟通时应当注意：

- 寻找合适的接触渠道，设法将此事"挤"进决策者的正式日程。
- 认真准备，收集必要的背景资料，做到有备而来。
- 事先想好管理层感兴趣的，而不仅仅是研究人员自己关心的主要议题。
- 列出一个大致的访谈提纲，避免讨论时跑题。
- 讨论时既要自信，有自己的想法，又不能咄咄逼人，引起对方的反感。

上述原则并非一成不变，也不见得在所有的情景下都适用。由于不同公司的组织结构、习惯、决策者的个性与风格不同，不同公司对营销研究项目的重要性与作用的认识不同，研究人员需要根据具体情况灵活掌握。但是，在任何情况下都要事先做好功课，有备而来。

咨询专家。向有经验的业内专家求教,听取专家的意见与看法,有助于确认决策问题及其备选方案,技术性很强的行业尤其如此。但是,在进行专家咨询时,应注意以下问题:

- 选择合适的人选。名气大的专家难请,而且有时由于专长不同也不一定是最合适的人选。
- 寻找有效的接触渠道。有熟人引见一般总比自己唐突地登门拜访的效果好,事先没有预约的拜访通常只会遭到反感和拒绝。
- 提供必要的背景资料。再有经验的专家如果没有必要的背景信息、对情况有所了解,也难以提出有价值的建议。
- 提供合理的报酬与激励。世上没有免费的午餐,专家也需要适当的激励才会用心,而激励也不应仅限于经济上的,关键在于投其所好。

其实,在资讯如此发达的时代,通过专业网站、论坛、行业期刊、学术刊物等途径获取好的想法与解决方案,有可能比咨询专家更快捷和经济。

分析二手数据。二手数据是为某些其他目的所收集的数据,包括政府、商业机构、专业媒体、市场营销研究公司和数据服务商提供的数据,以及公司以往开展的营销研究、运营及销售和售后服务记录、客户档案等。由于互联网的普及,公司网站和在线数据库常常可以非常经济、快捷地提供背景信息,帮助人们把握问题的起因,提供解决问题的线索,有时甚至能够帮助人们找到初步的答案。连锁超市、银行、保险、电信等企业的客户数据库也可以为营销研究提供非常有价值的数据来源。

例 2-2

无印良品的成长战略

无印良品是一个日本品牌,意为无品牌标志的好产品,其产品类别以日常用品为主,从铅笔、笔记本、服饰、食品到厨具、家居用品都有,商品的包装上均无品牌标志,产品注重纯朴、简洁、环保、以人为本等理念。

2005年无印良品在中国上海开设第一家店。如图2-2所示,2010—2015年,无印良品在中国的店铺数由24家迅速增至160家,连续保持销售和利润的"双增长"。

在开店方面,无印良品采取的是第二黄金地段策略。在快速开新店的同时,关闭或搬迁一些盈利状况不佳的分店。

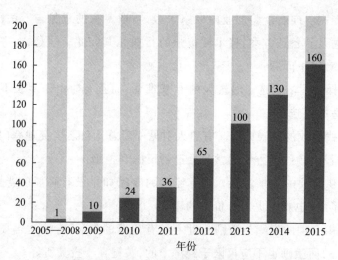

图 2-2 无印良品(中国)店铺数(家)

资料来源:无印良品(中国)公司官网,https://www.muji.com.cn,访问日期:2015-12-08。

内部数据显示:网上购物增长速度远超实体门店增长(甚至在需要独立注册的情况下),即使在很多有当地门店的城市,比如上海、北京,网购的比率也非常高。淘宝等C2C平台上,很多无印良品的正品被加价出售;淘宝上的卖家记录显示,大量的订单都来自甘肃、宁夏、青海、新疆、四川等西部省区。

鉴于上述情况,无印良品可以采取哪些行动,实现在中国市场的进一步增长?

进行探索性研究。在某些时候,与有关管理人员讨论和分析二手数据还不足以确定主要决策问题,这时有必要进行探索性研究以获得对决策者面临的问题的认识。例如,当某个新开的网店销售额远远没有达到预期时,可能的原因有:

- 网店在潜在顾客中的认知度低,用户增长缓慢,每日访问量少。
- 商品描述不准确,退换货率高,顾客满意度低。
- 商品选择范围小,档次低,每单购买数量少、金额小。
- 用户界面不友好,中途放弃比例高,转化率低。
- 购物体验差,顾客满意度低,回头客少。

小规模的探索性研究(例如抽取部分顾客进行电话访谈),结合对网站访问量、转化率、每单平均金额数据的分析,可以帮助我们初步识别销售额偏低的主要原因和可能采取的行动，并据此确定研究题目与主要内容。如果与顾客的访谈显示，由于产品描述常常和实物不符，导致退换货比例高，加上客服解决问题很不及时，因此重复购买的比例低且口碑不佳，那么研究的重点就应该放在顾客对产品和服务的评价及改进建议上。

2.3 定义营销研究问题

营销研究问题（marketing research problem）是需要收集数据加以研究的问题，主要涉及需要什么信息以及如何有效地获取这些信息。营销研究问题是信息导向的，关注的是问题背后的原因。我们可以以某一产品的市场份额缩小为例加以说明。此例的营销决策问题是如何夺回丢掉的市场份额，可选择的行动方案包括调整现有产品、引入新产品、改变营销组合、调整细分市场等。假设决策者和研究人员都认为问题很可能是由目标市场选择错误所造成的，那么研究问题就是进行更有效的市场细分，为选择合适的目标市场提供可靠依据。通常针对一个营销决策问题可以列出很多个研究题目，尤其是当决策问题定义得比较宽泛，或需要的信息比较多时（见表2-1）。

表2-1 决策问题与研究题目之间的关系举例

决策问题	研究题目
推出一款新产品	顾客需求与购买意向调查 竞争产品分析 产品概念测试
为新产品设计包装	不同包装设计的有效性测试
通过开设新店进行市场渗透	市场潜力分析与预测 备选店址的评估
提高注册用户的活跃度	用户活跃度及影响因素分析

以某一网店的销售额低于预期目标为例，如果初步探讨发现这主要是由每日访问量偏低所导致，管理层关心的决策问题是如何增加网店的访问量，那么可能的研究题目有：

- 网店认知度及影响因素分析。
- 用户来源及导流效果评估。

- 不同促销手段对潜在顾客的吸引力和预期效果评估。
- 用户活跃度及影响因素分析。

在这一阶段，要把有关的研究问题尽可能列全，防止遗漏。可以采取头脑风暴的方法集思广益。除了和管理层的沟通，还可以查阅有关文献与案例，或者咨询有关专家。对工业品和特殊行业、技术类产品开展研究时，专家咨询尤为重要，因为在这种情况下，外部研究人员通常缺乏必要的行业和产品知识。

例 2-3

无印良品的成长战略（续）

决策问题：为了在中国市场继续保持其增长势头，无印良品应当采取什么行动？

针对此决策问题，表 2-2 列出了可能采取的行动和对应的研究题目。

表 2-2 可能采取的行动和对应的研究题目

可能的行动	研究题目
1. 增加实体店数量，优化布局	• 市场趋势预测 • 目标城市市场潜力评估与筛选 • 实体店盈利能力及相关因素分析
2. 提高在线销售额和占比	• 顾客活跃度及影响因素分析 • 在线广告与促销实验 • 个性化推荐测试
3. 开展新的业务	• 品牌延伸目标业务及可行性研究 • 拟增加业务的市场潜力与竞争状况分析 • ……

资料来源：作者根据相关资料整理得到。

针对某个决策问题，通常有一系列研究题目可供选择。由于资源的限制，无法对所有可能的题目都进行研究，因此必须根据其对决策的价值、成本（包括时间、人员、经费等）和技术上的可行性等因素进行取舍，并给出准确的定义。

管理层的态度和倾向性也需要适当考虑,这样才能得到必要的支持和配合,获得必要的资源并让研究结果发挥作用。

定义问题时经常犯两种错误。一种错误就是将问题定义得过宽,在一个研究项目中包含的内容过多,结果令人无从下手或者对每个问题都是蜻蜓点水,研究得很不透彻,对决策的帮助不大。因此,必须抓住重点而不是面面俱到,将有限的资源用在最能够产生效益的地方。另一种错误就是将问题定义得过窄,遗漏了重要的选项甚至完全偏离了方向,导致无用的甚至误导的研究结果,就像可口可乐的口味测试那样。

2.4 起草和提交研究项目意向书

一旦研究人员与有关决策者就研究题目、内容与目的达成了基本共识,就需要形成一份书面文件,作为研究项目意向书记录在案。**研究项目意向书(research request agreement)** 是研究的执行方和委托(授权)方之间就某一研究项目的基本构想所达成的共识,其内容通常包括以下几个方面:

- 研究背景。描述研究项目的大致背景。
- 决策问题。管理者所面临的主要问题、原因、可能采取的行动及其后果。
- 研究题目。列出可供考虑的研究题目、用途及其成本,最后的选题及其理由。
- 研究要点。研究的基本内容、目的及其对决策的意义,研究对象及抽取办法,数据收集与分析方法,所需时间及经费的初步估计。
- 其他有关事项。主要参与人员和部门、工作分工等与项目管理有关的事项。

值得注意的是,国内许多企业在确定研究项目时喜欢采取口头授权的方式,没有必要的文字记录,这可能给研究项目的开展带来麻烦,一旦出现分歧也难以裁决。所以,应当在项目正式开始前完成研究项目意向书,并获得委托(授权)方的批准,为正式立项或签订正式合同提供书面依据。除此之外,起草研究项目意向书还有助于在研究的初期进一步澄清对决策问题与研究问题的认识,达成必要的共识,消除可能的误解并少走弯路。

2.5 定义研究问题时的注意事项

如前所述,定义研究问题是整个营销研究过程中的第一步,也是最重要的一步。如果选题不当,研究不仅对决策无益,而且可能带来额外的损失,因此必须严肃认真地对待这项工作。除了遵循定义研究问题的步骤与程序,在定义研究问题时还要注意避免或防止以下常见的错误:

不道德的研究。除了盗窃竞争对手的商业机密,或者在未经同意的情况下获取消费者或客户的私人信息,有些企业还有可能借调查之名行宣传、推销产品之实。应当自觉抵制这类欺骗消费者、损害市场营销研究声誉的"研究"。

花瓶式的研究。有时企业的管理层已经做出了决策,研究结果只是用来证明决策的正确性,并不会对决策产生实质性的影响,或者管理层倾向于接受与自己意见一致的研究结果,而与自己意见不一致的结果往往被束之高阁,甚至被百般挑剔和篡改,那么在这些情况下,研究结果的公正性和客观性就很难保证,研究并不能发挥其应有的作用,有时甚至会成为错误决策的替罪羊。对此,研究人员应保持适当的警惕。

得不偿失的研究。当一项研究的成本超出其可能带来的收益时,开展研究就变得得不偿失了。这种情况常常发生在企业已有的信息就能够满足决策的需要,或者不同决策的后果并无太大的差异但研究的成本比较高时。专业的研究咨询公司和人员有时会从自身利益出发,提出一些用处不大的研究,或增加一些不必要的项目。有些研究虽然对决策很有帮助,但是可能带来一些负面的后果,例如产品试销可能过早地暴露企业将要推出的新产品,使竞争对手有时间准备。因此,在正式立项之前必须对研究的利弊进行认真的权衡,避免得不偿失的研究。

不可行的研究。有时,研究的委托方提出的要求过于苛刻、技术上不可行或愿意支付的费用过低。在这种情况下,研究的执行方应当仔细斟酌,避免为了拿到项目而做出很不切实际的承诺,否则将使自己处于非常被动的位置。

钓鱼式招标。有些企业可能借项目招标之名免费获取研究思路,然后由自己或报价更低的一方加以实施,研究团队对此应当保持高度警惕。

小 结

定义研究问题是整个研究项目最重要的一步,也是很困难的一步,研究人员需要根据管理人员所面临的决策的需要定义研究问题。定义研究问题的过程包括:收集必要的背景信息,确认营销决策问题,提出可能的研究题目并进行甄选,确认研究问题,起草研究项目意向书。

营销决策问题涉及决策者可以采取什么行动和如何行动,是行动导向的。为了准确把握决策者面临的决策问题及其起因,研究人员需要做好必要的前期准备工作,包括与决策者沟通、咨询专家、分析二手数据和进行探索性研究等。营销研究问题主要涉及需要什么样的信息以及如何有效地获取这些信息,是信息导向的。通常针对一个营销决策问题可以列出多个相对应的研究题目,必须根据其对决策的价值、成本、技术上的可行性、委托方的意愿等因素进行甄选,确定最终的研究题目。

研究项目意向书是研究的执行方和委托(授权)方之间就某一研究项目的基本构想所达成的共识,其内容通常包括研究背景、决策问题、研究题目与要点以及其他有关事项。应当尽可能在项目正式开展之前完成项目意向书,并获得委托(授权)方的批准。

在定义研究问题时,要避免不道德的、花瓶式的、得不偿失的和不可行的研究,另外还要警惕一些企业借项目招标的名义骗取研究思路。

▰重要术语▰

research problem 研究问题
decision problem 决策问题
marketing decision problem 营销决策问题

marketing research problem 营销研究问题
research request agreement 研究项目意向书

▰复习思考题▰

1. 为什么正确定义营销研究问题非常重要?请举例说明。
2. 简述定义营销研究问题的过程。
3. 研究人员在确认营销决策问题时要做哪几方面的工作?
4. 营销决策问题和营销研究问题之间有什么联系和区别?
5. 研究项目意向书的作用和主要内容是什么?
6. 在定义营销研究问题时应当注意什么?

练习题

1. 针对下列营销决策问题列出可能的营销研究题目：
（1）是否应当降价？
（2）应该给新产品定一个什么样的价格？
（3）如何对企业当前实行的促销策略进行调整？
（4）新产品上市时应当选择哪些媒体投放广告？
（5）应当选择哪位网络名人作为本企业的品牌代言人？

2. 针对练习题 1 中的一个营销决策问题，对所列出的研究题目进行甄选，确定一个研究题目并谈谈你的依据。

3. 假如某视频网站希望提高已有用户的活跃度和每周观看时长，需要考虑开展哪些可能的研究？你将如何进行甄选？

4. 假如某直播平台为了吸引和留住优质主播，委托你开展一项主播满意度调查：
（1）你需要做哪些准备工作？
（2）你会考虑哪些具体的研究内容？预期得到哪些结果？
（3）该研究结果对该公司有什么价值？

延伸阅读

1. Naresh K. Malhotra, Daniel Dunan, David F. Birks, *Marketing Research: An Applied Approach*, 5th edition, Chapter 2, Pearson, 2017.

第 3 章 确定研究框架

本章概要

本章讨论营销研究的第二步,即研究框架的确定。我们首先介绍研究框架的主要组成部分和确定研究框架的基本步骤;然后分别介绍与研究框架有关的基本概念,包括理论与模型、研究问题与假设、概念与变量、研究总体与分析单位。

教学目的

阅读本章后,学生应当能够:
1. 了解研究框架的主要组成部分及其在研究中的作用;
2. 了解确定研究框架的基本步骤;
3. 理解理论与模型在营销研究中的作用;
4. 根据研究内容和目的提出具体的研究问题与假设;
5. 定义研究中的主要概念、变量、总体与分析单位。

开篇案例

甜点的诱惑

闻到甜点的味道,是否会增加人们对类似不健康食品的偏好?根据个人直觉或心理学的启动效应,答案应该是肯定的。但是,Biswas 和 Szocs 在 2019 年基于跨感官补偿效应,提出了相反的假设,即嗅觉上的满足可以补偿味觉上的满足,故长时间暴露于甜点的气味反而会降低选择不健康的甜点的欲望。①

---

① Dipayan Biswas, Courtney Szocs, "The Smell of Healthy Choices: Cross-Modal Sensory Compensation Effects of Ambient Scent on Food Purchases", *Journal of Marketing Research*, 2019(1): 123-141.

他们通过一系列的实验室实验和现场实验,证实了上述假设,即:

- 短时间暴露于甜点的气味,增加了被试选择不健康的甜点的比例,启动效应成立;
- 长时间暴露于甜点的气味,降低了被试选择不健康的甜点的比例,补偿效应成立。

这个例子说明,理论对于指导实证研究非常重要。正确的理论可以帮助我们提出合理的假设,并对观察结果给出科学的解释;而错误的理论会将我们引向错误的方向,或者对观察到的现象给出错误的解释。

那么,该研究对于营销实践有何指导意义?

3.1 研究框架的主要组成部分

研究框架(research framework) 是一项研究所采用的总体思路与构想,是研究设计的理论与方法论基础。一旦确定了研究题目,就要针对研究题目查阅相关文献资料;然后提出指导研究的理论框架、分析模型和相关假设;最后确定研究设计的基本要素,即总体、分析单位、变量等。

研究框架的制定是开展研究时一项重要但又经常被忽略的基础性工作。研究人员可以通过制定研究框架进一步理清研究思路,澄清研究所涉及的一些基本概念,提出合理的假设,选择合适的研究设计与数据收集方法,保证研究结果的有效性。

确定研究框架的过程以及研究框架的主要内容如图3-1所示。本章以下各节将对研究框架所涉及的一些主要内容逐一加以介绍。

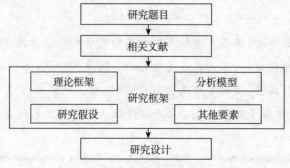

图3-1 确定研究框架的主要步骤

3.2 理论与模型

确定研究框架的第一步通常是根据研究题目选择合适的理论与模型,为整个研究提供理论和方法论的指导。例如,研究顾客满意度时,可以根据公平理论从分配公平(产品和服务给顾客带来的利益与其付出是否对等)和过程公平(提供方和顾客之间是否有良好的互动)两方面,分析顾客满意度及其影响因素,从而找到提高顾客满意度的有效途径。也可以根据认知失调理论,从顾客对产品和服务的期望与感知到的产品和服务的实际表现之间的差距,寻找提高顾客满意度的有效途径。

3.2.1 理论

从严格意义上讲,理论(theory)是由相互关联的概念所组成的逻辑推理系统,是对不同概念彼此之间相互关系的概括性描述与总结。

理论有三个基本功能:合理解释观察到的现象,并做出具有普遍意义的推论和假设;指出研究的形式和方向,确定研究范式;为研究结果提供逻辑解释,防止侥幸心理。

理论的第一个功能是合理解释在现实中观察到的一些模式,并做出具有普遍意义的推论和假设。例如,我们可能观察到不住校的大学生比住校的大学生更频繁地光顾酒吧、KTV等娱乐场所。社会约束理论不仅能够对这一现象提供合理的解释,还能指出更多的可能性,例如,这部分学生更可能有逃课、吸毒等不良行为;还能推论其他受社会约束比较小的人群,例如未婚、独立生活的人,比已婚、与父母同住的人更频繁地光顾酒吧、KTV等娱乐场所。在理论的指导下,我们对客观现象的理解就不会仅限于就事论事,而是可以举一反三,做出具有普遍意义的推论和假设,达到事半功倍的效果。

除了做出合理的解释、推论和假设,理论的第二个功能是为研究指明方向和重点,提供清晰的研究思路,使研究更有逻辑性。例如,在顾客满意度的研究中,感知价值(perceived value)理论和期望差距(expectation and disconfirmation)理论指出了不同的研究重点,前者强调产品和服务给顾客带来的价值与其付出的成本的比较,而后者侧重顾客对服务和产品的实际感受与期望之间的比较。虽然每个理论都可能有其局限性,但都为研究提供了一个比较清晰的视角和框架,避免我们在黑暗中漫无目的地摸索,而且也使不同研究结果之间具有一定的可比性。

理论的第三个功能是为研究结果提供合乎逻辑的解释,防止侥幸心理和牵强附会。因此,当研究结果与理论预期不一致时,必须格外慎重,努力找出其原因。例如,在研究家庭的消费支出时,如果调查结果是高收入家庭用于食品的支出在整个家庭支出中所占的比例高于低收入家庭,与经济学理论的预期正好相反,我们就要持怀疑态度。这很有可能是低收入农村家庭的食品支出被低估(未包括自产的粮食、蔬菜和鸡鸭肉类等)所致,除非有令人信服的理由,否则就不能轻易接受这样一个异常的结果。

在营销研究中,应该根据理论来确定要考虑的核心概念及其相互关系,确定变量的操作化定义及测量方法,选择研究设计和样本设计。如前面顾客满意度研究的例子所示,可以通过查阅有关顾客满意度研究的文献和案例,找到合适的理论,并依此定义有关概念,选择和测量相关变量,确定分析模型与方法。

3.2.2 模型

模型(model)是对现实世界的某些方面进行一定简化后的描述,常通过勾画有关变量及变量之间的相互关系,来描述某个系统或过程的整体或局部。模型可以有不同的形式,最常见的是图示模型和数学模型。

图示模型(graphical model)通过图示说明某种现象、过程或变量之间的关系,是可视化的模型。例如,研究购买行为的 AIDAS 模型把消费者的购买过程分为关注、兴趣、愿望、行动和购后评估五个渐进步骤;而 Kano 模型①则描述了顾客满意度与基本型需求、期望型需求和兴奋型需求之间的关系(见图 3-2)。

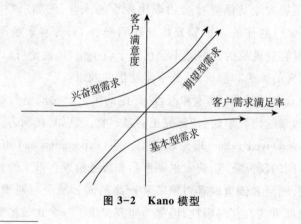

图 3-2 Kano 模型

---

① Noriaki Kano, et al., "Attractive Quality and Must-be Quality", *The Journal of Japanese Society of Quality Control*, 1984(2): 39-48.

数学模型(mathematical model)是用数学公式说明变量之间的关系。例如,可以把消费者对某个品牌的偏好设定为该品牌有关属性的线性函数:

$$p = \sum_{i=1}^{n} a_i x_i$$

式中,p代表偏好强度;a_i代表需要估计的模型参数,反映第i个属性对偏好的影响;x_i是第i个属性的取值。

图示模型和数学模型互为补充,对于指导研究设计、提出相关假设和选择分析方法很有帮助。

例 3-1

消费者选择模型

传统的消费者选择模型(consumer choice model)可以表示为:

$$P(c_i \mid C) = \frac{\exp(U(c_i))}{\sum_{j=1}^{m} \exp(U(c_j))} = \frac{\exp(\boldsymbol{X}_i \boldsymbol{\beta})}{\sum_{j=1}^{m} \exp(\boldsymbol{X}_j \boldsymbol{\beta})}$$

式中,$P(c_i|C)$为在有m个产品的选择集C中选择第i个产品c_i的概率,它与产品i的效用成正比,与选择集中其他产品的效用成反比,而产品i的效用是该产品的有关属性的一个函数。

根据前景理论,消费者对某一产品i的感知效用不仅取决于该产品的属性,而且受消费者预期的影响。

$$U(c_i, c_i^*) = \boldsymbol{\beta}_i \cdot \boldsymbol{X}_i + \alpha_i (\boldsymbol{X}_i - \boldsymbol{X}_i^*)$$

式中,$\boldsymbol{X}_i$为产品i属性的观察值,$\boldsymbol{X}_i^*$为产品属性的期望值。当α_i为零时,考虑了顾客预期的效用函数等于传统的效用函数,因此我们可以将传统的选择模型当作参照依赖模型的特例。

参照依赖模型更能解释许多厂商和消费者的行为,可以帮助我们更好地理解消费者的选择行为。例如,为什么当我们得知同事以更低的价格买了同样的产品时会感到不爽;商家促销时为什么非常醒目地标明商品的原价以便于消费者比较。其实很多营销策略都是通过影响消费者的预期来提高消费者的感知效用,从而影响消费者的选择和购买行为的。

3.3 研究问题与假设

研究题目和主要内容确定之后,需要进一步的细化,分解成一系列具体的研究问题并提出相应的假设。

研究问题(research question)是针对研究的主要内容提出的具体的且需要解答的问题。对这些问题的解答,可以为决策提供依据。例如,在涨价之前,商家可能想知道购买者的价格敏感度、不同的涨价幅度对销量和市场份额的影响,以便决定是否涨价和涨多少合适。在进行品牌延伸之前,需要了解目标消费者对拟延伸品牌项目的可接受程度。

研究假设(research hypothesis)是需要用实证方法加以验证的、对某一研究问题的推测性答案。假设可以是关于两个或多个变量之间关系的初步推论,这些变量由理论框架或分析模型的设定而来。研究假设可以根据相关理论通过演绎产生,也可以根据实际经验与观察通过归纳而提出。例如,我们可以根据双因素理论,提出"当顾客的基本需求没有得到满足时,提供额外的增值服务并不能有效地提高顾客满意度"这一假设。因此,增值服务应当在满足了顾客基本需求的基础上提供,而不能用来代替基本服务。

将研究内容细化为一系列相关的、有意义的研究问题并提出相应的假设非常重要。这为选择研究设计、确定需要考虑的变量打下了很好的基础。此外,根据有关理论和已有的研究提出假设,使研究者对可能得到的研究结果有一个比较合理的预期,有助于发现异常的结果,防止将个别特例作为普遍规律,导致错误的结论。对异常结果的进一步探究增大了获得新的发现、为决策提供更有价值信息的可能性。这好比打靶,如果靶子是事先设好的,则命中的环数能够说明一个人枪法如何,探究成绩不佳的原因往往有助于发现问题;但是如果朝一面白墙开枪,然后再在墙上画上靶环,则环数并不能说明枪法好坏,这样的操练除浪费子弹以外并不能带来什么益处。

尽管如此,由于缺乏必要的知识,人们有时可能无法事先提出有意义的假设。此外,对于探索性研究,主要目的是发现各种可能的答案而不是去验证事先设定的假设。进行描述性研究时,研究者也经常不清楚预期的结果将是什么。在这些情况下,我们只好采用摸着石头过河的办法,或者开展一些必要的前期研究。

例 3-2

社交网络上的行为扩散

社交网络结构如何影响行为的扩散?这是近年来营销界和相关领域都非常关心的一个问题。根据弱关系的力量假设,高度聚集的网络,由于大量重复和冗余的路径存在,在行为传播方面效率比较低,因此可以提出一个假设。

假设 1:行为在聚集型网络的扩散速度要慢于随机网络。

但是,如果我们把行为的扩散当作一个复杂的社会传染(social contagion)过程,大量重叠关系将有利于社会强化,促进复杂行为的扩散,因此可以提出一个相反的假设。

假设 2:行为在聚集型网络的传播速度要快于随机网络。

这些假设对研究设计起到了指导作用。为了验证这些假设,戴蒙·森托拉(Damon Centola)招募了 1 528 个被试参与网上行为扩散实验。结果显示,需要社会强化的复杂行为在聚集型网络扩散得更快。他的研究结果支持了假设 2 并在《科学》杂志上予以发表。

资料来源:Damon Centola,"The Spread of Behaviour in an Online Social Network Experiment", *Science*, 2010(September):1194-1197。

上述研究结果对于营销人员理解信息和新产品的扩散具有一定的指导意义。前者属于简单的传播,可以通过单一的路径进行远距离传递;而后者属于复杂的社会传染,需要多重路径的相互强化才能逐步扩散。

3.4 概念与变量

营销研究中常常要用到许多抽象的概念,例如顾客满意度、品牌忠诚度、用户活跃度、品牌代言人的影响力,等等。这些概念(例如品牌忠诚度)常常无法直接观察,只能通过一些具体的、可以测量的变量(例如用户品牌偏好、购买量、重复购买率等)来衡量。因此,在开展研究时,必须清楚地定义有关概念并提出有效的测量方法。

3.4.1 概念

概念(concept)是对物体、物体的特性、事件或现象的抽象表述。在进行研究时，必须清楚地定义所使用的概念，使之具有准确、清晰的含义。例如，在顾客忠诚度的研究中，必须首先定义什么是顾客忠诚，然后才有可能对其进行测量和分析。清楚定义的概念具有以下主要功能：沟通的媒介、分类的基础、认知的方式和构建理论的砖石。

沟通的媒介。无论是在日常生活工作还是在学术交流中，都需要借助概念使人们有共同的语言，从而才能进行沟通。例如，当提及某个人的身高或体重时，由于对这两个概念有共同的认识，因此人们都知道它们指的是什么。反之，如果概念的含义不清，就会给沟通带来很多困难，因为同一个概念对于不同的人可能具有不同的含义，容易造成混淆和误解。

分类的基础。概念也是对物体、事件或现象进行归类的基础。例如，在市场细分时常用年龄、性别、收入、品牌忠诚度等概念作为细分的标准；在市场营销中需要借助工业品、消费品、耐用消费品、快消品、服务等概念对产品进行分类。

认知的方式。概念也常反映人们对问题的认知方式。对问题的认知方式的变化往往导致新概念的产生，而新概念的产生和采用又促进了这一变化。例如，孔德在19世纪创立的"实证主义"一词反映了社会研究方式的巨大转变，即从早期的神学与形而上学阶段进入用科学方法研究社会现象和问题的阶段。而"后现代主义"概念的提出则使实证主义受到了挑战。市场营销领域"关系营销""个性化营销""新媒体营销""数字化营销"等概念的提出与广泛采用，说明市场营销的关注重点已从促进短期的、一次性交易行为转向建立长期的、稳固的客户关系；从大众化营销转向个性化营销；从传统媒体转向以数字化、移动互联和定位信息为特征的新媒体。

构建理论的砖石。理论常常需要借助概念来描述和解释所观察到的现象，因此研究者们常常把概念称为构建理论的基本单位。例如，构成新产品扩散理论的概念包括新产品、扩散过程、创新者、追随者等；构成行为经济学前景理论的核心概念包括得、失、禀赋效应和价值函数等。

正因为概念有上述重要功能，因此在拟定研究框架时，一定要将有关基本概念搞清楚,给出明确、清晰的定义。概念不清是许多初学者常犯的错误,这常导致错误的研究设计和无效的研究结果。

例 3-3

顾客忠诚的概念

在竞争激烈的市场,如何培养顾客忠诚、防止顾客流失是许多企业非常关注的问题。**顾客忠诚(customer loyalty)** 可以定义为由于对某一品牌的一贯性明显偏好而导致的重复购买行为。根据这一定义,顾客忠诚至少应当包括态度和行为两大方面。因此,我们可以根据这两个尺度,将顾客分为高度忠诚、潜在忠诚、虚假忠诚和缺乏忠诚四大类(见表3-1)。这一分类对于企业维系高度忠诚的顾客、培育潜在忠诚的顾客、识别虚假忠诚和缺乏忠诚的顾客、合理地配置营销资源非常有价值。

表 3-1 顾客忠诚的分类

态度	购买行为	
	重复购买	不重复购买
高情感依赖	高度忠诚	潜在忠诚
低情感依赖	虚假忠诚	缺乏忠诚

3.4.2 变量

变量(variable) 是某种特别的概念,当某个概念所代表的特征或属性在不同研究单位之间呈现一定差异时,就将其称为变量。进行实证研究时,通常需要将抽象的概念转变为具体的、可以测量的变量。根据变量之间的相互关系,可将其分为:

- 因变量(dependent variable)。受其他变量影响,随其他变量的变化而改变的变量叫因变量。在市场营销研究中通常是管理层感兴趣的、需要加以解释的结果变量或目标变量,例如销售额、市场份额、顾客满意度、转化率等。
- 自变量(independent variable)。用来解释其他变量变化或差异的变量,也叫解释变量。例如在分析市场份额时,价格、广告投放量、促销力度、产品质量等营销变量常用来解释某一品牌市场份额的变化,这些变量就是自变量,而市场份额为因变量。

- 中间变量(intermediate variable)。受自变量影响,同时也会影响因变量的变量叫中间变量。例如,在分析购买行为时,可以假设企业的营销活动会影响消费者对其产品的态度,进而影响其购买频次和购买量,那么广告、促销等营销变量为自变量,消费者的产品态度为中间变量,而购买频次与购买量为因变量。
- 控制变量(control variable)。不受自变量的影响,但可能与自变量和因变量相关的变量统称为控制变量。例如价格对购买量的影响可能和消费者的收入有关,低收入人群对价格通常更加敏感,因此在测量价格弹性时,需要考虑和控制收入的作用。

自变量(X)、中间变量(M)、控制变量(C)和因变量(Y)之间的关系如图3-3所示。值得注意的是,这些变量的划分是相对的,常常因研究的目的和所采用的分析模型而异。理论框架和分析模型对变量的划分及测量起着重要的指导作用。

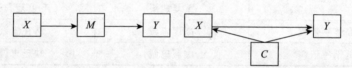

图3-3 自变量、中间变量、控制变量和因变量之间的关系

例3-4

网络成员的影响力与权力

图3-4描述了一个由厂家和顾客构成的简单网络,其中的节点代表网络成员,节点之间的边代表交易关系。在这样一个网络中,哪个网络成员的影响力和权力最大?

为了回答这个问题,首先要对影响力和权力这两个概念进行定义:

- 影响力,指由于具有广泛的联系而在网络中所处的有利位置。
- 权力,指由于能够控制资源而在网络中所处的有利位置。

根据影响力的定义,我们可以用拥有的顾客数测量厂家的影响力,因此厂家1、厂家2和厂家3的影响力是一样的,都是5。但是,厂家2由于距其他潜在顾客的平均距离最小,因此总的影响力最大。因为权力的定义是"由于能够

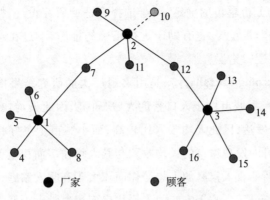

图 3-4　厂家-顾客网络图

控制资源而在网络中所处的有利位置",因此可以用具有依赖性(只有一家供应商)的顾客数测量厂家的权力,厂家 1 和厂家 3 都是 4,而厂家 2 是 3,因此厂家 2 在网络中的权力最小。

上面这个例子再次说明概念在实证研究中的重要作用。一旦将核心概念定义清楚,测量方法与思路也就清晰了。

3.5　研究总体与分析单位

研究总体(study population) 是指某项研究所涉及的全部研究对象的集合。根据研究的题目清楚地定义研究总体非常重要。例如,评估对某一品牌的认知度时,其研究总体应该是该品牌目标市场的全部成员;而评估其用户满意度时,其研究总体只宜包括该品牌目标市场中有实际购买和使用经历的成员。在很多情况下,清楚地定义研究总体并不容易,第 5 章将对这一问题做进一步的讨论。

分析单位(unit of analysis) 指的是某一特定研究所涉及的基本对象或事件。营销研究中的分析单位可以是城市、机构、品牌、家庭或个人。研究单位的确定主要取决于研究的内容和推论的层次(个体还是群体)。例如,研究冰箱拥有率与收入的关系时,家庭是比较合适的分析单位,因为冰箱通常以户为单位购买和使用;研究消费者对不同手机品牌的偏好时,以个人为分析单位比较合适;而研究广告支出与市场份额之间的关系时,分析单位应该是品牌。

研究总体和分析单位的确定,对于选择合适的研究设计、样本设计和数据收集与分析方法非常重要,也有助于进行正确的推断,不过在这个过程中要注意避免以下两种逻辑错误:

生态谬误(ecological fallacy),是用宏观层次的研究结果推断个体时所导致的错误。例如,大城市由于人口密度大、房价高,因此人均住房面积小,同时又由于经济比较发达,因此人均收入比较高;而小城市则正好相反。如果以城市为分析单位,可能发现城市的人均收入与其人均住房面积呈负相关。如果根据这一结果,推断低收入家庭的人均居住面积大于高收入家庭,显然是错误的,因为在同一个城市里,高收入家庭的人均住房面积通常大于低收入家庭。

个体谬误(individual fallacy),正好与生态谬误相反,是用微观层次的研究结果进行宏观层次的推论所导致的谬误。还是以收入与人均居住面积之间的关系为例。如果我们以家庭为单位进行统计,两者呈正相关就推断人均收入高的城市的人均居住面积大于人均收入低的城市,这就导致了个体谬误。

应用案例

打赏的动机

近年来,直播行业发展迅猛,用户数量不断增加。对于娱乐性直播,主播是直播平台上的内容提供者,他们可以在平台上提供多样的实时表演,如唱歌、跳舞、电竞等。观众是平台上的内容消费者,他们除了可以实时观看主播的表演,还可以通过发送信息等方式与主播进行互动。

打赏,即观众向主播赠送虚拟礼物,是主播和直播平台的主要收入来源。看直播是否打赏、打多少完全是自愿的,不打赏也不影响观看,那么玩家为什么打赏?这背后是出于什么动机?

查阅相关文献,可以找出两个可能的打赏动机,即:

● 社会信号传递(social signaling)动机,打赏是为了向他人转递自己拥有财力和社会地位的信号,以获得别人的关注和尊重。

● 公平交易(fairness in transaction)动机,打赏是对主播付出的回报,只看不打赏是不公平的。

根据上述不同的动机理论,可以提出相对应的可通过实证验证的基本假设,例如:

1. 如果打赏是为传递社会信号,获得他人关注,那么某一玩家的打赏额会和其他玩家的打赏额成正比,可以观察到水涨船高的攀比效应;

2. 如果打赏是出于公平交易的动机,那么当别的玩家打赏足够多、主播已经获得足够的回报时,自己可能觉得可以不给或少给,出现挤出效应。

马雪静在2019年利用一家直播平台的数据进行了实证研究,具体考察其他人支付的最高金额对个体的支付意愿与支付金额的影响。结果表明:挤出效应在其中占据主导地位,即其他人支付的最高金额越高,个体越不愿意支付,并且即便支付了,支付金额也会更低。挤出效应会随着个体经验的积累而减小,即越有经验的消费者,越不容易受到其他人支付的最高金额的负向影响。同时也存在着一部分习惯于高额支付的个体,他们的支付行为主要受信号效应的驱动。

这项研究设计的有关基本概念包括动机、社会信号、公平交易、打赏行为等,其中的动机、社会信号、公平交易属于比较抽象、无法直接测量的概念,只能通过打赏行为间接推断;而打赏行为属于比较具体、可以直接测量的概念,可以通过是否打赏和打赏金额这两个具体的变量测量。

同时,这项研究的研究总体是在选定时间段观看了某直播平台直播的全体注册玩家,而分析单位是个人。

请问:上述研究获得了什么有用的洞察?对直播平台和主播有何意义?

资料来源:马雪静,《内容消费的动机与内容提供的激励》,北京大学博士学位论文,2019。

上面这个例子说明了理论对研究的指导作用,而核心概念的定义对于确定收集什么信息和如何收集信息至关重要。

▎小 结 ▎

根据研究题目制定研究的总体框架是研究过程的第二步。研究框架是研究的总体思路与构想,包括理论与模型、研究问题与假设,以及其他与研究设计有关的基本要素。通过制定研究框架,研究人员能进一步理清研究思路,澄清研究所涉及的一些基本概念,选择合适的研究设计与数据收集方法,以保证研究结果的有效性。

理论是由相互关联的概念所组成的逻辑推理系统,具有三个基本功能:合理解释观察到的现象,并做出具有普遍意义的推论和假设;指出研究的形式和方向,确定研究范式;为研究结果提供逻辑解释,防止侥幸心理。模型是对现实世界的某方面进行一定简化后的描述,常通过勾画有关变量及变量之间的相互关系,反映实际系统或者过程的整体或局部。最常见的模型是图示模型和数学模型。

研究问题是针对研究的主要内容提出的具体的、需要解答的问题。研究假设是对某一研究问题的推测性答案。将研究内容细化为一系列相关的、有意义的研究问题并提出相应的假设非常重要。这为选择研究设计、确定需要考虑的变量打下了很好的基础。根据有关理论和已有的研究提出假设,还使研究人员对可能得到的研究结果有一个比较合理的预期,有助于发现异常的结果,避免得出和轻率接受错误的结论。

概念是对物体、物体的特性、事件或现象的抽象表述,起着沟通的媒介、分类的基础、认知的方式和构筑理论的砖石的作用。变量是某种特别的概念,当某个概念所代表的特征或属性在不同研究单位之间呈现一定差异时,就将其称为变量。根据变量之间的相互关系,可将其分为因变量、自变量、中间变量和控制变量。在进行市场营销研究时,必须将抽象的概念转变为具体的、可观测的变量。

研究总体是指某项研究所涉及的全部研究对象的集合。分析单位指的是某一特定研究所涉及的基本对象或事件。市场营销研究中的分析单位可以是城市、机构、家庭或个人。要根据研究题目和内容清楚地定义研究总体。研究单位的确定主要取决于研究的内容和推论的层次,要注意避免生态谬误和个体谬误。

▌重要术语▐

research framework 研究框架　　　　consumer choice model 消费者选择模型
theory 理论　　　　　　　　　　　　research question 研究问题
perceived value 感知价值　　　　　　research hypothesis 研究假设
model 模型　　　　　　　　　　　　social contagion 社会传染
graphical model 图示模型　　　　　　concept 概念
mathematical model 数学模型　　　　customer loyalty 顾客忠诚

variable 变量
dependent variable 因变量
independent variable 自变量
intermediate variable 中间变量
control variable 控制变量
study population 研究总体

unit of analysis 分析单位
ecological fallacy 生态谬误
individual fallacy 个体谬误
social signaling 社会信号传递
fairness in transaction 交易公平

复习思考题

1. 研究框架由哪几部分构成？
2. 理论有哪些主要功能？请举例说明。
3. 请举例说明模型在营销研究中的作用。
4. 将比较笼统的研究题目分解为具体的研究问题，并提出相应的假设有何意义？
5. 在什么情况下通常不事先提出假设？
6. 概念有什么作用？请举例说明。
7. 社会网络分析所用的影响力及权力在概念和测量指标上有何联系与不同？
8. 为什么在营销研究中要将概念转变为具体的、可以观测的变量？请举例说明。
9. 什么是研究总体和分析单位？为什么要明确地定义研究总体和分析单位？

练习题

1. 假如某奢侈品牌委托你设计一项潜在品牌代言人影响力研究，你将如何定义和测量影响力？
2. 假如某公司委托你开展一项顾客忠诚度研究：
（1）你会考虑采用什么理论框架和分析模型？
（2）该项研究设计的主要核心概念及定义是什么？
（3）具体的研究问题和假设有哪些？
（4）选择其中的一个概念，说明如何将抽象的概念具体化为可以测量的变量。

(5) 该研究的研究总体和分析单位应该如何定义？

3. 请利用网上检索系统寻找一篇研究案例，说明理论在营销研究设计和结果解释方面的作用。

■ 延伸阅读 ■

1. Naresh K. Malhotra, Daniel Dunan, David F. Birks, *Marketing Research: An Applied Approach*, 5th edition, Chapter 2, Pearson, 2017.

2. Dipayan Biswas, Courtney Szocs, "The Smell of Healthy Choices: Cross-Modal Sensory Compensation Effects of Ambient Scent on Food Purchases", *Journal of Marketing Research*, 2019(1): 123-141.

第4章 研究设计

本章概要

本章介绍营销研究中常用的三种研究设计。首先根据研究的主要目的对研究设计进行定义与分类;然后对探索性研究、描述性研究和因果研究设计的特点及用途进行讨论;最后介绍研究计划书的主要内容与格式。

教学目的

阅读本章后,学生应当能够:
1. 理解研究设计的定义与分类;
2. 掌握探索性研究、描述性研究和因果研究的主要特点及用途;
3. 理解横截面研究和纵向研究的优缺点及用途;
4. 理解确认因果关系的必要条件;
5. 掌握研究计划书的主要内容与基本格式。

开篇案例

个性化推荐真的能提升销量吗?

电商普遍相信,个性化的产品推荐能够提高转化率和购买金额。但是,个性化推荐对于消费者购买行为的影响其实并无定论。推荐产生的内生性和选择性偏差,对准确估计个性化产品推荐的作用提出了很大的挑战,因为产品推荐的目标群体往往是购买可能性比较大的消费者。

为了解决上述问题,研究人员在一个真实的网店上开展了一项实地实验。实验中随机屏蔽了一部分访问网店的顾客的产品推荐,然后对这些顾客和未屏蔽产品推荐的顾客(对照组)的购买行为进行了长达数月的追踪。结果表明,个性化推荐的短期作用并不像人们期望中的那样显著。展示推荐产品尽管对购买金额有一定的提升作用,但并没有显著地增加消费者购买的概率。进一步的分析表明,产品推荐往往导致新顾客放弃购买非推荐产品,转而购买推荐产品,产生了一个替代效应。由此可见,常规的非随机对照的方法高估了推荐的作用。

这项实验发现,产品推荐更重要的作用在于改善消费者的购物体验,从而改变他们的长期访问行为。产品推荐增加了消费者再次访问的概率,缩短了他们的访问间隔,提高了他们对商店的忠诚度。

资料来源:孙鲁平,《个性化产品推荐对消费者在线购物行为的影响——基于实地实验的实地研究》,北京大学博士学位论文,2014。

这个例子说明,一个好的研究设计能够获得有价值的新发现。通过对实验被试的长期追踪,这项研究发现个性化产品推荐对当期购买行为的影响往往被高估了,而其对购物体验和重复购买的长期效应又被忽略了。

科学研究是寻求新发现的事业,营销研究也不例外。在进行研究之前,研究人员首先要明确发现什么(研究目的)和如何去发现(研究方法)。这就是研究设计所涉及的核心问题。

4.1 研究设计的定义与分类

研究设计(research design)是开展某项研究时所要遵循的一个蓝图或计划,包括为了解决某一问题所制订的数据收集、分析和结果解释的计划与构想。研究设计的主要作用是保证以正确的方法完成研究项目,以合理的成本获得预期的研究结果。

一个完整的研究设计通常包括以下几个部分:

1. 定义研究问题(第2章);
2. 确定研究框架(第3章);
3. 确定研究设计类型(本章);
4. 确定抽样总体与样本设计(第5章);
5. 主要变量的定义与测量(第6章);

6. 选择数据收集方法并设计有关数据收集工具(第7—12章);

7. 制订数据分析计划(第13—19章);

8. 报告研究结果(第20章)。

社会科学研究有三个基本目的:探索、描述和解释。根据研究的主要目的,可以将研究设计分为探索性研究设计、描述性研究设计和因果研究设计三大类(见图4-1)。

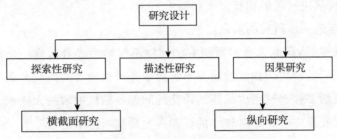

图 4-1 研究设计的分类

• **探索性研究**:这类研究的目的主要是对某一问题(通常是新问题或研究人员还不太熟悉的问题)进行初步探索,提出初步的想法和见解。例如,当社区团购刚刚兴起时,探讨团购的特点、参与者、流程,以及对厂商的影响等。

• **描述性研究**:描述某些现象、行为、过程、变化或者不同变量之间的关系。描述性研究又可以进一步分为横截面研究和纵向研究。例如,苹果品牌爱好者的人口统计和心理特征研究(横截面研究)、消费者的品牌转换行为研究(纵向研究)。

• **因果研究**:确定因果关系,解释某些现象、行为或变化所产生的原因。例如,涨价原因的不同说明对消费者的感知公平和购买意愿有何影响。

以上划分是相对的,而不是绝对的。虽然一项研究通常只有一个主要目的,但也不排除同时有多个目的的可能。

此外,还可以按数据收集方法将研究设计分为定性研究、调查法、观察法、实验法等。

4.2 探索性研究

顾名思义,**探索性研究**(exploratory research)是通过对某个问题或情况的探索,发现新动态、新机遇或新问题,提出初步的看法与见解,或者排除不可行的想法。例如,当出现严重的客户流失时,可能需要通过探索性研究进行排查,初步了解客户流失的主要原因可能有哪些,然后围绕这些原因开展进一步的研究并采取相应的行动。

进行探索性研究一般出于以下目的:
- 熟悉所要研究的问题及其背景;
- 准确界定问题、提出假设或澄清有关概念;
- 寻找解决问题的初步方案和线索;
- 确定进一步研究的重点。

一般来说,当研究人员对所研究的问题不够熟悉或者面临一个新问题时,需要进行探索性研究。探索性研究不需要事先严格确定的研究方案与程序,采用的方法灵活多样。它很少采用结构化的问卷或随机抽取的大样本,主要采用定性的数据收集方法和相对较小的配额或主观判断样本。

由于没有事先确定好的详细研究方案,研究人员的主观努力对研究结果会有极大的影响。研究人员需要保持一个开放的心态,防止先入为主,并且要善于捕捉探索性研究所产生的新想法和新观点,随时根据研究中发现的新线索调整研究的重点和方向。

探索性研究常用的方法有文献查询、专家调查、二手数据分析和定性研究。第7章和第8章将分别对二手数据分析和定性研究进行介绍,本章仅对文献查询和专家调查作简要的介绍。

文献查询(literature search)是获得对某一问题的看法与见解、提出初步假设或澄清有关概念的非常经济和便捷的方法。通过查阅有关学术期刊、行业杂志、研究报告和案例,研究人员能够充分借鉴前人的经验与知识,而不需要完全从头开始。在线搜索引擎、线上电子刊物的日益普及大大提高了文献查询的效率,降低了成本。例如,中国知网(http://www.cnki.net/)是目前国内最权威的中文学术文献在线检索工具。

专家调查(experience survey)是对有关权威人士进行调查,听取他们的看法与建议。值得注意的是,所谓专家调查的对象并非仅限于业内专业人士或学者,也可以包括有经验的用户和对该问题兴趣浓厚的普通人。例如,对数码相机发展趋势的调查,除了可以询问相机制造商的研发人员、有关技术专家、专业摄影师,还可以征询业余摄影发烧友的看法。从某种意义上讲,这些人不但具有一定的专业知识,而且更加贴近广大用户。

例 4-1

如何为超市选址?

对于零售业来说,选址的重要性似乎再强调也不过分。为了建立一个有效的连锁超市选址模型,首先要确定连锁超市选址模型中应该包括哪些变量,然后再收集相关数据进行建模。为此,一项专家调查邀请专家们对根据文献列出的 14 个备选变量的重要性打分,然后根据专家的意见确定模型中应该包括的变量(见表 4-1)。

表 4-1 连锁超市选址变量专家调查结果

	设店战略	商圈评估					立地评估				物价评估					
	1 开店时间	2 户数	3 户均收入	4 竞争店数量	5 区域特征	6 地区生命周期	7 店铺门前马路宽度	8 公共汽车站牌	9 人流状况	10 停车面积	11 店面可见性	12 临街店面宽度	13 营业面积	14 物件购买价格或租金	15 店铺高度	16 靠近供货商程度
最大值	3	4	4	4	4	4	4	4	4	4	4	4	4	4	3	2
最小值	0	4	3	2	0	0	1	0	2	2	2	0	3	2	0	0
中位数	2	4	4	3	2	1.5	2.5	1	3	3	3	2.5	3.5	4	1.5	1

为了提高回答率,每份邮寄问卷都附有一张北京大学百年校庆的藏书票,并承诺给填写问卷的专家邮寄最终的研究结果。因此,第一轮调查寄出 12 份问卷,返回的有效问卷为 8 份,其中 3 份来自零售领域的学者,5 份来自连锁企业具有丰富选址经验的权威人士(这一返回率对于邮寄式的专家调查是非常高的)。调查结果表明:最小商圈户数(即表中的户数)、户均收入、营业面积是受访专家公认的选址中最为重要的三项因素;其次是物件购买价格或租金、区域特征、开店时间、竞争店数量。最后根据专家的意见确定了选址模型包括的选址变量,用实际数据拟合的结果表明,该模型可以解释不同分店之间 70% 的业绩差异。

资料来源:乔学军,《连锁超市选址研究初探》,北京大学硕士学位论文,2000。

值得注意的是,本项专家调查虽然用了结构化问卷,但因为是小的主观样本且结论也是定性的,因此仍属于探索性研究。

4.3 描述性研究

描述性研究(descriptive research)的主要目的是对某些人群、现象、行为、过程、变化或者不同变量之间的关系进行描述,例如目标用户的特征、新产品的扩散过程、促销力度与销量之间的关系等。

4.3.1 描述性研究的目的

描述性研究通常有以下目的:

- **描述某些群体**,如顾客、竞争对手、营销渠道成员、目标市场的特征。例如,航空公司可能想知道常乘飞机旅行的人有何特征;酒店可能想知道商务客人与旅游客人各自的人口统计特征以及对酒店服务的要求;在杂志上刊登广告的厂商想了解该杂志读者的基本特征;团购网站需要知道参加团购的消费者的构成、特征与偏好。这些研究将有助于企业正确识别目标市场和制定合适的营销策略。

- **描述某种行为或过程**。例如,从事网络销售的企业和个人需要了解网上购物的决策过程与购买行为;工业品的供应商与代理商需要知道工业用户的采购决策过程和选择供应商的标准;在社交媒体上投放微视频广告的广告主希望了解受众的观看、评论和转发行为,这样才能制定合适的工作流程和策略。

- **估计特定群体中有某一特定行为者的比例**。例如,不住酒店的客人中在酒店附属餐厅就餐的比例;移动通信用户中每月的流失率;手机的潜在购买者中使用某一搜索引擎搜索信息的比例;等等。

- **了解消费者对产品或品牌特征的感知**。例如,消费者是如何评价苹果和华为这两个品牌的;智能手机用户对手机拍照功能的了解和使用状况如何;家长对QQ、抖音等社交应用软件的评价如何;等等。

- **描述变量之间的关系**。例如,家庭收入与私家车拥有量和档次之间的关系;广告投放量与销量之间的关系;促销力度与当期和长期市场份额之间的关系。

- **估计与预测**。例如,预测用户的购买可能性、购买量;估计不同品牌的用户数量、销量、市场份额;预测工业品用户的采购周期和每次采购量;等等。

4.3.2 描述性研究的特点与分类

与探索性研究不同,描述性研究是预先计划的、结构化的研究,对拟收集数据的内容和形式有明确的要求,通常采用有代表性的大样本。在开展描述性研究时,一定要明确6W:对象(Who)、内容(What)、时间(When)、地点(Where)、目的(Why)和方法(Way)。

描述性研究常用的数据收集方法有问卷调查法、观察法、用户行为追踪和二手数据利用。本书后面的各章将逐一对这些方法进行介绍,在此不再赘述。

应该在收集数据前拟订好数据处理与分析计划,以保证收集的数据符合要求,能够为决策服务。例如,用于线性相关回归分析的因变量应该用定量尺度来测量,定类变量的分组要符合决策的需要。

描述性研究根据其时间维度又可以进一步分为纵向研究与横截面研究两大类,前者进一步分为真固定样本组研究和多目标固定样本组研究,而后者又进一步分为一次性横截面研究和多次(重复性)横截面研究(见图4-2)。

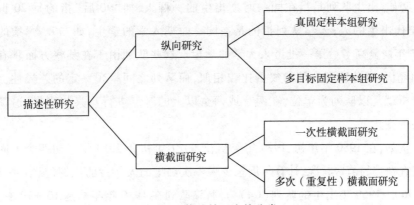

图4-2 描述性研究的分类

4.3.3 横截面研究

横截面研究(cross-sectional study)是在特定时点对目标人群进行的调查,是最常用的描述性研究设计。根据是否重复进行,横截面研究又可分为一次性横截面研究与多次(重复性)横截面研究。**一次性横截面设计**(single cross-sectional designs)是指在某一个时点从目标总体中抽取样本收集数据。**多次横截面设计(multiple cross-sectional designs)** 是指在两个或两个以上时点从同一目标总体中抽取样本收集数据。值得注意的是,多次(重复性)横截面研究虽然在不同时点从同一目标总体中收集数据,但每次的样本彼此是相对独立的。多次(重复性)横截面研究可以反映总体在不同时的状态变化。例如,表4-2显示在时期1和时期2购买不同品牌的家庭数发生的变化,其中购买品牌A的家庭数增加,购买品牌B的家庭数减少,而购买品牌C的家庭数保持不变。

表4-2　不同时期购买不同品牌的家庭数　　　　　　　　（单位:个）

品牌	时期1	时期2
A	200	300
B	300	200
C	500	500
合计	1 000	1 000

队列分析(cohort analysis) 是以队列(同期群)作为基本分析单位,分析多次横截面数据的一种方法。一个队列,是在相同的时期经历同一事件的一群人。例如,出生队列是指在同一时期出生的一群人,如"90后"指的是20世纪90年代出生的人;入学队列指的是在同一时期入学的学生,如"77级"指的是1977年恢复高考后第一批考入大学的学生。这些队列由于在某些方面具有共同的经历,因此队列内部的成员比较相似,而队列之间呈现一定的差异性。队列分析就是以队列为单位,在两个或两个以上的时点进行观察与测量,追踪这群人的变化。

例如,在1980年年初、1990年年初、2000年年初和2010年年初四个不同时点调查咖啡的消费状况,计算每周至少喝一次咖啡的人所占的比例(见表4-3)。以1960—1969年出生的队列(C4)为例,该队列在1980年年初是10—19岁,10年后(1990年)是20—29岁,以此类推。如果以队列为分析单位(沿斜对角线由左上向右下读),则可以看出喝咖啡的人所占比例随年龄的增加而不断上升,其他队列的情况也类似。但是,如果单纯比较同一时点不同年龄组的情况(每纵列的数字),则发现咖啡的饮用比例随年龄呈先升后降的趋势,在30—39岁这组达到最高,与队列分析的结果不同。如果仅看一次横截面数据,可能得出咖啡的消费随年龄先升后降的结论。由此可见,建立在一次性横截面研究基础上的数据可能会给出不正确的结论。遗憾的是,多数研究都是按时期(纵列)而不是按队列(斜对角线)分析数据。

表4-3 不同出生队列每周至少喝一次咖啡的比例(虚拟数据)　　(单位:%)

年龄	1980年	1990年	2000年	2010年	
10—19岁	0.0	0.5	3.0	11.0	
20—29岁	0.1	2.0	6.0	25.0	
30—39岁	0.9	5.0	18.0	31.0	C6
40—49岁	0.2	3.0	8.0	27.0	C5
50岁及以上	0.0	2.0	5.0	11.0	C4
			C1	C2	C3

C1:1930—1939年出生的队列　　C2:1940—1949年出生的队列
C3:1950—1959年出生的队列　　C4:1960—1969年出生的队列
C5:1970—1979年出生的队列　　C6:1980—1989年出生的队列

与后面要介绍的固定样本组数据不同,虽然队列分析是以同一队列为分析单位,但每个时点抽取的样本是相互独立的。在时期1抽中的队列成员,在时期2并不一定能被抽中,即使抽中也很难与时期1的信息匹配上。因此,队列分析还是属于横截面研究设计,而不是纵向研究设计。

例4-2

行动比语言更靠谱:观察真实的购物行为

店内购物行为及其影响因素的研究是消费者行为研究的一个重要内容,对商家的店面布局、商品陈列、导购和促销方案具有重要的意义。但是,以往的很多研究局限于传统问卷调查,由于回忆偏差和选择性报告,这种依靠消费者自述的店内购物行为研究有不少缺陷,不能很好地反映消费者的真实店内购物行为。而计算机辅助观察法(computer assisted observation, CAO)则是在真实的购物情景中,通过记录和分析购物过程中顾客的关键性行动,探索店内购物的行为模式及店内相关因素对购买决策的影响,具有真实性和客观性的特点。

图 4-3 是一项应用计算机辅助观察,对促销员在不同购买阶段与顾客互动的观察结果。

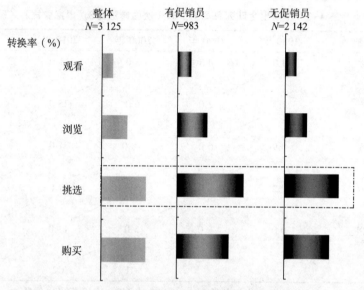

图 4-3　不同情景下购物过程的四阶段分析

对"有促销员"和"无促销员"下四阶段转化率进行比较可以发现:在有促销员的情况下,更多的消费者会从"浏览"产品转变为"挑选"产品,从而有更多的人购买产品;而在其他三个阶段,有无促销员的差别则并不是很明显。进一步的互动行为分析发现,促销员基本上选择在顾客处于"浏览"和"挑选"两个阶段时介入,但在不同阶段介入对购买过程会产生不同的销售效果,促销员在顾客"浏览产品"时介入能够使更多浏览的顾客拿起和购买推荐产品。

资料来源:王磊,《应用计算机辅助观察法探索真实购物行为》,《市场研究》网络版,2009 年第 52 期。

4.3.4　纵向研究

纵向研究(longitudinal study) 是对目标总体中一个固定的样本进行重复的调查,按相对固定的程序和要求收集数据。在营销研究中,纵向研究设计通常与固定样本组一词是等同的。**固定样本组(panel)** 一般由同意长期按要求提供信息的家庭或个人组成,由专业的市场研究公司建立和维持。定期提供数据的样本组成员将获得公司的积分，积分可以用来兑换礼品或现金以作为提供信息的补偿。固定样本组又分为真固定样本组和多目标固定样本组。前者不仅样本是固定的，每次调查的内容也是相同的；而后者可以根据研究的需要增减调查内容。

由于互联网的普及和大数据应用的兴起，传统的线下固定样本组正被网络研究社区和线上固定样本组所取代。对固定样本组线上搜索、浏览和购买行为的实时追踪，可以更加及时地提供准确的消费者行为动态数据，从而获得深入的消费者和市场洞察。例如美国大型零售商塔吉特公司，利用顾客购买行为的动态变化数据建立怀孕预测模型，可以比较准确地识别怀孕的顾客，进而适时发送个性化的相关产品推荐和促销信息，取得了很好的营销效果。

固定样本组不仅能够提供长期的关于购买量和市场份额等真正的时间序列数据，还能够提供消费者购买行为和品牌转换的动态信息，而后者是无法从多次（重复性）横截面研究获得的（见表4-4）。

表4-4 不同时期购买不同品牌家庭数的变化　　　　　　　　　（单位：个）

时期1购买的品牌	时期2购买的品牌			
	品牌A	品牌B	品牌C	合计
A	100	50	50	200
B	125	50	125	300
C	75	100	325	500
合计	300	200	500	1 000

表4-4的横截面数据显示，时期2购买品牌B的家庭数由时期1的300个减少到200个，而购买品牌A的家庭数由原来的200个上升到300个，购买品牌C的家庭的情况则保持不变。读者可能由此得出结论，是品牌A抢走了品牌B的市场。但是，如果仔细考察一下表4-4的纵向数据，则会得出不同的结论。在时期1购买品牌B的300个家庭中只有50个家庭在时期2仍然购买同一品牌，其余的都转向购买品牌A和品牌C，因此品牌A和品牌C都抢走了品牌B的一部分市场。

根据表4-4的数据可以计算一下各品牌的重复购买率和转换率（见表4-5），它们更加清楚地显示了品牌之间的动态变化。由左上到右下斜对角线的数字是重复购买率，而其余的是转换率。表4-5显示，品牌A、B、C的重复购买率分别是 50%（100/200）、16%（50/300）和 65%（325/500）；其中，品牌 B 的重复购买率最低，流失率最高，而品牌 C 的重复购买率最高；品牌 A 的市场份额虽然增加了，但品牌忠诚度仅位居第二。表 4-5 也叫品牌转换表，它提供了比多次横截面分析更有价值的关于品牌忠诚度和品牌转换的信息。

表 4-5 不同品牌的重复购买率和转换率

时期 1 购买的品牌	时期 2 购买的品牌			
	品牌 A	品牌 B	品牌 C	合计
A	0.50	0.25	0.25	1.00
B	0.42	0.16	0.42	1.00
C	0.15	0.20	0.65	1.00

4.3.5 横截面研究和纵向研究的比较

综上所述，横截面研究是在某一特定的时点收集数据，反映的是在这个时点的静态状况；而纵向研究是通过追踪同一个固定样本，收集能够反映动态变化的数据。如果说横截面研究是拍照的话，那么纵向研究就是摄像。

纵向研究相对于横截面研究的主要优势是对同一样本组反复测量相同的变量，因而可以洞察其真实的变化模式；另一个优势是因为固定样本组成员通常因参与研究而得到一些补偿，所以更愿意配合，因此能够收集相对大量的数据；此外，由于横截面调查主要是根据调查对象的回忆测量过去的购买行为，因此数据可能不准确，而固定样本组数据主要靠购买日志或线上行为实时追踪记录，更少依赖调查对象的回忆，因此数据一般更加准确和翔实。

固定样本组的主要缺点是调查对象缺乏代表性。因为一般家庭，尤其是高收入和双职工家庭更倾向于拒绝合作，样本组成员可能有很强的选择性，而且样本随时间的推移会进一步影响其代表性。固定样本组的其他缺点包括操作复杂、成本高昂、收集数据的时间长等。

例 4-3

记录中国社会的变迁：中国家庭追踪调查

中国家庭追踪调查（Chinese Family Panel Studies，CFPS）是北京大学中国社会科学调查中心实施的一项重大社会科学项目。该调查旨在通过跟踪收集个体、家庭、社区三个层次的数据,反映中国社会、经济、人口、教育和健康的变迁,为学术研究和政策研究提供高质量的数据。

该调查已经完成了对近16 000户家庭及其成员的2010年基线调查以及2012、2014、2016、2018和2020年的五轮追踪调查。调查覆盖了中国25个省、自治区或直辖市,包括上海、辽宁、河南、甘肃和广东5个大样本省市以及其余20个小样本省、自治区或直辖市。这25个省、自治区或直辖市的人口占全中国人口的94.5%,因此,该调查基本上可视为拥有一个具有全国代表性的样本。

由于样本成员的不断流动和扩散,调查方式从最初的完全入户访问调查,逐步转变成以入户面访(对于比较集中的样本)为主、电话访问(对于那些迁移到偏远地区的分散样本)为辅的混合模式。2020年的追踪调查,由于新冠疫情的原因,在很多地方无法进行入户面访,只能改为以电话访问为主、面访为辅的混合调查模式。

资料来源:北京大学CFPS课题组,《中国家庭追踪调查项目介绍》,2021年1月。

4.4 因果研究

因果研究(causal research)的目的在于确定因果关系,解释某些现象、行为或变化所产生的原因。在营销领域,因果研究主要用于考察不同营销刺激的作用。例如,网络口碑、个性化广告或产品推荐对消费者购买行为有何影响,网络成员之间的互动对新产品扩散有何影响,投放一款新产品对企业现有产品的销量有何影响,等等。

因果关系的确立一般需要满足以下条件:

① 确立变量之间的相关关系,即作为原因的变量和作为结果的变量之间是相关的;

② 确定事件发生的时间顺序,要求作为原因的变量变化在先,结果在后;

③ 排除其他变量的影响,即这种观察到的相关关系不是由其他因素所造成的;

④ 可推论性,即实验条件下所观察到的因果关系在现实中也能成立。

其中,排除其他可能的原因非常重要,否则可能会做出虚假的因果推论。例如,有人曾经计算过火灾的损失和出动的消防车数量之间的相关系数,结果发现两者是正相关的。如果由此得出结论，认为发生火灾后出动的消防车越多，导致的损失越大就有点荒谬了。因为还有一个变量在起作用，就是火灾的严重程度。火灾越严重，需要的消防力量就越大，同时严重的火灾造成的损失也越大。

与描述性研究相同，因果研究也需要预先计划好的、结构化的设计。虽然描述性研究能够确定变量之间的关联程度，但由于缺乏对自变量的有效控制，其并不足以检验因果关系。这样的检验需要在相对可控的环境中对自变量进行控制与操纵。因果关系研究常用的数据收集方法是实验法，包括实验室实验和现场实验(详见第11章)。

例 4-4

基于多源大数据的个性化推荐效果测试

个性化推荐系统已成为各大电商向消费者提供个性化购物体验的重要工具。个性化推荐可以在改进消费者购物体验的同时，提高转化率和商家的收入。但是，传统推荐系统通常只利用消费者在当前网站的历史信息推荐个性化商品，无法获得消费者在其他网站的数据来优化推荐效果。

在大数据时代，利用不同企业的多源大数据可以提供更好的个性化推荐服务。然而，这种新型的推荐系统对消费者购物行为的影响存在极大的未知性。探究基于多源大数据的个性化推荐系统对消费者购买行为的影响，对于有效利用多源大数据改进推荐效果很有意义。

为了建立推荐系统与消费者购物行为之间的因果关系，研究者开展了一项线上实验，其流程见图4-4。

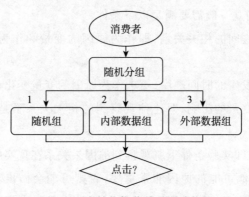

图 4-4 个性化推荐效果测试流程

测试结果表明,基于内部数据的推荐系统能够显著增加消费者点击个性化推荐商品的概率,可以减少消费者决策时间,激励消费者浏览更多的商品。外部数据的推荐效果不仅与外部企业网站的用户数量相关,也会受到外部网站与当前网站关联程度的影响。消费者特征对基于内部数据和外部数据的推荐效果起调节作用,如果消费者是当前网站的老用户,利用该消费者在当前网站的内部数据提供个性化推荐的效果更佳。

资料来源:姚凯等,《基于多源大数据的个性化推荐系统效果研究》,《管理科学》,2018年第5期:3—15。

这项研究通过分析基于多源大数据的推荐效果对消费者购买行为的影响,进一步完善了个性化推荐系统领域的理论框架,对如何利用多源大数据构建更加有效的推荐系统具有重要指导价值,并为不同网站之间的数据共享机制提供了重要的管理建议。

4.5 探索性研究、描述性研究与因果研究的关系

前面讨论了三种主要的研究设计:探索性研究、描述性研究与因果研究。表 4-6 对这三类研究的目的、特征与方法进行了简要概括和比较。

表 4-6 研究设计比较

	探索性研究	描述性研究	因果研究
目的	发现新想法和新见解	描述人群、市场、现象、过程、行为等	确定因果关系
特征	灵活多样,容易变通 小的配额或主观样本 主观因素对结果的影响很大	事先明确的计划与要求 较大的概率样本 高度结构化的设计	对自变量进行操纵 控制其他相关变量 中小样本,随机分组
方法	专家调查 文献研究 二手数据分析 定性研究	二手数据分析 问卷调查 固定样本组 观察与行为追踪	实验

需要指出的是,这三类研究之间的区别是相对的。在进行一项研究项目时有可能涉及多种研究设计,例如:

- 在项目初期,研究人员对面临的问题所知甚少,为了准确确认决策问题、定义研究题目、确定研究框架或拟定研究设计,需要进行探索性研究。
- 在进行探索性研究之后,研究人员对问题和研究框架有了一定的认识,为了回答探索性研究提出的问题和检验有关假设,需要进行描述性研究或者因果研究。
- 当然,并非每个研究项目都要从探索性研究开始。研究设计也可以从描述性研究或者因果研究开始。例如,常规的消费者满意度调查不需要从探索性研究开始,已经掌握的信息足以帮助我们完成描述性研究设计。
- 探索性研究也可以在描述性研究或者因果研究之后进行。通常当描述性研究或者因果研究得到的结果与理论预期和常识不符、难以解释时,需要进行探索性研究来寻找可能的原因,提供新的假设。

4.6 市场营销研究计划书

市场营销研究计划书(marketing research proposal) 是对拟进行的某项研究的各个步骤、时间进度和预算安排的文字描述。除了作为指导研究的蓝图,它还是研究人员和委托方之间就研究的内容、方法、进度、要求、预算等所达成的合同。一旦确定了研究设计,就要尽早完成书面的研究计划并获得研究委托(授权)方的批准。这样可以确保管理层对项目的认可,并提供必要的支持,使研究能够按时启动,同时也保证研究项目按照计划的要求执行并按时提交结果。

研究计划书一般要描述营销研究过程的所有步骤,还要估计完成项目的成本与时间进度,其内容和顺序通常如下。

① 封面:项目名称,委托方和执行方。

② 执行摘要:对整个研究计划进行概括与总结,使没有时间阅读计划全文的高层管理人员能够了解计划书的核心内容。

③ 背景:包括问题的起因及其相关背景信息。

④ 研究题目与目的:通常包括研究问题的定义、研究内容和目的。对于探

索性研究,如果目的就是定义问题,还没有提出研究问题的定义和内容,则应当明确说明研究的目的。

⑤ 研究框架:包括理论框架和(或)分析模型、具体的研究问题与假设(如果有的话)、研究总体与分析单位、核心概念的定义等。

⑥ 研究设计:明确说明所采用的研究设计类型、样本量和抽样方法。

⑦ 数据收集:拟收集数据的内容、格式与要求,数据收集方法(附上相关的问卷或观察表、实验材料)和现场执行计划。

⑧ 数据分析:拟采用的数据分析方法和预期结果。

⑨ 结果提交:研究结果的提交时间与形式。

⑩ 时间进度与预算:说明每阶段的时间安排,给出分项的预算。

⑪ 附录:问卷、访谈提纲、项目组人员名单、简历等。

小 结

研究设计是开展某一营销研究时所要遵循的蓝图或计划,包括研究人员为了解决某一问题所制订的数据收集、分析和结果解释的计划及构想。根据研究的主要目的,研究设计可以分为探索性研究、描述性研究与因果研究三大类。

探索性研究是通过对某个问题或情况的探索,发现新动态,提出新看法与见解,或者排除不可行的想法。探索性研究的特点是灵活多样,主要采用定性的数据收集方法和相对较小的配额或主观样本,结果受研究人员的影响较大。描述性研究的主要目的是对某些现象、行为、过程、变化或者不同变量之间的关系进行描述。描述性研究进一步分为横截面研究与纵向研究。横截面研究是指在某一时点从目标总体的样本中收集数据,而纵向研究是在固定的样本中重复收集数据。因果研究的目的在于确定因果关系,通常采用实验方法对因果假设进行验证。

研究计划书是对拟进行的某项研究的各个步骤、时间进度和预算安排的文字描述。除了作为指导研究的蓝图,它还是研究人员和委托方之间就研究的内容、方法、进度、要求和预算所达成的合同。研究计划书一般包括研究过程的所有步骤,还要估计完成项目的预算与时间进度。

■ 重要术语 ■

research design 研究设计
exploratory research 探索性研究
descriptive research 描述性研究
cross-sectional study 横截面研究
single cross-sectional design 一次性横截面设计
multiple cross-sectional design 多次横截面设计
cohort analysis 队列分析
longitudinal study 纵向研究
panel 固定样本组
causal research 因果研究
marketing research proposal 市场营销研究计划书

■ 复习思考题 ■

1. 研究设计可以分为哪几种？分类的依据是什么？
2. 探索性研究有什么特点和用途？
3. 描述性研究的6W是什么？请举例说明。
4. 描述性研究可以分为哪几类？它们各自有什么特点？
5. 举例说明固定样本组数据的用途。
6. 在线固定样本组相对于传统的固定样本组有何优劣势？
7. 什么是因果研究？在营销领域常进行的因果研究有哪些？
8. 研究计划书通常应当包括哪些内容？

■ 练习题 ■

1. 某汽车公司想在中国扩大电动汽车产能，需要估计中国电动汽车的市场容量，应采用何种研究设计？请说明你的理由。
2. 某媒体拟对家用汽车的可靠性进行测评，请问该研究的6W是什么？
3. 随着短视频网站的兴起，某公司拟对其广告策略进行调整，计划将更多的营销经费用于短视频广告。为了慎重起见，该公司决定先进行小规模的投放试验，请问这属于什么研究设计？开展这项研究应当注意什么？
4. 受客户的委托，某研究公司开发了一种新的个性化推荐算法，为了测试该算法的有效性，该研究公司决定开展一项随机对照实验，比较新算法与原有算法的推荐效果，请问这属于什么研究设计？

5. 请在网上寻找一个消费者行为研究案例,对其研究设计进行介绍并讨论有无值得改进的地方。

▌延伸阅读▌

1. Naresh K. Malhotra, Daniel Dunan, David F. Birks, *Marketing Research: An Applied Approach*, 5th edition, Chapter 3, Pearson, 2017.

2. 姚凯等,《基于多源大数据的个性化推荐系统效果研究》,《管理科学》, 2018年第5期:3—15。

第 5 章 样本设计

本章概要

市场营销研究通常要根据对一部分成员的观察来推论其代表的总体,因此样本设计是影响研究结论是否有效的一个非常重要的因素。本章首先介绍抽样的相关概念与基本步骤,然后分别讨论非概率抽样方法和概率抽样方法,接着介绍确定样本量的方法,最后讨论无回答误差的控制。

教学目的

学习本章后,学生应该能够:

1. 理解与抽样有关的基本概念;
2. 熟悉抽样过程;
3. 了解非概率抽样和概率抽样方法的主要特点及其应用;
4. 掌握确定样本量的经验方法和统计学方法;
5. 了解无回答误差的原因与控制。

开篇案例

谁会是下一任美国总统?

在社会科学研究中,美国大选前的民意测验对抽样方法的发展起到了重要的推动作用。《文摘》杂志于 1936 年进行的总统选举结果预测就是一个经典的例子。该杂志在 1920 年首次向美国 6 个州的选民邮寄明信片,询问他们会投哪位总统候选人的票,并准确地预测了哈丁将在大选中获胜。在此之后的 1924 年、1928 年和 1932 年大选中,该杂志扩大了样本的规模,并准确地预测了大选的结果。为了预测1936年美国总统选举结果,《文摘》杂志开展了一项更为庞大的民意测验,寄出1 000万份问卷,收回了240万份问卷。该调查结果预测共和党候选人兰登将以57%对43%击败民主党候选人罗斯福,但实际结果是兰登以38%对62%败北。这项耗资巨大的调查使该杂志因资金困难和名誉扫地而破产。

如此严重的预测误差主要是由抽样框架的选择不当和拒答误差所致。由于这项调查的样本是根据电话号码簿、汽车注册名单和各种俱乐部会员名单抽取的,因此支持共和党候选人的富人在样本中的比重偏高。此外,由于罗斯福的支持者因感到胜券在握而对此项调查缺乏热情而普遍拒答,最终导致了有利于兰登当选的虚假结果。

资料来源:艾尔·巴比著,邱泽奇译,《社会研究方法》(第11版),华夏出版社,2009:182—184。

这个经典的例子说明,样本设计的质量对于研究结果的影响极大,盲目地增大样本量往往无法弥补样本设计的缺陷,并不能保证提供准确的结果。而由于抽样方法的改进,现在的美国各大媒体一般根据2 000人左右的全国性样本就可以比较准确地在临近投票前预测哪位总统候选人将在大选中胜出。

5.1 基本概念

抽样(sampling)是根据一定的程序和规则,从研究总体中抽取其中的一部分样本的过程。如何遵循正确的程序和规则,保证样本的代表性,是本章讨论的重点。

总体(population)指的是享有一些共同特征、构成某项研究的对象的全体个体的集合。代表总体某些特征的统计指标叫**参数**(parameters)。**样本**(sample)是从总体中选出来的一部分成员。样本特征叫**统计量**(statistics),用于对总体参数进行推断。

如果对总体中的全部成员进行研究,然后直接计算总体参数,则称其为**普查**(census)。对于大多数营销研究而言,普查成本高昂,耗费时间,而且对于大多数消费品而言,由于总体很大,普查也不可行,因此很少采用。此外,一些研究,例如产品寿命或安全性测试,会导致产品的破损,这时采用普查方法是不可行的,也只能采取抽取少量样本的方法。但是,对于一些工业品(例如大型制造设备),其潜在用户总体的规模很小,而每个客户需求的差异很大,这时采用普查方法就是可行的,甚至是必要的。因此,当总体的成员数量少、成员间的差异大或者抽样误差的成本大(例如,漏掉了一家大客户)时,应当考虑采用普查的方法。但是,在大多数情况下,由于普查的工作量大、涉及的人员多、耗时长,收集的数据质量反而难以保证。除了成本高,普查的非抽样误差很可能超过了样本的抽样误差,故一般应当采用抽样方法而非普查方法。

总之,除了上面提到的特殊情况,对总体的全部成员进行研究既不必要也不可行,大多数的研究都需要根据部分样本数据来推断总体。为了使样本数据能够很好地代表总体,样本设计就至关重要。

5.2 抽样过程

抽样过程包括五个紧密相关的步骤:定义目标总体、确定抽样框架、选择抽样方法、确定样本量和抽取样本单位(见图5-1)。样本设计和营销研究过程的其他步骤是密不可分的,因此应该与研究项目中的其他决策一起统筹考虑。

图5-1 抽样过程

5.2.1 定义目标总体

定义目标总体是抽样的第一步,也是非常重要的一步,只有将目标总体定义清楚了,后面的各个步骤才能够有的放矢,否则将无从下手。

目标总体(target population)是某项研究要推论的全部个体的集合,是通过研究要对其进行描述和推论的总体。**抽样总体**(sampling population)是从中实际抽取样本的全部个体的集合,通常依据抽样框架加以定义。

应当根据内容、范围和时间三重标准定义目标总体。例如,某空调制造商拟进行一项售后服务满意度调查,其总体的定义如下。

目标总体:在调查前三个月以内接受过该公司售后服务的所有国内用户。在这个例子中,时间标准是调查参照时点前三个月以内;内容是接受过售后服务的用户;范围限定为国内用户。

抽样总体:在调查前三个月以内接受过该公司售后服务并能够联系上的所有国内用户。可能有部分用户接受过售后服务,但由于联系方式变更,在调查时无法与其联系。如果这类用户比例较高,那么抽样总体将不能很好地代表目标总体。

目标总体必须定义清楚,含糊的目标总体定义将会导致研究无效,甚至导致误解。例如某宠物食品公司在推出一种新口味猫粮前,对养猫的女士进行了调查。宠物食品公司在让她们看了样品及其产品说明后,询问她们是否喜欢该产品,结果大多数宠物主人都说喜欢。但是,产品投放市场后销量却不佳,因为猫不喜欢吃。该公司显然将研究总体弄错了,目标总体应该是猫而不是人!

抽样单位(sampling unit)是抽样过程中某一阶段可供抽取的基本单位。例如,在进行全国城市消费者调查时,第一、二、三阶段的抽样单位分别是市、区(县)、街道,最终的抽样单位是户。除了家庭或个人,营销研究常见的抽样单位还有机构(厂商、经销商等)、产品、品牌、刊物、频道、节目等。

定义目标总体并非像外行们想象中的那么简单。假如北京奔驰汽车公司进行一项用户调查,应如何定义目标总体呢?是否应包括集团用户?如果包括的话,应该调查谁?是乘车的领导还是开车的司机?应不应该包括出租车公司和汽车租赁公司?

5.2.2　确定抽样框架

抽样框架(sampling frame)是抽样总体的可操作性定义,是抽样的基础。抽样框架可用抽样总体全部成员的完整名单来定义,也可用界定抽样总体成员资格的规则来定义。常用的抽样框架包括:派出所的户籍目录,电话号码本,行业协会或网站提供的企业名录,专业邮寄公司提供的邮寄名单,银行、保险、通信公司的客户数据库,网站的注册用户数据库,等等。在无法事先编制完整的调查对象名单时,应当制定明确的规则,用来确定调查对象的资格。

应当尽量保证抽样框架和目标总体之间的高度一致性，以减少抽样框架误差。此外，为了确定某一个体是否属于抽样总体，经常有必要使用过滤问题。除了研究项目的具体要求，营销研究通常要求研究对象：

- 过去三个月内没有接受过任何产品或广告调查。
- 本人及家庭成员不在有关的企业工作。

如果抽样单位与所要研究的个体不同，例如当以户为单位抽样，但调查对象是个人时，必须明确指定抽样单位内的个体应该如何选择。在入户人员访谈和电话访谈中，仅仅指定地址或者电话号码可能还不够，还需要有如何抽取受访者个人的明确规则。在使用概率抽样方法时，必须从每个家庭中所有符合条件的人当中随机选出一人作为受访对象。随机选择的一个简单方法是"下一个生日"法。访员询问家中符合条件的人里谁下一个过生日，然后将那个人包括进样本中。

在编制抽样框架时应当注意的问题如下：

- 遗漏。抽样框架中遗漏部分样本单位，例如不完整的客户记录。
- 聚堆。缺乏个体样本单位信息，例如当研究对象是个人，但只有以户为单位的抽样框架时。
- 重复。同一样本单位重复出现，例如售后服务记录中，同一个用户的联系电话反复出现。
- 混杂。抽样框架中包括部分非样本总体成员，例如抽样总体由个人消费者构成，而电话号码簿中混有单位电话。

5.2.3 选择抽样方法

根据每个样本单位是否按事先确定的概率随机抽取，可以将**抽样方法**（sampling methods）分为非概率抽样和概率抽样两大类（见图 5-2）。

图 5-2 抽样方法的分类

非概率抽样(non-probability sampling)是依赖研究人员的个人判断而非随机原则选择样本单位。非概率抽样简便易行,但其总体并不明确,每个样本单位被抽中的概率不详,因此无法应用统计方法来推断总体,也无法计算抽样误差。这种抽样方法最常用于探索性研究和预调查。

概率抽样(probability sampling)是根据事先确定的非零概率从总体中随机抽取一定数量的样本单位。用这种抽样方法,研究人员能够计算样本统计量的抽样误差。描述性研究一般宜采用概率抽样方法。

下面两节将分别对非概率抽样和概率抽样方法做进一步介绍。

5.3 非概率抽样方法

如前所述,非概率抽样通常依赖主观判断而不是随机原则抽取样本,事先并不确定每个样本单位被抽中的概率。这种样本设计往往无法排除研究人员的主观偏好对抽样的影响,也无法准确估算样本估计值的抽样误差。常用的非概率抽样方法有便捷抽样、判断抽样、配额抽样和滚雪球抽样。

该方法通常用于下列情况:

- 样本量很小;
- 探索性研究或研究的初始阶段;
- 目标总体成员很少或很难寻找;
- 无法采用概率抽样方法。

5.3.1 便捷抽样

便捷抽样(convenience sampling)选择容易接触的个体作为研究对象,对抽样单位的选择主要由调查员完成。这是一种很常用的抽样方法,例如,学术研究用的学生样本、商场购物者的拦截访问、自愿参与的网上调查,等等。便捷抽样最大的优点是简便易行,在所有抽样方法中成本最低、耗时最少、最容易操作。但是,这种抽样方法有严重的局限性:没有一个清楚定义的总体;样本的选择性很明显;存在许多潜在的偏差。因此,从一个便捷样本得到的结果在理论上很难推论到任何一个总体,以描述某一总体为主要目的的描述性研究不宜使用便捷抽样。但是,由于简单易行,便捷抽样常用于探索性研究或问卷测试。

值得注意的是,尽管有明显的局限性,便捷抽样方法却经常被用于大型调查,许多自愿参与的评选活动让调查对象通过电话、网络问卷或报纸杂志上所附的调查表发表自己的意见。这种抽样方法由于有严重的选择性,而且未对调查对象是否具备资格进行核实,因此很难代表真正的"民意"。作者本人就亲身经历了这样一件事,某市市政府为了加强群众对政府部门的监督,在当地报纸上刊登了调查表,让市民给各政府部门打分,结果导致当日报纸脱销,许多订户都没有收到所订的报纸。原来是因为各政府部门为了获得高分,纷纷动员自己的职工及亲朋好友收集报纸,填写调查表。这一活动虽然初衷是好的,但方法不科学,结果也不能令人信服。

5.3.2 判断抽样

判断抽样(judgmental sampling) 也叫主观抽样,是根据研究人员的判断选出能够代表总体的样本。当样本量很小或者对调查对象有很严格的要求时,采用判断抽样方法。例如,专家调查的调查对象选取、试销市场的选择、消费者行为研究中意见领袖的选取、促销试验中商店的选择等。

判断抽样最明显的局限就是很难避免选择偏差,负责抽样的人员往往倾向于选择容易接触或者比较配合的个体或单位,从而牺牲了样本的代表性。因此,采用判断抽样方法时,最好有明确的标准,对样本进行一定的甄别和筛选。例如,抽取网上的意见领袖时,要对注册时间、用户等级、产品使用经验等有明确的要求。

5.3.3 配额抽样

配额抽样(quota sampling) 是根据事先确定好的配额,抽取一定数量的具有某种特征的样本,使得样本的构成(例如男女比例、年龄、收入、受教育程度等)符合事先设定的要求。进行配额抽样时,首先要确定需要控制的重要特征和这些特征在目标总体中的分布。这些需要控制的特征因研究目的而异,一般的消费者调查可以考虑性别、年龄、收入、受教育程度等,用户调查可以考虑产品的购买和使用状况(购买时间、频率或数量)。一旦分配好配额,调查员仍然采用便捷抽样方法选择调查对象,唯一的要求是完成规定的配额,因此属于非概率抽样。

一般来讲,配额抽样可以使样本的构成与总体的构成接近,但仍然不能确保样本是有代表性的,因为可能遗漏了重要的控制特征。如果为了防止重要的特征被遗漏而包括更多的特征,实际操作往往会非常困难。此外,因为每个配额内的个体是在便利或判断的基础上选取的,所以可能存在明显的选择偏差。最后,和其他的非概率抽样方法一样,配额抽样也无法准确计算抽样误差。尽管如此,由于配额抽样的成本比概率抽样低,而且易于操作和监控,因此在营销研究中很常用。如果能对访谈人员和访谈程序进行有效的控制以减少选择偏差,并且事后能够有比较严格的核查,那么配额抽样获得的结果可以有较好的代表性。

5.3.4 滚雪球抽样

滚雪球抽样(snowball sampling) 是先抽取少量的符合要求的样本,然后在访谈完成之后要求这些被访者推荐一些符合条件的其他人,一轮接一轮地推荐下去,样本就像滚雪球一样越滚越大。滚雪球抽样主要用于招募一些比较特殊的样本,例如有特殊爱好的群体(音乐发烧友、摄影发烧友、户外运动爱好者等)。由于这些个体在普通人群中比较少,采用其他抽样方法往往效率很低,而采用滚雪球抽样大大增加了找到具有某种稀有特征的样本的可能性,降低了抽样成本。滚雪球抽样适合某些特殊社会群体的研究,也适合专家调查。

例如,从1997年起,中国人民大学的潘绥铭教授多次赴"红灯区"开展现场调查,出版了中国地下性产业的专著《存在与荒谬:中国地下"性产业"考察》。由于卖淫和嫖娼属于非法、不光彩的行为,因此不可能采用常规的抽样方法抽取样本并获得调查对象的合作,只能通过熟人介绍,以滚雪球的方式接触有关人员。

不同非概率抽样方法的主要优缺点见表5-1。

表5-1 不同非概率抽样方法的优缺点

抽样方法	优点	缺点
便捷抽样	简便易行,成本低	选择偏差明显,代表性差
判断抽样	容易执行,成本较低	很强的主观性,代表性可能好也可能差
配额抽样	可以确保样本构成满足特定要求	选择偏差明显,代表性不一定能确保
滚雪球抽样	适合不易找到的研究对象	耗时,受最初抽中的样本单位影响大

例 5-1

汽车 4S 店售后服务满意度调查

由于汽车市场竞争激烈,各大品牌 4S 店从汽车销售中所获得的利润有限,售后服务作为 4S 店收入和利润的来源显得越来越重要。为了及时了解顾客对售后服务的满意度,不断提升服务质量和体验,除了厂家雇用第三方专业调查机构对客户进行服务后电话随访,许多 4S 店也会对自己的售后服务客户进行随访。其中某品牌的随访程序如下:

1. 客户车辆维修保养后一周以内,4S 店通过微信向客户推送调查邀请和链接,邀请客户参与客户满意度调查,并承诺提交合格问卷后发放一定数量的代金券;

2. 客户在收到调查邀请后点击调查按钮进入问卷填写界面;

3. 填写并提交问卷;

4. 将问卷提交成功信息页面截屏,然后发给售后服务顾问;

5. 售后服务顾问确认后,将电子代金券存入客户账户。

由于并非所有客户都留了微信联系方式,收到邀请后是否响应也完全取决于客户自愿,因此这种调查获得的是一个便捷样本。

请问,这样的样本设计可能产生哪些偏差?如何改进?

资料来源:根据作者亲身经验整理得到。

5.4 概率抽样方法

概率抽样方法是采用随机的办法,排除研究人员主观因素的干扰,使样本总体中的每个成员都有一个事先确定好的抽中概率。概率抽样的优点是排除了主观因素对抽样的干扰,而且可以采用统计学方法用样本统计量推断总体参数、计算置信区间和抽样误差。主要的概率抽样方法有简单随机抽样、系统抽样、分层抽样、整群抽样和区域抽样。以推断总体特征为主要目的的描述性研究宜采用概率抽样方法。

5.4.1 简单随机抽样

简单随机抽样(simple random sampling)是最基本的概率抽样方法,该抽样方法保证每一抽样单位都有相同的非零抽中概率,并给出总体参数的自加权估计值。若总体为 N,样本量为 n,则每一抽样单位的抽中概率为 $p=n/N$。为了抽出一个简单随机样本,需要一个完整的抽样框,其中每个个体都有一个唯一的编号,然后用计算机软件或抽签的方法随机抽取个体。

简单随机抽样的主要优点是易于理解,可以产生一个自加权的样本,其数据的统计处理和推断也相对简单,因为大多数统计估计与推断方法都是建立在简单随机抽样的基础上的。但是,简单随机抽样也有一些局限性,主要是:

- **实际操作起来可能很麻烦**。在很多情况下很难获得一个可以供简单随机抽样用的完整的抽样框架。
- **数据收集所需的时间长、成本高**。如果抽样总体分布很广,简单随机抽样可能产生一个跨越地理区域很广的非常分散的样本,因此会增加数据收集的时间成本和资金成本。
- **抽样误差较大**。简单随机抽样与其他概率抽样方法(例如分层抽样)相比,当样本量相同时,其抽样误差较大。
- **小样本时代表性差**。虽然一般来说,简单随机抽样所抽出的样本可以很好地代表总体,但是如果样本量很小,由于抽样误差大,对总体的代表性可能不佳。

基于上述原因,简单随机抽样在市场营销研究中应用得并不广。

5.4.2 系统抽样

系统抽样(systematic sampling)是随机抽取第一个样本单位,然后每隔 k 个单位抽取一个样本。将总体所含样本单位数 N 除以样本量 n,结果四舍五入取最接近的整数,可以确定抽样间距 k。例如,总体的规模 $N=10\ 020$,拟抽取的样本量 $n=100$,则抽样间距 $k=10\ 020/100=100$(取最接近的整数)。然后从 1 到 100 之间随机选出一个数字 r,抽中的样本就由编号 r、$100+r$、$200+r\cdots$ 的个体组成。

系统抽样时总体中每个样本单位被选中的概率相等,即 $p=1/k$,且通过系统抽样也可获得总体参数的自加权估计值。如果抽样框架中抽样单位的排列与拟研究的特征无关,则系统抽样将产生与简单随机抽样非常相似的结果;如果需要研究的特征与排列的顺序呈单调递增或递减的关系,则系统抽样能够增加样本的代表性,有点类似于后面介绍的分层抽样。

例如,按家庭收入将所有的家庭按增序或降序排列,那么系统抽样将保证高、中、低收入家庭在样本中的比例与总体一致,而简单随机抽样却不能保证这一点,尤其是当样本量较小的时候。但是,如果个体的排列顺序呈现出一个循环的形式,则系统抽样可能会降低样本的代表性。例如,冷饮的月销售额可能呈现明显的季节性,如果用系统抽样方法从销售的历史数据中抽取样本点,每隔12个月抽一个,则抽样误差可能很大,因为抽的数据点有可能全部都是旺季或淡季,而简单随机抽样出现这种情况的可能性较小。

5.4.3 分层抽样

分层抽样(stratified sampling)是将总体按某些重要特征分为数个子群(层),各层之间既不能重复也不能有遗漏,然后用简单随机抽样或系统抽样方法从每层中抽取一定数量的样本(见图5-3)。表面上看,分层抽样似乎有点类似于前面介绍的配额抽样。但实际上分层抽样时每层中的个体是随机抽取的,而不是基于便利或判断来选择的。分层抽样的主要目的是提高样本的代表性和降低抽样误差,而能否达到这一目的则取决于分层变量是否恰当。层内个体之间的差异越小而不同层之间的差异越大时,分层抽样的效果越好。当层内的个体完全一样时,每层只需抽取一个样本就能准确无误地估算出总体的参数。当然,分层变量除了要和研究的特征密切相关,还要易于测量,从而降低分层的成本。市场营销研究中常用的分层变量包括人口统计特征(性别、年龄、收入等)、顾客的类型(个人、集团等)、公司规模或者行业。

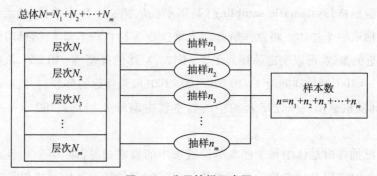

图5-3 分层抽样示意图

分层抽样还可以进一步分为**按比例分层抽样**(proportionate stratified sampling)和非比例分层抽样(disproportionate stratified sampling)。按比例分层抽样中,每层的样本量与该层在整个总体中的相对量成比例;而非比例分层抽样中,每层的样本量与该层在总体中的相对量不成比例。按比例抽样时各层的抽样比例相同,因此可以产生一个自加权的样本。但是,为了在给定总样本量的情况下使抽样误差尽可能小,有时会采用非比例抽样,从个体差异较大(或总体规模较小)的层中多抽取一些样本。在市场营销研究中,有时也会从比较重要的层(例如重度消费者)或者能够提供更多信息的层(例如有经验的消费者)中多抽取一些样本。非比例分层抽样的另一个目的就是确保总数较少的个体(例如高收入者)在样本中也有一定的数量,这对于分组描述和比较很有帮助。例如,假设某学院有750名本科生、200名普通硕士生和50名博士生,如果总共抽取100名学生调查对教学的满意度,则比例分层抽样的样本将包括75名本科生、20名普通硕士生和5名博士生。为了能比较准确地估计普通硕士生和博士生的满意度,可能采用非比例分层抽样的方法,适当降低本科生的抽样比例,提高普通硕士生和博士生的抽样比例。

5.4.4 整群抽样

整群抽样(cluster sampling)将总体分为不同的群组,然后随机抽取一定数量的群组作为样本。整群抽样又可以分为:

- 一级整群抽样。每个被抽中群中的所有个体都被包括进样本。
- 二级整群抽样。先抽取一定数量的群,然后从每个抽中的群中随机抽取一定比例或数量的子群。
- 三级整群抽样。先抽取一定数量的群,然后从抽中的群中随机抽取一定比例或数量的子群,再从每个抽中的子群中随机抽取一定比例或数量的下一级子群。

与提高样本代表性和降低抽样误差的分层抽样不同,整群抽样的目的是降低单个样本的成本,其抽样效率(与简单随机抽样相比,将抽样误差控制在相同水平时所需的相对样本量的倒数)取决于群内和群间差异的相对大小。进行整群抽样时,理想的情况是群内个体之间的差异尽可能大,各群之间尽可能相同。最理想的情况是各群之间完全相同(群间差异为0),这样只要抽取1个群,就可以完美地代表整个总体。

整群抽样是跨区域研究常用的抽样方法。这主要有两个原因。第一，这种方法在许多情况下比其他概率抽样方法更可行。例如，要想进行一项全国性的消费者调查，通常获得完整的包括全部消费者的抽样框架是不可能的，但获得一份全国县级行政单位的完整名单却不难。因此，我们可以先抽取县（区），然后编制抽中县级行政单位的下一级抽样框，这样就大大减少了工作量。第二，即使能够获得一个完整的包括全体最终样本单位的抽样框，简单随机抽样、系统抽样或分层抽样产生的样本太分散，因而对于个人面访来说，调查员要在全国各地到处奔波，收集数据的单位成本太高。而整群抽样所产生的样本相对集中，只要向抽中地区派遣调查员就可以了，从而大大地节约了成本。

5.4.5 区域抽样

20世纪90年代以来，由于流动人口增加，常住人口的地址变动频繁，新建居民区不断出现，过去以行政区划和户籍资料为基础的抽样方法已经越来越不适用。由于电子地图的逐步普及与发展，国外采用已久的区域抽样方法开始逐步在中国推广开来。

区域抽样（area sampling）就是在地图上将一个城市划分为不同的区域并依次编号，然后随机抽取部分区域作为样本。如果对抽中区域的全部住户进行调查，则为一级区域抽样。如果在抽中区域只随机抽取一部分住户作为样本，则为二级区域抽样。也可以将一个城市划分为不同区域，再将每个抽中区域进一步划分为不同小区，最后以住户为最终抽样单位，进行多级区域抽样。区域抽样的关键是要有准确、详细的地图，并能够利用街道、河流和其他明显的地标划分出边界清晰的小区。

表5-2总结了不同概率抽样方法的优缺点。

表5-2　不同概率抽样方法的优缺点

抽样方法	优点	缺点
简单随机抽样	简单，可以得到自加权样本	抽样框架的编制难度大，实施成本高，抽样效率低
系统抽样	比简单随机抽样容易执行，可以提高代表性	当总体成员排列呈波动时代表性下降

(续表)

抽样方法	优点	缺点
分层抽样	确保涵盖所有重要的子群,降低抽样误差	好的分层变量不易获取,分层变量多时有难度,成本高
整群抽样	便于执行,单位成本低	代表性不能很好保证,抽样误差较大
区域抽样	适合没有现成的抽样框架的情景	时间和资金成本高

例 5-2

乘用车品牌官方微博影响力研究

目前社交媒体对公众和消费者的影响越来越受到重视,大量的消费品品牌都在诸如新浪微博等社交媒体上开设了官方账号。这些账号成为品牌与消费者互动的一个重要渠道。但是这些官方微博的影响力有多大?影响力与哪些因素有关?对于这些问题并无确切的答案。

为了分析乘用车品牌官方微博的影响力及其影响因素,需要抽取样本并抓取数据进行研究,在抽样时可以考虑以下这些方面。

目标总体:所有在新浪微博上运营、通过认证且处于活跃状态(在一个月内有发帖行为)的乘用车品牌官方微博。

抽样框架:爬虫抓取的乘用车品牌官方微博认证账号,如果一个品牌有多个官方微博,取粉丝数最多的那个,剔除那些在一个月内没有发帖行为的账号。

抽样单位:微博账号。

抽样方法:非比例分层抽样,按粉丝数量(百万级、十万级和十万以下级)和微博活跃度(发帖量分高、中、低)分为 3×3=9 层,每层内的账号按粉丝数由高到低排列,用系统抽样的方法抽取固定数量微博账号。

5.5 互联网抽样

互联网调查和在线研究的兴起,给样本设计带来了新的机会。采用互联网抽样方法,能够突破地理距离的限制,以很低的成本接触到广泛的人群,大大节省时间和成本。

常用的互联网抽样可以分为两大类:

- **拦截法**(intercepting method)。在特定的网页上布置展示、旗帜或弹窗广告,对访客进行拦截,点击者被引导到问卷页面,这属于非概率抽样的便捷抽样方法。
- **招募法**(recruiting method)。从企业内部客户数据库或第三方供应商那里获取目标总体名单和联系方式作为抽样框,通过电子邮件、微信或短信向抽中的个体发送邀请函和问卷链接从而获取样本;也可以直接委托给第三方,按照要求从其在线样本库中招募样本。这种方法往往接近传统意义上的配额样本。

由于互联网的普及和人口流动性的提高,网络和移动终端调查变得越来越重要。目前互联网抽样面临的主要问题是样本的代表性问题,包括:

- 不完全覆盖。互联网抽样无法触及不上网的个体,不过,由于目前网络在中国的成人人口中已经达到了很高的渗透率,这对于多数人群已不再是个严重的问题。
- 重度使用者偏差。拦截法更有可能拦截到经常上网的人群,而遗漏不经常上网的人群,因此会产生重度使用者偏差。
- 自选择偏差。因为网络调查一般都是用户自愿参与的,而网上接触样本的参与率远远低于传统方法,因此会产生严重的自选择偏差。

鉴于上述情况,有些营销研究项目采取线下招募样本、线上执行的混合模式,在尽可能保证样本代表性的同时,降低执行成本,提高执行速度。

5.6 抽样方法的选择

抽样方法的选择取决于研究所处的阶段和数据的用途、目标总体内部的同质性,以及时间、经费、人力、数据收集方法和可操作性等其他因素。探索性研究的主要目的是发现新的想法,而不是进行准确的定量描述,因此通常使用便捷抽样或判断抽样;而描述性研究通常是为了基于样本对总体进行推论,因此常用概率抽样方法。如果只是为了获得一些定性的结论,则可以使用非概率抽样;当要对总体进行准确的统计推论时要使用概率抽样。在实际应用中,由于概率抽样比较复杂,成本高,操作起来比较困难,因此当时间、经费有限时,一般都采用比较简单易行的非概率抽样方法。非概率抽样被广泛用于产品测试、广告文案测试、专家调查等；消费者调查、固定样本组调查、媒体受众调查等通常都采用概率抽样。当目标总体成员非常稀少、难以接触时，通常采用滚雪球抽样方法。

当总体成员之间的差异很小时，无论采用何种抽样方法得到的样本都具有较好的代表性和较小的抽样误差。而当总体成员之间差异很大时，抽样方法的选择对于提高样本的代表性和降低抽样误差非常重要，这时宜采用分层抽样或配额抽样方法。在这种情况下，如果有易于获得且与待测特征密切相关、可以将总体成员分为相对同质的子群的变量，则使用分层抽样可以保证样本的代表性，减少抽样误差。如果总体内部各群之间的差异很小，但群内差异很大，则整群抽样是一个很好的选择。

5.7 确定样本量的经验方法

样本量（sample size）是要抽取的个体的数量。确定样本量的方法可分为两大类：根据业界常规确定样本量的经验方法和根据统计公式计算样本量的统计学方法。

用非概率抽样方法时，无法用统计学方法确定样本量，因此通常考虑的是定性因素。最简单的方法是根据研究的类型和经验确定大致的样本量，再根据决策的重要性、研究的类型、单位成本、发生率、完成率等因素进行适当的调整。

一般来讲，决策越重要，获取的信息就应该越精确，需要的样本量就越大。但是，成本与样本量成正比，而抽样误差与样本量的平方根成反比。因此，随着样本量的增大，通过增加样本量得到的边际收益递减。

研究设计的类型也对样本量有影响。定性的探索性研究的样本量通常较小，而描述性研究通常要求有较大的样本量。不同的数据分析方法也要求不同的最小样本量。如果要对数据进行详细分组，然后进行分析和比较，则需要的样本量更大。所需样本量还要根据符合条件的研究对象在抽样总体中所占的比例和研究的预计完成率做出相应的调整，这将在下节中讨论。

表 5-3 列出了各类营销研究所用样本量的大致范围。对于某一具体研究，由于具体情况不同，其样本量可能超出这个范围。

表 5-3 各类营销研究所用样本量的经验值

研究类型	最小值	典型的范围
专家调查	3 人	5—20 人
深入访谈	10 人	10—30 人
专题组座谈	2 组	6—12 组
产品测试	30 个	50—500 个
广告测试	30 支	50—500 支
试销市场	2 家商店 2 个城市	5—20 家商店 5—10 个城市
消费者行为研究	100 人	200—2 000 人
市场细分	200 人	500—10 000 人

样本量还受资源约束,在实际工作中可供支配的经费有时成了决定样本量的唯一因素。由于客观条件限制,有时只能根据可支配预算确定样本量,这叫可支配预算法。例如,某项研究的总预算是 2 万元,其中研究设计、数据处理与分析需要 1 万元,假设调查每个样本的成本是 50 元,那么该项目能够负担得起的最大样本量为 200。当然,按道理应当根据研究需要确定样本量,按预算确定样本量的做法不宜提倡。

5.8 确定样本量的统计学方法

对于概率样本,可用统计公式计算所需样本量。这时需要的样本量与下列因素有关:

- 抽样方法。一般都是根据简单随机抽样计算所需样本量,然后根据实际采用的抽样方法加以调整。
- 要求的精度。要求的精度越高,所需的样本量越大。
- 总体内部的同质性。同质性越大,所需样本量越小。
- 时间、经费和人力。当资源比较充裕时,可抽取比较大的样本量。
- 分组的详细程度。分组越细,需要的样本量越大。

5.8.1 估计总体均值时样本量的确定

对于简单随机抽样,为了估计总体均值,确定样本量的步骤如下:

① 确定允许误差,即样本均值和总体均值之间的最大允许差异(d)。

② 指定置信水平,即实际误差小于允许误差的概率,一般设为95%或99%。

③ 确定与置信水平相对应的z值,与95%的置信水平相对应的z值约为2.0,与99%的置信水平相对应的z值约为2.6。

④ 确定总体的标准差σ,通常根据经验数据获得,如果总体的标准差是未知的,可以根据下列方法做粗略的估计:正态分布的变量的标准差大约等于全距除以6;5级量表的标准差通常为1.0—1.5,7级量表的标准差通常为1.2—2.0。

⑤ 用下列公式来确定样本量:

$$n = \frac{\sigma^2 z^2}{d^2}$$

从上式可以看出:样本量与σ^2成正比,所以总体的差异性越大,需要的样本量就越大;设定的置信水平越高则相对应的z值越大,因而样本量越大;允许误差d值越小,则样本量越大。

⑥ 当估算的样本量相对于总体规模较大时,即占总体量的10%以上时,则应该用有限总体校正系数对所需的样本量进行调整,调整后的样本量为:

$$n_c = n \frac{N}{N + n - 1}$$

式中,n为最初样本量估计值,n_c为经过有限总体校正的样本量。

假设置信水平为95%,允许误差为5,标准差为20,则需要的样本量为:

$$n = \frac{20^2 \times 2^2}{5^2} = 64$$

值得注意的是,只有当总体规模N相对较小时,总体的规模才会影响所需的样本量。对于以普通消费者为总体的研究来说,由于总体的规模很大,因此一般都不需要用有限总体校正系数。

5.8.2 估计总体比例时样本量的确定

在市场营销研究中,我们常常对总体中具有某一特征的个体(例如购买过

某种产品的消费者)的比例感兴趣,此时的统计量是比例而非均值,其样本量的确定方法与前面介绍的相似,具体步骤如下:

① 确定允许误差,即样本比例与总体比例之间允许的最大误差 d。

② 指定置信水平,通常也是95%或99%。

③ 确定与置信水平相对应的 z 值,与95%的置信水平相对应的 z 值约为2.0,与99%的置信水平相对应的 z 值约为2.6。

④ 估计总体比例 π,通常根据经验数据获得,如果实在无法估算,则可设为 0.5,这时所计算的样本量最大。

⑤ 用下列公式来确定样本量:

$$n = \frac{\pi(1-\pi)z^2}{d^2}$$

⑥ 当估算的样本量相对于总体规模较大,即占总体的10%以上时,则要用有限总体校正系数对所需的样本量进行调整,调整后的样本量为:

$$n_c = n\frac{N}{N+n-1}$$

式中,n 为最初的样本量估计值,n_c 为经过有限总体校正的样本量。

例如,假设置信水平为95%,允许误差为0.05,总体比例为0.20,则需要的样本量为:

$$n = \frac{0.20 \times (1-0.20) \times (2)^2}{(0.05)^2} = 256$$

5.8.3 估计多个参数时样本量的确定

前面讨论了对单个参数进行估计时所需样本量的计算。但是,市场营销研究与其他许多实证研究一样,往往要估计多个参数。在这种情况下,样本量的计算应该考虑所有总体参数的估计值都能达到要求的精度。这时需要针对每个参数计算所需的样本量,然后取其中的最大值作为该研究需要的样本量。

表5-4计算了在95%的置信水平下,按表中的允许误差估计家庭年收入、每月食品支出和每月娱乐支出这3个变量均值所需的样本量。从表中可以看出,为了将平均每月娱乐支出的抽样误差控制在要求的范围内所需的样本量最大,因此最终的样本量将定为215。

表 5-4 估计多个均值时样本量的确定

	变量		
	家庭年收入	每月食品支出	每月娱乐支出
置信水平(%)	95	95	95
z 值	2.0	2.0	2.0
允许误差(d)(元)	300	50	30
总体的标准差(σ)(元)	2 000	180	220
所需的样本量(n)	178	52	215

5.8.4 用其他概率抽样方法时样本量的确定

上述确定样本量的方法适用于简单随机抽样。当使用其他概率抽样方法时,样本量的计算比较复杂,但所依据的原则基本相同。必须指定允许误差和置信水平,然后计算在指定的置信水平下将总体参数的估计值控制在允许误差以内所需要的样本量。在实际应用中,一般都先计算简单随机抽样所需的样本量,然后根据实际采用的抽样方法乘以一个修正系数。系统抽样所需的样本量通常与简单随机抽样所需的样本量接近;分层抽样所需的样本量较小;整群抽样所需的样本量较大。有兴趣的读者可以参阅有关抽样方法的权威著作。①

5.9 样本量的调整

前面确定的样本量指的是最终的有效样本量,通常称为最终样本量或净样本量。考虑到并非每个抽中的对象都是合格对象,且并非每个合格对象都能提供所需要的完整数据,因此最初抽取的样本量必须大于有效样本量。

发生率(incidence rate)指的是抽样总体中符合条件的百分比。**完成率**(completion rate)是合格对象中能够提供所需信息的个体所占的比例,如果是抽样调查,就是能完成访谈的合格对象所占的百分比。设 n 为最终样本数,i 为发生率,c 为完成率,则最初需要抽取的样本数为:

---

① Richard Scheaffer, et al., *Elementary Survey Sampling*, 7th International Edition, Brooks/Cole, 2011.

$$n' = \frac{n}{i \times c}$$

发生率和完成率越低,为了达到既定的最终有效样本数需要抽取的样本量就越大。

例 5-3

中国家庭追踪调查:样本设计

目标总体:2010 年调查时点的中国家庭及其成员。

抽样总体:中国(不含香港、澳门、台湾以及新疆、西藏、青海、内蒙古、宁夏、海南)25 个省、市、自治区满足项目访问条件的家庭户和样本家庭户中满足项目访问条件的家庭成员。该调查样本所在的 25 个省、市、自治区的人口覆盖了中国总人口的 94.5%。

抽样方法:该调查采用了三阶段概率样本设计。第一、第二阶段用与规模成比例(PPS)方法,抽取了 162 个区县和 640 个村、居委会(简称村居);第三阶段采用系统抽样的方法抽取家庭户。

为了保证能够获得 16 000 户有效样本(每个村居 25 户),采用了扩大样本量的方法。确定初始样本量时要考虑末端抽样框包含空户、商用、非住宅、无法接触户和拒访户等因素。

最终每个样本村居的初始样本量如下公式所示:

$$n = \frac{目标量}{1 - (拒访率 + 空户率 + 无法接触率 + 无效户率)}$$

根据预调查,每个村居拒访、空户、无法接触和无效户在 10%—40% 波动,因此为了获得 25 户目标样本量,每个村居需要抽取的初始样本数为 28—42 户。

资料来源:谢宇、邱泽奇、吕萍,《中国家庭动态跟踪调查抽样设计》,CFPS 技术报告系列 CFPS-1,北京大学中国社会科学调查中心,2012。

5.10 无回答问题

无回答(**non-response**)是调查中最常见的问题之一。它不仅减少了最终的有效样本数,而且由于无回答者在许多方面可能与回答者有所不同,因此可能导致样本估计值出现严重的偏差。一般来讲,回答率越高,无回答偏差越小。由于低回答率增加了产生**无回答偏差(non-response bias)**的可能性,所以应该针对无回答的原因努力提高回答率。

拒答(refusal)指的是被抽中的个体不愿参与研究,从而导致了较低的回答率。可以通过事先预约、激励调查对象、适当的补偿、良好的问卷设计和回访来减少拒绝的情况出现。为了保证调查对象的合作,访谈人员应当先问比较简短的问题,在完成了容易回答的问题后再问比较复杂的问题,这样可以减少被拒的可能性。也可以通过提供现金或非现金的物质刺激争取研究对象的配合,但要注意由此可能产生的样本选择性,即把时间成本低、贪图小便宜的人吸引来了。简短而又有趣的问卷也有利于得到研究对象的配合。

扑空(not at home)是无回答的另一个主要原因。在电话访谈和入户人员访谈中,如果在试图接触时调查对象不在家中,就会导致回答率降低。除了选择合适的访问时间,进行系列回访可以显著地减少由扑空所造成的无回答的情况出现。在大多数消费者调查中,对于没能接触到的调查对象要进行2—3次回访。

撰写研究报告时,必须报告回答率,使读者对无回答对结果的可能影响有个大致的判断;还要尽可能对无回答的影响做出更加准确的估计。比较回答者与无回答者之间在重要变量上有无显著差异可以达到这一目的。这要求对无回答者进行专门的抽查,或者从其他来源估计这些差异。例如,进行用户调查时,可以从企业用户数据库中得到无回答者的有关信息,然后和回答者的信息进行比较。另外还可以通过替代对无回答偏差进行修正。替代就是找一个与无回答者具有相似特征的个体作为替代样本,例如入户调查时用隔壁邻居作为替代,电话访谈时用相邻的电话号码作为替代。

小 结

对于大多数研究而言,对总体的全部成员进行研究既不必要也不可行,多数的研究都是根据部分样本数据推断总体。为了使样本数据能够很好地代表总体,样本设计至关重要。

抽样过程包括定义目标总体、确定抽样框架、选择抽样方法、确定样本量和抽取样本单位五个紧密相关的步骤。

定义总体是抽样的第一步,也是非常重要的一步。目标总体是某项研究要推论的全部个体的集合;抽样总体是从中实际抽取样本的所有个体的集合,通常依据抽样框架加以定义。抽样单位是抽样过程中的某一阶段可供抽取的基本单位。抽样框架是抽样总体的操作化定义,应当尽量保证抽样框架和目标总体之间的高度一致,减少抽样框架偏差。

抽样方法可以分为非概率抽样方法和概率抽样方法两大类。非概率抽样依赖研究人员的判断而非随机原则选择样本。非概率抽样简便易行,但其总体的定义并不明确,每个样本单位被抽中的概率不详,因此无法运用概率论和统计方法来推断总体,也无法计算抽样误差。这种抽样方法常用于探索性研究和问卷试填。常用的非概率抽样方法包括便捷抽样、判断抽样、配额抽样和滚雪球抽样。概率抽样根据事先确定的非零概率从总体中抽取一定数量的样本单位,用这种抽样方法时可以估算出抽样误差。概率抽样方法包括简单随机抽样、系统抽样、分层抽样、整群抽样、区域抽样等。

采用互联网抽样方法,能够突破地理距离的限制,以很低的成本接触到广泛的人群,大大节省时间和成本。常用的互联网抽样包括拦截法和招募法两大类,样本的代表性是互联网抽样所面临的最主要问题。

抽样方法的选择取决于研究所处的阶段和数据的用途、目标总体内部的同质性,以及时间、经费、人力、数据收集方法和可操作性等其他因素。

确定样本量的方法可分为两大类:根据业界常规确定样本量的经验方法和根据统计公式计算样本量的统计学方法。用非概率抽样方法时,无法用统计学方法确定样本量,最简单的方法是根据研究的类型和经验确定大致的样本量,然后考虑其他重要的定性因素加以调整。对于概率样本,可用统计公式计算所需样本量。一般先计算简单随机抽样所需的样本量,然后根据实际采用的抽样方法乘以一个修正系数。为了达到既定的最终有效合格样本量,必须考虑发生率和完成率,抽取一个比要求的最终有效样本量更大的初始样本。

无回答是调查研究中最常遇见的问题之一。它不仅减少了最终的有效样本数,而且可能导致样本估计值发生严重的偏差,所以必须针对无回答的原因努力提高回答率,另外还可以通过替代对无回答偏差进行修正。

■重要术语■

population 总体

census 普查

sample 样本

target population 目标总体

sampling population 抽样总体
sampling unit 抽样单位
sampling frame 抽样框架
non-probability sampling 非概率抽样
probability sampling 概率抽样
convenience sampling 便捷抽样
judgmental sampling 判断抽样
quota sampling 配额抽样
snowball sampling 滚雪球抽样
simple random sampling 简单随机抽样
systematic sampling 系统抽样
stratified sampling 分层抽样
cluster sampling 整群抽样
area sampling 区域抽样
intercepting method 拦截法
recruiting method 招募法
sample size 样本量
incidence rate 发生率
completion rate 完成率
non-response 无回答
non-response bias 无回答偏差
refusal 拒答

复习思考题

1. 在什么情况下普查方法比抽样方法更适用？
2. 请描述抽样过程。
3. 应该如何定义目标总体？目标总体和抽样总体之间有何关系？请举例说明。
4. 什么是抽样单位？它与分析单位有什么不同？
5. 在确定样本量时应该考虑哪些因素？
6. 概率抽样方法与非概率抽样方法各有什么特点？
7. 配额抽样和分层抽样之间的主要区别是什么？
8. 什么是简单随机抽样？该方法有什么优缺点？
9. 在什么情况下，系统抽样会导致较大的抽样误差？
10. 在什么情况下适合采用分层抽样？选择分层变量的标准是什么？
11. 采用整群抽样的主要目的是什么？它与分层抽样之间的主要差别是什么？
12. 互联网抽样面临的主要问题是什么？如何解决？
13. 在选择概率抽样或非概率抽样时应该考虑哪些因素？
14. 在确定样本量时应当考虑哪些因素？
15. 在什么情况下可以用统计学方法确定样本量？

16. 描述估计一个总体比例所需样本量的步骤。

17. 估计多个参数时确定样本量的步骤是什么？

18. 无回答偏差的主要来源是什么？如何才能减少无回答偏差？

练习题

1. 请定义下列研究的目标总体和抽样框架：

（1）移动运营商的5G用户需求调查；

（2）沃尔沃亚太的乘用车用户满意度调查；

（3）天猫商城的用户购买行为研究；

（4）华为公司对一款新手机的产品测评。

2. 某计算机制造商想对其集团用户进行调查，以便对用户进行市场细分，请问：

（1）如何定义目标总体并找到合适的抽样框架？

（2）简单随机抽样或系统抽样可行吗？

（3）如果进行分层抽样的话，可能的分层变量是什么？

（4）你会推荐哪种抽样方法？请说明抽样的基本步骤。

3. 使用计算机为选择一个简单随机样本抽取100个随机数字。

4. 某家餐馆想确定晚餐客人的人均消费，假设全距为600元，要在95%的置信水平下使误差不超过正负25元。

（1）应当采用哪种抽样方法？请列出主要步骤。

（2）需要抽多少样本量来计算人均消费？

5. 为了确定某视频广告的效果，广告主想估算该视频广告的点击率，请问如何定义该研究的目标总体、抽样总体和抽样单位？你建议采用何种抽样方法？

延伸阅读

1. Naresh K. Malhotra, Daniel Dunan, David F. Birks, *Marketing Research: An Applied Approach*, 5th edition, Chapters 14-15, Pearson, 2017.

第6章 测量与量表

本章介绍测量与量表的基本概念及其在市场营销研究中的应用。首先介绍测量过程及四种基本测量尺度;然后简要介绍量表技术;最后讨论测量误差、信度和效度评估方法。

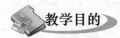

阅读本章后,学生应该能够:

1. 理解测量的基本概念和过程;
2. 掌握测量的主要尺度及其应用;
3. 了解常用量表的特点及应用;
4. 理解测量误差的成因及其控制;
5. 了解信度与效度之间的关系及评估方法。

开篇案例

Jeep 牧马人的测评结果

美国《消费者报告》(Consumer Reports)杂志定期发布对各种产品的测评报告,其中包括对各款家用汽车的测评结果。对汽车的测评主要根据可靠性、油耗、安全性、舒适性、用户满意度等各项得分综合得出。其中,可靠性是根据每款车用户所报告的不同系统的故障率加权得出;油耗是权威部门按规定的程序实测的结果;安全性是根据碰撞实验的结果得出;操控、乘坐、舒适等是由专业人员在专门的测试场地测试的结果;保值是根据二手车销售价格;只有用户满意度是根据每款车的车主给自己的车进行的主观打分。值得一提的是,测试车辆是美国《消费者报告》杂志自己在市场上购买的,而不是厂家提供的,也不接受任何广告赞助,以保持测试机构公平、公正、客观的立场。

以下是 2014 款 Jeep 牧马人的测评结果。

总分:20 分,差(Poor),在所有的 SUV 中得分最低。

评语:作为日常用车,Jeep 牧马人落后于大多数的 SUV,但是其越野能力非常出众。牧马人采用 3.6 升发动机和 5 速变速箱,拥有更多的动力和每加仑 17 英里的油耗。此款牧马人可能是有史以来最好的一款,但几乎从任何方面看,它的表现都不佳……

牧马人的各项得分如表 6-1 所示。

表 6-1 Jeep 牧马人具体测评结果

项目	得分	项目	得分
可靠性	差	油耗	差
用户满意度	良	提速	一般
拥有成本	一般	乘坐	差
主动安全	差	前座舒适性	一般

资料来源:http://www.consumerreports.org/cars/jeep/wrangler.htm,访问日期:2015-01-01。

看了美国《消费者报告》杂志对 Jeep 牧马人的评价,你还打算购买这款车吗?为什么牧马人连续多年在美国《消费者报告》杂志的测评成绩很差,但用户满意度却一直保持在较高水平?而且二手车的销售价格也比较高?

这是一个相当典型的测量问题,权威机构的测评结果似乎和用户的感受很不一致。这很可能是由于美国《消费者报告》杂志给各分项指标分配的权重和牧马人用户做出评价时的权重分配相差较大,因此最后得出的综合评估结果明显不同。这涉及本章要讨论的测量方法及其有效性问题。希望阅读本章后,读者能够做出自己的判断。

6.1 测量过程

无论是在日常生活中还是在科学研究中,人们都会面临许多测量问题。例如,去菜市场买菜的主妇需要知道菜的重量,秤是否准;客户经理想知道顾客的满意度和忠诚度;心理学家努力探索测量心理素质的有效方法。

从科学研究的角度看,**测量**(measurement)是根据一定的规则将数字或其他符号分派给测量对象,以表示其特定属性的过程。需要注意的是,所测量的并不是物体本身,而是它的一些特性。例如,不能测量某个人,而只能测量他的身高、体重、态度、偏好或其他相关的特性。另外,科学的测量不是随意地将数字或其他符号分派给测量对象,而是按照一定的规则进行,本章讨论的就是这些规则和要求。

测量过程(measurement process)是从某一概念的提出至最终测量结果的评估所经历的过程,主要包括四大步骤:概念的形成与界定,测量指标的选择,操作化,信度与效度评估。这是一个从抽象到具体的过程。例如,对于什么是爱,不同的人有不同的理解,用不同的测量方法会导致不同的测量结果。因此,首先要对这一概念的确切含义达成共识,然后才有可能找到合适的测量指标,测量结果才有意义并具有可比性。

概念形成(conceptualization)是对某一概念进行定义的过程。人们对于简单的属性,例如重量,通常都有比较清楚的共识。而对于一些比较复杂的概念,例如产品质量,却可能存在多种理解。对于"质量好"的概念,有人认为是指做工精美;有人认为是指技术领先;有人认为是指经久耐用;有人认为是指设计美观,人性化;有人认为是指没有瑕疵;等等。因此,在测量之前,一定要明确要测量的到底是什么,要在对概念的定义达成共识的基础上,进一步确认某个概念的具体内涵,即该概念应该包括哪几个主要方面(也称维度)。假如对产品质量的定义是产品在满足用户需求方面的表现,那么对于耐用消费品,应该至少包括性能、做工、可靠性、外观、可维修性等几个主要方面。

确定测量指标(specification of indicators)。许多复杂的概念,例如产品质量、顾客满意度、顾客忠诚度等,无法直接观测,仅仅存在于人们的头脑中,因此要用一系列可以观测的指标进行测量。还是以耐用消费品的质量为例,必须确定选择哪些可以观测的指标来代表产品质量的各个维度。例如,可以用故障率来衡量汽车的可靠性,用最大功率、最大扭矩和加速时间衡量其性能,用车主满意度衡量用户体验,等等。

操作化(operationalization)是制定明确的分派数字或符号的规则与程序的过程,包括明确需要搜集的信息以及信息搜集的方法与程序。一般而言,用于测量的操作可分为两大类:

- 测量——根据口头报告、观察、档案记录分派数字和符号。例如,可以根据顾客的自我陈述,将顾客分为高度忠诚(H)、中度忠诚(M)和缺乏忠诚(L)的顾客;也可以根据其购买行为记录,对他们进行类似的分类。
- 操纵(manipulation)——根据对某些特定刺激的反应分派数字和符号。例如,测量消费者对某一品牌的评价时,被试对正面和负面词汇的反应时间可以代表其对该品牌的评价。对正面词汇反应越快,对负面词汇反应越慢,表明被试对该品牌的评价越正面。

信度与效度评估(reliability and validity evaluation) 是对测量结果的精确度和准确度的评估,目的是保证测量值能够很好地反映所测属性的真实值。具体的评估方法将在后面讨论。

6.2 测量的基本尺度

测量尺度(scales of measurement)指的是赋予测量对象的数字和符号的含义及其所允许的数学运算,可分为定类、定序、定距和定比四种主要测量尺度(见表6-2)。

表6-2 测量的主要尺度

尺度	含义	实例		容许的操作
定类	识别和分类	品牌编号、产品类别、性别、职业等	百分比 众数	卡方检验 二项式检验
定序	代表相对顺序	偏好排序、比赛名次、社会阶层、职务级别	百分位数 中位数	序数相关 ANOVA
定距	物体之间的差距	考试成绩、偏好得分、智商、温度	全距 均值 标准差	t检验,ANOVA 相关回归分析 因子分析等
定比	有自然零点的距离	销售额、市场份额、年龄、收入、身高、体重	几何平均值 调和平均值 变异系数	t检验,ANOVA 相关回归分析 因子分析等

6.2.1 定类尺度

定类尺度(nominal scale) 也叫名义尺度,是各类尺度中最基本的一种,其数字与符号仅用作对物体进行识别和分类的标签。日常生活中的身份证号、学号、性别代码等都属于定类尺度。市场营销研究中调查对象的编号、产品代码、品牌代码、品类也是定类尺度。当定类尺度作为**身份标识**时,数字或符号与物体之间有严格的一对一关系,每个数字或符号只能分配给一个事物,并且每个事物只能拥有唯一一个标识,如身份证号和调查对象编号。用于分类目的时,定类尺度的数字或符号被用来代表不同类别,例如,可以用 1 或 M 代表男性,2 或 F 代表女性。

定类尺度的数字并不反映事物所拥有某一特性的数量。设计这类尺度时应注意其完备性和互斥性,即类别的设置应当包含所有可能的状况且相互之间没有重叠。定类尺度只允许计算有限的以频数分布为基础的统计指标,包括百分比和众数;还可以运用卡方检验等针对分类数据的统计方法对定类变量进行分析;计算定类变量的均值和方差没有意义。

6.2.2 定序尺度

定序尺度(ordinal scale)是一种排序尺度,其数字和符号表示按某种特征或属性排列的高低、大小和先后顺序。定序尺度能够表示一个事物具有的某种特性是比另一个事物更多还是更少,但没有表明相差多少。也就是说,排在前面的事物与排在后面的事物相比有更多的某种特性,但是到底相差多少不详。在市场营销研究中,常用定序尺度测量相对的态度、观点、感受和偏好,例如消费者对不同品牌的偏好排序、不同品牌的美誉度排名等。

必须注意的是,定序尺度上的间距不能准确代表其测量的特征量相差多少。因此,对于定序变量,除了计数操作,还可以计算其百分位数、中位数,但不能计算均值和方差,也不能进行加、减、乘、除等运算。

6.2.3 定距尺度

定距尺度(interval scale)不仅具备定序尺度的所有特性,而且还要求尺度上的差值代表所测特征量的差距。定距尺度除了包含定序尺度的所有信息,还能够比较事物之间差别的大小。日常生活中常见的定距尺度的例子有温度、智商、比赛积分等;实证研究中用量表获取的分值经常被看作定距数据。

定距尺度的零点及测量单位都是人为决定的。因为没有自然零点,定距变量可以进行加减运算,但乘除运算却没有意义。例如,用 10 级量表对两个品牌进行打分,共有 4 个项目,如果一个品牌的总分是 16,另一个品牌的总分是 24,我们可以说两者的总分相差 8 分,但不能说后者的得分是前者的 1.5 倍,因为最低分可能是 4 而不是 0。对于定距变量,除了计算其众数、中位数、均数,还可以计算算术平均值、标准差、简单相关系数等营销研究中常用的统计量。那些可用于定类数据和定序数据的统计分析方法也可以用于定距数据。

在实际应用中,有时定序尺度和定距尺度的区分并不是绝对的。一个定序变量可以传达部分有关距离的信息,因此在统计分析时可能会把它近似地当作定距变量来对待。

6.2.4 定比尺度

定比尺度(ratio scale)不仅具备前面三种尺度的所有功能,而且有自然零点,因此可以进行加、减、乘、除运算。对于定比变量,计算比值是有意义的。身高、体重、年龄、销售额、购买频率等都是以定比尺度测量的变量。除了前面提到的统计方法,还可以计算定比变量的几何平均值、调和平均值、变异系数等。

例 6-1

对牙膏的偏好

表 6-3 以某个消费者对牙膏品牌的偏好和购买为例,给出了各种测量尺度的虚拟例子。表中第 2 列的编号是定类变量,用来识别不同的品牌(例如 1 代表佳洁士,3 代表中华,6 代表洁诺),数字的大小并不代表牙膏的优劣程度;第 3 列的偏好排序是定序变量,表示调查对象对不同品牌的偏好顺序,其中高露洁最受欢迎,其次是佳洁士,对两面针的偏好排在最后;第 4 列的偏好得分用的是定距尺度,其中偏好排序居前两位的品牌的得分相同,都是 7 分,而排最后的品牌最低,只有 3 分,表明对佳洁士和高露洁的偏好程度其实相差很小;最后一列的购买量是定比变量,从中可以看出高露洁的购买量最大,为黑妹的 5 倍。

表 6-3 主要测量尺度的例子(虚拟数据)

名牌名称	定类尺度	定序尺度	定距尺度	定比尺度
	编号	偏好排序	偏好得分(1—7)	购买量(支)
佳洁士	1	2	7	3
高露洁	2	1	7	5

（续表）

名牌名称	定类尺度 编号	定序尺度 偏好排序	定距尺度 偏好得分（1—7）	定比尺度 购买量（支）
中华	3	4	4	0
黑妹	4	3	6	1
两面针	5	6	3	0
洁诺	6	5	4	0

6.3 量表技术

在营销研究中，需要用同一尺度测量人们对某些事物的认知和态度，或一些复杂的概念，例如品牌偏好、服务质量、品牌忠诚度等。**量表（scale）**是用来对主观的、有时是抽象的态度和概念进行定量化测量的程序，是由一组相关的描述语组成的测量工具。

6.3.1 量表分类

量表可分为比较量表和非比较量表两大类。**比较量表（comparative scales）**根据对不同刺激物的比较获得某一特征的相对值。例如，让调查对象回答更喜欢青岛啤酒还是更喜欢燕京啤酒。比较量表包括配对比较量表、等级顺序量表、常量和量表、Q 分类量表等。比较量表的主要优点是通过让调查对象比较刺激物，迫使他们排序而发现刺激物之间的细微差别。另外，由于相互参照或用一个共同的参照物，因此调查对象做出的判断比较准确，具有一定的可比性。比较量表的主要缺点是其测量结果只限于被测事物之间的相互比较，无法在更大的范围内使用。因此，如果要测量新的刺激物，则必须全部重做一遍。

非比较量表（non-comparative scales）是对每个测量对象进行独立测量，产生定距或定比的测量结果。例如，可以请调查对象用一个 7 级尺度评价某个品牌（1＝非常不喜欢，7＝非常喜欢），对其竞争品牌也可以进行相同的评价。非比较量表可以进一步分为连续评分量表和分项评分量表，后者又可以进一步分为利克特量表、语义差异量表和斯塔普尔量表(见图6-1)。非比较量表在营销研究中的使用非常广泛。

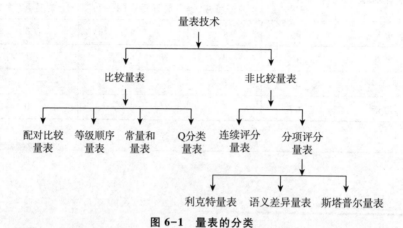

图6-1 量表的分类

6.3.2 常用的量表

连续评分量表(continuous rating scale)也称图示评分量表,是用一条直线上的位置来表示调查对象的评分,其形式如下:

请问你将如何给××商城的购物环境打分？　　最差_____最好

数据编码时,编码员要根据调查对象在直线上画叉的位置,给出相应的分数。这种量表虽然容易设计,但答案的编码很麻烦而且不可靠。计算机辅助人员访谈问卷可以自动生成相应的分数,克服这一缺点。

分项评分量表(itemized rating scale)提供了每个类别相对应的数字或简要描述,请调查对象选择最能描述被评事物的类别。分项评分量表在研究中应用广泛,常用的分项评分量表包括利克特量表、语义差异量表和斯塔普尔量表。

利克特量表(Likert scale)是由美国社会心理学家R.A.利克特(R.A. Likert)在原有的总加量表的基础上改进而成的。其形式如下:

	非常不同意	不同意	不一定	同意	非常同意
我购物时总是货比三家	1	2	3	4	5
我喜欢买降价处理的商品	1	2	3	4	5
只要东西好,贵点也无妨	1	2	3	4	5
……					

语义差异量表(semantic differential scale)是由一组位于两端的、意义相反的词组成的评价量表。例如,可以用语义差异量表请消费者对手机品牌进行评价。

请从以下几方面对××手机品牌进行评价,在最能表明你的评价的位置上做标记:

	1	2	3	4	5	6	7	
技术领先								技术落后
货真价实								质次价高
外观时尚								土里土气
功能强大								华而不实

语义差异量表广泛用于对品牌、产品和企业形象的比较,广告和促销策略的制定,以及新产品概念的评价测试。但是,在设计语义差异量表时,找到一组合适的词并不是一件容易的事情。

斯塔普尔量表(Stapel scale)是语义差异量表的一种变通形式,有10个从 -5到+5的垂直列出的类别供调查对象选择。某项的数字越大,表示该词汇对所评对象的描述越准确。例如,我们可以用下列斯塔普尔量表对某商店进行评价。

请对这家商店与下列描述的符合程度做出评价,+5表示你认为非常符合,-5表示你认为非常不符合。

+5	+5
+4	+4
+3	+3
+2	+2×
+1	+1
品质高	服务好
-1	-1
-2	-2
-3	-3
-4×	-4
-5	-5

上例表明,调查对象认为这家商店的产品质量差,但服务还可以。

笑脸量表常用于测量儿童的喜好程度,其形式如下:

请指出最能表明你的态度的面孔来告诉我你喜欢这个玩具的程度:如果你一点也不喜欢,就指向面孔1;如果非常喜欢,就指向面孔5。现在告诉我,你有多喜欢这个玩具?

6.3.3 设计量表时需要考虑的问题

研究人员在设计量表时要考虑下列问题:所用量表类别的数目;采用平衡量表还是非平衡量表;类别数为奇数还是偶数;强制性选择还是非强制性选择;文字描述的性质和程度等。

决定量表类别的数目时需要考虑两个方面:一方面,量表类别的数目越大,就越有可能区分细微的差别;另一方面,大多数调查对象无法应付过多的类别。因此,原则上建议类别数目应当介于5—9,并根据待评对象的差异程度和数据分析的需要加以调整。

平衡量表(balanced scale)中赞成(正面的)和不赞成(负面的)的类别数目相等,而非平衡量表中的类别数目是不相等的。例如:

```
产品质量    很差    比较差    一般    比较好         很好       (平衡量表)
             1       2         3       4              5
产品质量    比较差   一般      比较好  很好    (非平衡量表)
             1       2         3       4
```

一般来讲,为了避免误导调查对象,获得客观的数据,量表应该是平衡的。但是,当答案的分布严重倾斜时,应该采用非平衡量表,在其倾斜方向上设置较多的类别。

类别为奇数时,平衡量表的中间位置通常是中性的,是否设置一个中立的类别取决于是否会有调查对象持中立态度。如果至少有一些调查对象可能有中立或无所谓的答案,则应该使用奇数的类别数目。

强制性评分量表(forced rating scales)不提供"没有意见"的选项,迫使调查对象表达意见。如果有相当比例的调查对象确实没有明确的意见,则使用非强制性量表更合适。

量表类别的描述会对答案产生影响。量表类别可以用文字、数字甚至图示进行描述。用来锚定量表的形容词可能会影响答案的分布,两端措辞强烈的量表(1=完全反对,7=完全赞成),可能使调查对象更多地选择中间的类别,使答案的方差变小、分布变窄;反之,会产生比较均匀或扁平的分布。

表 6-4 对上述讨论进行了总结与概括。

表 6-4 分项评分量表决策小结

1. 类别数目	没有统一的最佳数目,原则上应该以 5—9 个类别为宜
2. 是否平衡	一般应该采用平衡量表以获得客观的数据
3. 类别数目为奇数还是偶数	如果有些调查对象会有中立的或无所谓的答案,则应该使用一个奇数的类别数目
4. 强制性对非强制性	预计调查对象可能没有意见时,非强制性量表能够提供更符合实际情况的结果
5. 文字描述	必要的描述和标注可以减少量表的不明确性

例 6-2

品牌个性的测量

概念的形成:品牌个性理论于 20 世纪 50 年代由美国精信广告公司提出。该理论通过品牌个性来促进品牌形象的塑造,通过品牌个性吸引特定人群。尽管品牌个性可以定义为与某一品牌相关联的人类特质,但在很长一段时间内,人们对于品牌个性的具体含义并无共识。

概念的界定:Aaker 在 1997 年第一次根据西方人格理论的"大五"模型和探索性研究,开发了一个系统的品牌个性维度量表(brand dimensions scale,BDS)。[1] 在这套量表中,品牌个性一共可以分为五个维度,即纯真、刺激、可靠、优雅和强壮。

指标选择:借鉴心理学中人格理论的"大五"模型,品牌个性理论从大量能

---

[1] Jennifer L. Aaker, "Dimensions of Brand Personality", *Journal of Marketing Research*, 1997(34): 347-356。

够反映品牌个性的词汇中筛选出42个品牌个性特征(见表6-5)。

操作化：采用利克特量表，根据调查对象对每个题项的认同程度分派数字。

表6-5 品牌个性量表

特性	均值	标准差	维度	维度名称	因子名称
务实	2.92	1.35	(1a)	务实	真诚
家庭导向	3.07	1.44	(1a)		
小镇	2.26	1.31	(1a)		
诚实	3.02	1.35	(1b)	诚实	
真诚	2.82	1.34	(1b)		
完整	2.81	1.36	(1c)	完整	
原创	3.19	1.36	(1c)		
令人愉快	2.66	1.33	(1d)	令人愉快	
伤感	2.23	1.26	(1d)		
友好	2.95	1.37	(1d)		
大胆	2.54	1.36	(2a)	大胆	兴奋
新潮	2.95	1.39	(2a)		
兴奋	2.79	1.38	(2a)		
精神饱满	2.81	1.38	(2b)	精神饱满	
酷	2.75	1.39	(2b)		
年轻	2.73	1.40	(2b)		
富有想象力	2.81	1.35	(2c)	富有想象力	
独特	2.89	1.36	(2c)		
新式	3.60	1.30	(2d)	新式	
独立	2.99	1.36	(2d)		
现代	3.00	1.32	(2d)		
可靠	3.63	1.28	(3a)	可靠	有能力
勤奋	3.17	1.43	(3a)		
保险	3.05	1.37	(3a)		
聪明	2.96	1.39	(3b)	聪明	

(续表)

特性	均值	标准差	维度	维度名称	因子名称
有技术含量	2.54	1.39	(3b)		
商务	2.79	1.45	(3b)		
成功	3.69	1.32	(3c)	成功	
领先	3.34	1.39	(3c)		
自信	3.33	1.36	(3c)		
高端	2.85	1.42	(4a)	高端	豪华
华丽	2.50	1.39	(4a)		
好看	2.97	1.42	(4a)		
魅力	2.43	1.30	(4b)	魅力	
女性	2.43	1.43	(4b)		
平顺	2.74	1.34	(4b)		
户外	2.41	1.40	(5a)	户外	粗犷
男性	2.45	1.42	(5a)		
西式	2.05	1.33	(5a)		
皮实	2.88	1.43	(5b)	皮实	
粗犷	2.62	1.43	(5b)		

6.4 测量误差

由于概念的定义、指标选择和实际操作方面的误差，测量值和真实值之间往往有一定的差距，这就是**测量误差**（measurement error）。变量的测量值、真实值和测量误差之间的关系可由下式表示：

$$x = t + b + \varepsilon$$

式中，x 为测量值，t 为真实值，b 为系统误差，ε 为随机误差。测量误差 $e=b+\varepsilon$。

随机误差（random error）是由偶然因素或测量工具的不精确所造成的误差，其大小和方向事先难以预料，这类误差会影响测量结果的精度。例如，当同一物体被多次称重时,每次的读数可能略有差异,且其会围绕真实值上下波动,这就是随机误差。

系统误差(systematic error)是由于概念的形成、定义和操作化过程中的偏差所造成的有规律的变异,常导致测量结果普遍偏高或偏低。例如,如果加油站对计量器做了手脚,那么每次加油时都会高估加油量,这就是系统误差。

当随机误差 $\varepsilon=0, x=t+b$ 时,说明测量结果有很高的一致性,即测量是可靠的;当随机误差和系统误差都等于0,即 $b=\varepsilon=0$, $x=t$ 时,说明测量结果准确,即测量是有效的。

6.5 信度与效度评估

为了保证测量的准确性,使测量结果能够很好地反映所测属性的真实水平,通常要进行信度和效度评估(见图6-2)。

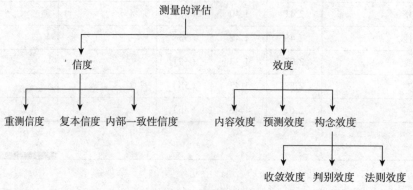

图6-2 测量的评估

6.5.1 信度

信度(reliability)指的是测量数据的可靠程度,即在类似条件下重复测量能否给出一致和稳定的测量结果。信度可用不同时间或不同测量方法重复测量所得结果之间的一致性来衡量。具体的评估方法包括重测法、复本法和内部一致性法。

重测信度(test-retest reliability)是在尽可能相同的条件下,在两个不同时点进行测量所得到的结果之间的一致性。可以计算两次测量值之间的相关系数,评价两次测量值之间的相似程度,相关系数越大,表示重测信度越高。用重复测试的方法确定信度要注意以下几个问题：
- 对时间间隔非常敏感，间隔越长，信度越低。
- 最初的测量可能对被测的特性有影响，尤其是有关知识或态度的主观问题。例如，有关品牌知识的初次测试可能增加了研究对象对有关品牌的兴趣和了解。
- 被测的特性在两次测量之间可能发生变化，例如消费者对某一品牌的知识和态度在两次测量之间可能发生了真实的变化，从而导致信度偏低。

在一些情况下（例如街头拦截调查），重复测试是不可能或非常困难的。

复本信度（alternative-forms reliability）是通过构建两个等价的量表，对同一个调查对象进行测量，然后对两套测量结果进行相关分析以评价信度。这种方法克服了上述重测信度的问题，但也有其局限性，主要是设计两个完全等价的量表有一定的难度。因此，当两组测量结果之间的相关度低时，很难判断这是测量的信度欠佳还是量表不等价。

内部一致性信度（internal consistency reliability）是通过考察一个多项目量表各个项目之间得分的一致性，来评价测量的信度。当用多个项目测量某个构念（construct）时，这些项目应该与其代表的内容（维度）相一致。测量内部一致性最常用的方法是计算 α 系数。

α 系数也叫 Cronbach α，是反映量表各个项目之间一致性的指标，介于 0 和 1 之间。通常以 0.6 为界，小于 0.6 的 α 的值一般表明内部一致性信度不佳。α 系数往往随量表项目数的增加而增加，因此 α 系数可能由于包括几个多余的量表项目而被不恰当地夸大了。当测量某个构念的量表具有多个维度时，应当分别计算每一维度的 α 系数，不宜跨维度计算 α 系数。

在提高测量的信度方面并无捷径可走，只有坚持科学严谨的工作作风，尽可能采用成熟的测量指标与方法，选择合适的测量工具并进行必要的预测试，以及开展必要的人员培训和良好的现场指导与监督等，才能获得比较可信的测量结果。

6.5.2 效度

效度（validity）指的是测量的准确程度，完美的效度要求没有测量误差。信度好是效度好的必要条件，但不是充分条件，即有效的测量必须是可信的，但可信的测量不一定有效。评价测量的效度是一件非常困难的事情，因为通常只知道某一属性的观察值,而不知道其真实值。一般来说,无法对效度进行直接检验,只能用下列方法间接地进行验证。

内容效度(content validity) 也叫表面效度或主观效度,是对测量工具是否涵盖待测构念的一个主观评价。例如,为了评估英语能力考试能否真实地反映考生运用英语进行口头和书面交流的能力,可以请有丰富教学经验的英语老师对考试内容是否很好地包括有关听、说、读、写的内容进行评价。同样,为了评价顾客满意度量表能否很好地反映顾客满意度这一构念的主要内容,可以聘请有关专家对量表的内容进行审查。由于内容效度的评价依赖于研究人员的主观判断,因此其本身并不足以令人信服地证明某个量表是否有效,还需借助其他的效度评估方法。

预测效度(predictive validity) 是指测量结果能否像预期中的那样对有关其他变量(标准变量)做出有效的预测。例如,可以通过调查,询问消费者在今后一段时间内购买某种产品的意愿,然后再收集其实际购买数据。将预测的购买量与实际的购买量相比较,就可以评价所测量的购买意愿对实际购买行为的预测效度。也可以将本科生在大学期间的学习成绩作为标准变量,分析高考成绩与在校学习成绩之间的相关程度,从而评价高考成绩对考生在大学期间学习能力的预测效度。

构念效度(construct validity) 是指测量工具是否反映构念的真实含义和内部结构。确认构念效度要求对被测构念有清晰的定义,对该构念与其他构念之间的关系有合理的假设。因此,构念效度的评价最为复杂和困难。构念效度又包括收敛效度、判别效度和法则效度。**收敛效度(convergent validity)** 指的是测量同一构念的指标之间相互关联的程度。测量同一构念的指标之间的相关程度越高,其构念效度越高。**判别效度(discriminant validity)** 指的是测量不同构念的指标之间能够相互区别的程度。它们之间的相关程度不应太高。**法则效度(nomological validity)** 指的是测量指标之间的关系与理论上预期的一致性程度。

6.6 信度和效度之间的关系

如前所述,信度好是效度好的必要条件,但不是它的充分条件。下式有助于理解信度与效度之间的关系:

$$x = t + b + \varepsilon$$

式中，x 为测量值，t 为真实值，b 为系统误差，ε 为随机误差。

高信度意味着随机误差 ε 小；高效度则意味着随机误差 ε 和系统误差 b 都小，测量值 x 接近真实值 t。因此，信度是效度的必要条件，如果一个测量值是不可信的，则它不可能是有效的；但信度不是效度的充分条件，因为即使随机误差为零，还可能存在系统误差，因此测量值虽然具有很好的一致性和稳定性，但仍然可能偏离真实值。

图 6-3 更加直观地显示了信度与效度的关系。靶 A 的结果显示随机误差小，但系统误差大，因此信度高、效度低；靶 B 的结果显示随机误差和系统误差都小，因此信度和效度都高；靶 C 的结果显示随机误差和系统误差都大，因此信度和效度都低。

A. 高信度　　　　　B. 高信度　　　　　C. 低信度
　低效度　　　　　　高效度　　　　　　低效度

图 6-3　信度与效度的关系

小　结

测量是根据一定的规则将数字或其他符号分派给测量对象，以表示其特定属性的过程。测量过程包括概念的形成与界定、确定测量指标、操作化、信度与效度评估四大步骤。

测量尺度指的是赋予测量对象的数字和符号的含义及其所允许的数学运算，可分为定类、定序、定距和定比四种。定类尺度是最基本的，因为数字仅仅用来对物体进行识别或分类。定序尺度的数字和符号表示按某种特征或属性排列的高低、大小和先后顺序。定距尺度不仅具备定序尺度的所有功能，而且要求尺度上的间距代表所测量特征量的差距。因为没有自然零点，所以定距变量可以进行加减运算，但乘除却没有意义。定比尺度不仅具备前面三种尺度的所有功能,而且还有自然零点,因此可以进行加、减、乘、除运算。

量表技术可以分为比较量表和非比较量表。比较量表是根据对不同刺激物的比较获得某一特征的相对值,包括配对比较量表、等级顺序量表、常量和量表、Q 分类量表。由这些方法得到的数据只有定序性质。非比较量表是对每个测量对象进行独立测量,产生定距或定比的测量结果。常用的非比较量表分为连续评分量表和分项评分量表两大类,后者又包括利克特量表、语义差异量表和斯塔普尔量表。

由概念的定义、指标选择与实际测量方面的误差所导致的测量值和真实值之间的差距叫测量误差,包括随机误差和系统误差。信度指的是测量的可靠程度,即在类似条件下重复测量能否给出一致和稳定的测量结果。信度的评估方法包括重测法、复本法和内部一致性法。效度指的是测量的准确程度。一般无法对效度进行直接评价,只能通过评价内容效度、预测效度和构念效度进行间接的验证。良好的信度是测量有效的必要条件,但不是充分条件。

■ 重要术语 ■

measurement 测量
measurement process 测量过程
construct 构念
conceptualization 概念化,概念形成
specification of indicators 设置指标
balanced scale 平衡量表
forced rating scale 强制性评分量表
multiple item scale 多项量表
measurement error 测量误差
random error 随机误差
operationalization 操作化
scales of measurement 测量尺度
nominal scale 定类尺度
ordinal scale 定序尺度
interval scale 定距尺度
ratio scale 定比尺度

scale 量表
comparative scale 比较量表
non-comparative scale 非比较量表
continuous rating scale 连续评分量表
itemized rating scale 分项评分量表
Likert scale 利克特量表
semantic differential scale 语义差异量表
Stapel scale 斯塔普尔量表
systematic error 系统误差
reliability 信度
test-retest reliability 重测信度
alternative-forms reliability 复本信度
internal consistency reliability 内部一致性信度
validity 效度

content validity 内容效度
predictive validity 预测效度
construct validity 构念效度

convergent validity 收敛效度
discriminant validity 判别效度
nomological validity 法则效度

复习思考题

1. 什么是测量？测量过程包括哪些步骤？请举例说明。
2. 测量的主要尺度及特点是什么？
3. 定序尺度和定距尺度之间的主要区别是什么？
4. 什么是非比较评价量表？有哪些优缺点？请举一个利用非比较量表测量与市场营销有关的构念的例子加以说明。
5. 测量误差包括哪几部分？测量误差与测量的信度和效度之间是什么关系？
6. 什么是信度？有哪几种评价信度的方法？
7. 什么是效度？如何对效度进行评估？
8. 为什么说信度是效度的必要条件，但不是其充分条件？

练习题

1. 确定下列问题中所使用的测量尺度：
（1）你的最高学历是_____？
① 小学及以下 ② 初中 ③ 高中 ④ 大专 ⑤ 大学本科 ⑥ 研究生
（2）你的年龄是多少？_____周岁
（3）你的身份证号码是多少？_____
（4）你昨天共看了多少分钟的电视？_____分钟

2. 假如请一组同学回答问题1，请问可以计算哪些变量的平均值与标准差？

3. 开发一个量表，用来测量移动通信个人用户的满意度，然后：
（1）用一个小样本对量表进行测试，并根据测试结果对量表加以改进。
（2）可以用哪些方法评估量表的信度？
（3）如何评价量表的效度？

4. 搜索互联网，找到国内大学最新的综合排名，对排名的效度进行评估并指出需要改进的地方。

5. 访问一家专业市场研究与咨询公司的网站,寻找一篇研究报告,对所涉及的关键概念及其测量方法进行介绍与讨论。

6. 如果将社交网络成员的影响力定义为:网络成员基于和其他成员的联系而具有的影响他人态度与行为的潜在能力,同时假设某新媒体营销公司希望识别微博中具有影响力的博主,请提出一个基于关注与被关注关系的影响力测量方法。你将如何评估该方法的有效性?

▎延伸阅读▎

1. Naresh K. Malhotra, Daniel Dunan, David F. Birks, *Marketing Research: An Applied Approach*, 5th edition, Chapter 12, Pearson, 2017.

2. Jennifer L. Aaker, "Dimensions of Brand Personality", *Journal of Marketing Research*, 1997(34): 347-356.

第 3 篇

数据收集方法

第7章 二手数据的利用

**本章概要**

本章重点讨论二手数据的特点、来源及使用时的注意事项。首先讨论二手数据的特点和分类；接着介绍二手数据的主要来源，包括大数据的发展与应用；最后讨论二手数据的收集与评估，以及使用二手数据时应当注意的问题。

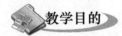**教学目的**

阅读本章后，学生应当能够：
1. 了解二手数据的特点及分类；
2. 掌握二手数据的评估标准；
3. 理解内部数据的重要性与用途；
4. 了解外部数据的主要来源、特点与用途；
5. 了解大数据的特点及在市场营销研究中的应用；
6. 明白收集二手数据的主要步骤与注意事项。

开篇案例

Criteo：私人定制的广告

2005 年成立于法国的 Criteo 是一家提供私人定制的在线效果类展示广告的科技公司，其核心业务是再定位广告（retargeting ad）。

很多访客浏览电子商务网站时没有交易就离开，当他们再打开一个新网站时，如果这个网站有 Criteo 的广告位，它就会根据访客访问的前一个网站或者第三方提供的行为信息做出分析，来决定是否向该访客展示广告和展示什么广告。这种精准的再定位大大提升了广告的效率,点击率是泛投广告的 8 倍。

Criteo 采用的商业模式是向媒体买展现量,向广告主卖点击量。Criteo 敢这样做,依赖于其领先的个性化广告技术和强大的大数据获取、存储和分析能力,即

$$效果 = 技术 + 数据$$

Criteo 动态再定位系统包括推荐算法、预测算法(广告竞价)和展示优化三大引擎。Criteo 拥有 400 多名研发工程师、6 个数据中心、2 个 Hadoop 集群和 14 000 台服务器,每月接触近 14 亿消费者。

自 2005 年成立以来,Criteo 在全球的业务实现了快速增长和扩张。2021 年年中 Criteo 在全球向 18 000 位广告主提供动态的个性化广告服务。

资料来源:根据 Criteo 公司官网(http://www.criteo.com/)的有关资料整理。

一旦将市场营销研究的问题定义清楚,明确了解决问题所需的信息之后,就要考虑如何获得合适的数据。随着信息技术和移动互联网的快速发展与普及,消费者、企业、政府部门和专业的数据服务商每天都产生大量的数据。有效地利用这些二手数据,对于提高营销研究的效率、降低成本和节省时间具有重要的意义。因此,在专门收集原始数据之前,应当首先考虑利用现有的二手数据。

7.1 二手数据的特点与分类

二手数据(secondary data) 是为其他目的而不是为当前进行的特定研究已经收集的数据。与为特定研究专门收集的**原始数据(primary data)** 相比,利用现有的二手数据往往可以大大节省数据收集的成本和时间。因此,开展营销研究时,首先要尽量利用已有的二手数据,只有当二手数据不能满足研究需要时才考虑专门收集原始数据。

与原始数据相比而言,二手数据有如下优点:

• 省钱、省事、省时。收集原始数据通常需要设计测量工具、培训人员、开展现场工作、录入与清理数据等一系列工作,费钱、费事、费时,而利用现有的二

手数据通常可以节约大量的经费、精力和时间。

- 样本一般比较大,代表性好,具有一定的可比性。许多权威机构,如国家统计局、行业协会和专业数据供应商提供的数据通常都是全国性样本,其样本量大、代表性好,而且由于数据的内容和收集方法具有较好的连续性,因此可比性比较好。
- 不容易引起竞争对手的注意。当专门为了解决某个特定问题而收集原始数据时,参与的人员往往比较多、牵扯面广,容易引起竞争对手的注意,而利用现有的二手数据相对比较隐蔽,保密性好。

二手数据经常能提供有价值的信息,充分利用已有的二手数据有时可以起到事半功倍的效果。因此,不要忙于收集原始数据,只有当现有的二手数据不能满足需要时,才应考虑收集原始数据。

当然,二手数据也有一些缺点和局限性,应该加以注意。二手数据的缺点包括:

- 适用性有限。由于二手数据不是针对目前的研究问题收集的,因此其适用性可能有限。通常表现为重要信息的缺失,变量的定义不符合特定研究的需要,分组和研究的需要不一致,数据过于陈旧,等等。
- 质量参差不齐。由于数据的收集单位、原始用途、收集时间和方法的不同,二手数据的质量可能参差不齐。
- 缺乏有关数据的信息。由于二手数据是别人收集的,因此如果没有详细的相关文件,研究人员对于样本设计、数据收集方法、变量定义、数据格式等重要信息缺乏了解,导致使用起来有一定的难度。
- 使用和发表方面的限制。由于二手数据通常为第三方所有,因此在数据的使用和发表方面常常受到诸多限制。

营销研究使用的二手数据按其来源可分为内部数据和外部数据两大类(见图7-1)。**内部数据**(internal data)是指研究的委托方内部产生和储存的数据。**外部数据**(external data)是研究的委托方以外的机构或个人收集和提供的数据。

当某一单独的二手数据不能满足特定研究的需要时,可以考虑同时利用多种数据来源。本章开篇案例中的私人定制广告业务就需要利用多种数据来源。

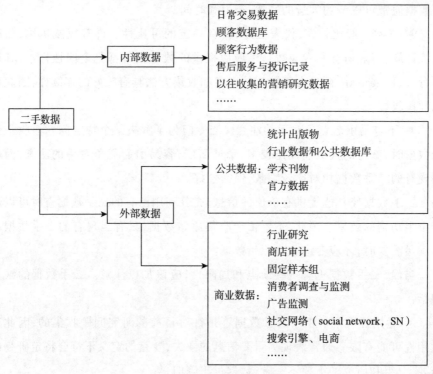

图 7-1 二手数据的来源

7.2 内部数据

内部数据是企业内部现有的数据,主要包括日常交易数据、顾客数据库、顾客行为(访问、浏览、收藏、购买)数据、售后服务与投诉记录、以往收集的营销研究数据等。一方面,由于互联网和信息技术的发展与普及,越来越多的组织机构建立了内部信息系统和数据库,使企业内部数据的利用变得越来越便捷;另一方面,由于每日产生的数据量呈爆炸性增长,如何存储、处理和利用这些数据,从中挖掘价值,成了一项巨大的挑战。

7.2.1 数据挖掘与顾客关系管理

对于许多企业而言,数据挖掘有助于其深入洞察顾客的需求、偏好与购买行为,制定合适的营销策略,维持良好的客户关系,为企业创造巨大的价值。例如:

- 移动通信公司后付费顾客的个人基本信息、分类别的话费支出、欠费、离网记录等,可以用于建立欠费和离网的预警模型,帮助企业采取有针对性的风险控制和顾客保留措施;这些数据还可以用于顾客价值分析,识别重点的目标客户,优化企业的营销资源配置。
- 大型连锁超市积累的各分店业绩与商圈数据,可以用来建立选址模型。其注册会员的消费记录可以用于设计积分奖励计划和开展个性化促销等。
- 购物网站的顾客搜索、收藏和购买数据,可以用于购买偏好和行为分析,制定有效的个性化推荐和顾客拦截策略,进行个性化促销和交叉销售,提升顾客的购物体验。

鉴于企业内部数据对于改进营销决策的巨大潜力,越来越多的企业使用计算机去捕捉和跟踪消费者特征与购买行为,通过数据库把未加工的购买信息用标准的格式记录下来,然后将相同消费者的购买信息与人口统计和心理信息结合,进行市场细分和个性化的促销。这些数据库提供了培育、维系和扩展客户关系的必要工具。

7.2.2 大数据分析与个性化营销

由于多源、巨量的客户数据的产生,传统的数据库已经无法应对大数据的挑战,因此大数据的处理、分析与应用越来越受到重视。尽管大数据应用的范围在不断拓展,目前在营销领域最成功的应用还是当属个性化推荐与促销。我们将在本章后面对大数据的发展与应用做进一步的介绍。

例 7-1

亚马逊的再定位广告

一旦你在不经意间向电商泄露了你的购买兴趣和意向,他们往往就会对你穷追不舍。例如,你想为新相机配一个滤镜,并在亚马逊上浏览了几款产品,在你离开亚马逊的网页后,亚马逊仍然会对你进行追踪,并在适当的时间向你推送广告。

图 7-2 显示的是你离开亚马逊后在"IT 之家"首页可能看到的为你定制的再定位广告,你找到了吗?

图 7-2 再定位广告界面

图片来源:https://www.ithome.com,访问日期:2021-03-14。

7.3 外部数据

外部数据是研究的委托方以外的机构或个人收集和提供的二手数据,又分为公共数据和商业数据两大类。

7.3.1 公共数据

公共数据(public data)是政府部门、行业协会和专业组织、媒体、研究机构公开发布的数据,例如:

• 各种普查与抽样调查。包括人口普查、工业普查、中国互联网发展状况调查等。这些调查数据为了解中国人口、经济、互联网发展与使用状况提供了非常有价值的数据。

• 官方统计资料、文件、档案、公报。包括《中国统计年鉴》《中国经济年鉴》《中国人口和就业统计年鉴》《中国工业经济统计年鉴》《中国商品交易市场统计年鉴》和《中国连锁零售业统计年鉴》等。可以在国家统计局官方网站(www.stats.gov.cn)上查找由该局正式发布的各种统计出版物和数据,还可以在商务部、海关总署等政府部门的网站上搜索官方正式发布的数据。

• 期刊、会议论文集、通讯和目录。这些来源发布的数据内容庞杂,需要借助检索工具就某一特定主题在几种不同的出版物中搜寻。常用的检索工具包括 Business Information Sources、Business Periodical Index、Business Index、Social Science Citation Index、中国社会科学引文索引(CSSCI)等。

• 企业简介、中报、年报等。许多企业的简介可能提供对市场营销研究有用的二手数据,上市公司必须定期发布中报和年报。可以登录有关企业网站、上海证券交易所网站(http://www.sse.com.cn)、深圳证券交易所网站(http://www.szse.cn),搜寻有关上市公司的信息。

- 互联网和其他媒体的数据服务。许多互联网和其他媒体会提供一些公开数据,另外,许多咨询公司和市场研究公司出于宣传和招揽客户的目的也会免费提供一些有用的数据及报告。例如,J. D. Power会定期公开发布新车质量调查、汽车售后服务顾客满意度调查、汽车可靠度调查的结果,但是要付费才能获得有关具体品牌的详细调查数据。

例 7-2

中国互联网络信息中心

中国互联网络信息中心(China Internet Network Information Center,CNNIC)是于1997年6月组建的互联网管理和服务机构。作为中国信息社会重要的基础设施建设者、运行者和管理者,中国互联网络信息中心负责国家网络基础资源的运行管理和服务,承担国家网络基础资源的技术研发并保障安全,开展互联网发展研究并提供咨询,促进全球互联网开放合作和技术交流。

在互联网发展研究领域,中国互联网络信息中心负责开展中国互联网络发展状况等多项互联网络统计调查工作,描绘中国互联网络的宏观发展状况,忠实记录其发展脉络。中国互联网络信息中心一方面开展国家和政府的政策研究,另一方面也为企业和机构提供互联网发展的公益性研究及咨询服务。

图7-3显示的是中国互联网络信息中心首页上近期发布的一些研究报告。

图7-3 中国互联网信息中心发布的部分报告

资料来源:中国互联网信息中心官网(http://www.cnnic.net.cn/hlwfzyj/),访问日期:2021-04-09。

7.3.2 商业数据

商业数据(commercial data)是由专业的企业出于盈利目的而提供的二手数据。一些市场研究公司专门收集和出售数据(例如消费者指数研究、媒体监测、网络与手机用户行为监测数据等),以满足许多客户的信息需求。这类以标准的程序收集,然后向多个用户提供的共用数据服务叫**辛迪加服务**(syndicated service)。这些数据并不是为了某个特定的研究问题而收集,但可以按客户的要求提供个性化的报告甚至用户接口,例如可以按客户的要求提供指定品牌、指定时间段的广告监测数据。由于收集数据的成本被许多客户分担,因此利用辛迪加服务比收集原始数据的成本低。此外,由于这些数据都是由专业的企业长期提供,因此质量和供应有一定的保证,并具有一定的权威性和公信力。

国内营销研究常用的辛迪加数据包括消费者固定样本组、媒介固定样本组、零售研究、网络广告监测、网络和手机用户行为监测数据、互联网用户搜索数据,等等。

消费者固定样本组(consumer panel)。消费者固定样本组是对快消品购买与消费行为进行连续不断的跟踪监测研究,为快消品品牌生产和零售商、咨询公司、广告公司提供专业的市场信息与消费者洞察。目前国内最权威的消费者固定样本组数据是中国消费者指数研究(www.kantarworldpanel.com/cn)。

媒体固定样本组(media panel)。媒体固定样本组是通过电子设备记录样本户的收视、收听行为,对样本户的收视、收听行为进行连续跟踪。利用这些数据,可以对电视与广播的收视率和收听率进行连续监测,对受众进行细分和描述,制定正确的媒体与广告投放策略。目前媒体固定样本组已经拓展到了以移动互联网为代表的新媒体受众。中国广视索福瑞媒介研究公司(http://www.csm.com.cn)拥有庞大的广播电视受众调查网络,并完成了收视率数据的跨平台升级。2021年,其网络拥有5.1万余户样本家庭,覆盖12.8亿电视人口、6 200万广播人口。公司在"微博应用研究""实时收视率研究""时移收视率"等成熟产品基础上提供服务。

零售研究(retail research)。由专门的企业从各种类型及规模的零售终端所收集的数据,可用于对快消品的终端销售状况进行追踪,进而分析产品的销售额、市场份额及其变化趋势,还可以用来评估不同渠道的市场占有率。例如,AC尼尔森公司(http://www.nielsen.com)运用店内产品代码扫描信息和专业人员店内访问,提供涵盖食品、家庭用品、保健美容产品、耐用品的销售数据。这类数据在零售层面提供了许多不同产品流动情况的相对准确的信息。当然,这类信息也具有局限性,最主要的缺点是遗漏(尤其是新兴渠道的覆盖较差)以及缺乏消费者特征和厂商营销投入方面的信息。

网络广告监测(online ad tracking)。网络广告监测对于及时了解广告投放情况与效果非常有价值,例如,精硕科技(AdMaster)公司的核心产品TrackMaster数据可以监控2 000多个媒体,为广告主与代理公司集中管理、执行、监控和追踪网络广告活动,提供监测数据及报告,包括广告的曝光、点击、频次、覆盖人群等信息,从而为投放优化提供支持(www.trackmaster.com.cn)。

例 7-3

中国消费者指数研究

Kantar Worldpanel 中国消费者指数研究建立在 CTR(央视市场研究股份有限公司)的中国消费者固定样本组基础上,目前全国覆盖超过 370 个城市,年样本量达 40 000 个家庭户。该研究涵盖 50 000 余个品牌以及 100 个主要快消品类。

中国消费者指数对快消品购买和消费行为进行连续不断的跟踪监测研究,能够全面监测中国消费者快消品购买渠道以及主要零售商,可以为快消品牌生产商、零售商、市场咨询公司、广告公司及媒体提供专业及时的市场信息与深入的消费者洞察。

• 通过对人群的消费品购买和使用行为进行连续的跟踪监测研究,帮助客户更加清晰地解读中国的消费者。

• 为客户提供购物者以及消费者群体分析,从而帮助客户建立对核心和潜在消费者购买与使用行为的认知。

• 通过追踪市场、洞察消费者和了解零售商,向客户提供可执行的咨询建议,从而帮助客户评估品牌表现、新产品上市,制定合理的价格,分析主要零售商表现和优化促销策略,以有效地进行品牌及品类管理。

资料来源:http://www.ctrchina.cn/product.asp?id=23,访问日期:2021-04-10。

7.4 大数据的发展与应用

大数据(big data) 指的是由于体量巨大和非常规格式而导致常规的数据库软件工具无法获取、存储、管理和分析的数据。

大数据具有以下特征(4V)：

- 量大(Volume)。大数据的显著特点就是容量巨大，例如美国纽约证券交易所每天产生 1TB 的交易数据，而美国国会图书馆全部馆藏印刷品数字化后才有 10TB 的容量。

- 动态(Velocity)。大数据是实时和动态的，不断快速流动。例如，像天猫这样的电商，其用户访问、浏览、搜索、购买数据无时无刻不在发生变化，实时产生大量数据流。

- 多源(Variety)。大数据通常都是多源的。例如，关于同一消费者购买行为的数据可以来自实体店的收银数据、电脑和手机等终端的下单数据等多个来源；用户发布的信息可以以文字、图片、音频和视频等多种形式呈现。

- 价值(Value)。大数据应用对于在移动互联网时代获得及时的市场与消费者洞察具有巨大的潜在价值。例如，百度迁徙可以通过手机定位数据实时监测人口的流动状况，为交通运输资源的优化配置提供非常有价值的信息；消费者网上搜寻、浏览、收藏、购买等信息可以提供有关消费者偏好和需求的深入洞察；网上有关品牌的评论可以及时向人们提供对不同品牌认知的重要信息。

在营销领域，大数据有着巨大的应用前景，例如：

- 顾客流失预警与挽留。可以通过密切监测顾客行为的变化，及时收集相关预测变量数据，建立顾客流失预警模型，对流失风险高、影响大的顾客及时采取挽留措施。

- 消费者兴趣与行为追踪。对消费者跨平台的浏览、搜寻、购买、支付等行为进行追踪，结合基础人口统计信息，建立完整的消费者兴趣与特征的用户画像，为市场细分和个性化营销创造必要的条件。

- 负面口碑监测与处理。基于大数据的舆情监测，企业可以实时了解公众的品牌认知和公众对与品牌相关事件的反应，及时发现和处理负面口碑。

- 个性化广告与促销。大数据提供的基础用户画像和用户追踪所提供的实时更新为个性化推荐与促销提供了重要的输入数据并奠定了坚实的基础。

但是，数据的爆炸与非结构化给大数据的收集、存储、分析和使用带来了巨大的挑战，因此有人形容从大数据中发现价值常常如大海捞针一般困难。如何在大数据中挖掘价值，获得市场与顾客洞察，是许多企业面临的一项重要课题。

例 7-4

百分点——让决策更智能

百分点是一家数据智能技术企业，自 2009 年成立以来，构建了完整的贯穿"数据处理—分析—决策"的综合技术体系，以及人机智能交互、自动化知识构建与服务、机器辅助决策等智能应用体系，提供面向政府和企业数字化转型的行业解决方案。目前已服务 10 000 余名政府和企业客户，业务覆盖亚洲、非洲、拉丁美洲等的 20 多个国家。

百分点总部设在北京，在上海、深圳、杭州、沈阳、武汉、广州、常州、乌鲁木齐设有八个分子公司及研发中心，员工超过 800 人，拥有来自国内外一流大学与技术公司的 500 多人的研发队伍，以及由多位国际知名华人学者组成的首席科学家团队。

百分点以"用数据智能推动社会进步"为使命，构建了政府级、企业级和 SaaS（软件服务化）三大业务体系，覆盖数字城市、应急管理、公共安全、生态环境、媒体出版、零售快消、制造、房地产等领域，用数据智能促进政府和企业智能化转型。

历经 10 余年的大数据建设与运营，百分点的产品线已全面覆盖从大数据底层技术、大数据管理到大数据应用的各个层级，帮助企业一站式完成大数据部署、管理及应用。目前公司拥有大数据、人工智能和在线服务三大产品线。

- 大数据产品：依托完善的数据治理体系、高效的数据开发管理、便捷的数据资产服务，打造一站式智能数据管理平台。
- 人工智能产品：基于以自然语言处理和动态知识图谱为核心的智能引擎，提供智能交互、知识构建与服务、机器辅助决策等应用。
- 在线服务产品：为政府和企业提供新闻热点、舆论评价、民情民意、消费偏好、市场趋势、竞争态势等内容洞察服务。

资料来源：https://www.percent.cn，访问日期：2022-04-12。

7.5 二手数据的收集与评估

二手数据的收集一般包括明确数据需求、查询可能的数据来源、搜寻有关数据的资料、获得数据及有关资料、评估数据内容和质量五大步骤。

① 明确数据需求。首先根据研究题目和研究框架确定需要什么数据,例如,用选择模型研究消费者对不同品牌的选择时,不但需要所研究品牌的产品属性和价格数据,还需要竞争品牌的产品属性和价格数据。

② 查询可能的数据来源。一旦确定了需要什么数据,下一步就是查询这些数据的来源有哪些。例如,人口数据的来源可以是公安部门的户籍登记数据,也可以是统计局的人口普查和人口抽样调查数据。

③ 搜寻有关数据的资料。通过浏览有关网页或索取有关数据文件,可以了解数据的内容、格式、质量、价格、使用条件等,以便确定该数据对于手头的研究项目来说是否合适。

④ 获得数据及有关资料。通过购买、交换或免费索取的方式获得数据和数据字典等相关资料。

⑤ 评估数据内容和质量。通过对数据的初步分析,对其内容和质量进行评估。

由于二手数据并不是为了当前特定的研究所收集的,因此在使用二手数据之前,需要从数据的适用性、质量、可获得性和成本等方面对数据进行必要的评估。

7.5.1 数据的适用性

首先要确认数据能否满足研究的需要。 要注意数据的内容,特别是关键变量的定义、测量单位和方法、分类方法等是否能够满足研究的需要。如果关键变量的定义和测量方法不清楚,那么二手数据的用处就很有限。例如,如果想要获得主要品牌的销量数据,那么根据消费者的回顾性调查估算的销量往往不如根据消费者固定样本组和渠道审计估算的销量准确。如果想要知道消费者对某一新产品的接受程度,那么有关购买意愿的问卷调查结果不如实际试销的结果可靠。有时可能需要转换测量单位,使数据符合研究的需要,例如根据购买次数和每次消费金额获得总购买金额,根据销量和单价计算销售额,等等。

其次要确保二手数据所涉及的总体与研究的目标总体一致。例如，一些行业协会的数据往往没有包括非会员单位，因此可能导致大量的遗漏；固定样本组数据通常只覆盖大中城市的常住人口，与许多产品的实际目标市场可能有较大的出入；零售研究的数据可能遗漏了新品牌或新兴的销售终端。此外，还要注意数据是否已经过时。例如，全国人口普查每10年才进行一次，从数据收集至公布之间的时滞也较长，而营销研究需要当前的数据。

7.5.2 数据的质量

利用二手数据时，由于研究人员并没有参与数据的收集与处理工作，因此对其质量往往不甚了解，但可以从以下几个方面对数据的质量做出大致的判断：

数据的来源。根据二手数据的来源可以对数据的质量有一个总体的认识。一般来说，来自企业内部的客户数据，例如银行、电信、保险公司和电商的客户数据非常准确；来自权威部门或专业性公司的第三方数据也比较可靠；而为了宣传、促销或商业目的而公布的数据则值得怀疑。对于来源不详的数据也应该谨慎对待。未经处理的二手数据一般比经过处理的数据更加可靠，因此在使用二手数据时，要尽量找到其原始来源。

数据的原始用途。最初收集数据的目的对数据质量会有一定的影响。例如，税务部门统计的企业和个人收入很可能出于避税的原因而漏报瞒报；一些为了排名而组织的评选或调查很容易受赞助企业的干扰；来自公安部门户籍管理系统的人口数据更新缓慢，在人口流动频繁的今天很难准确反映人口的现状；根据电商发货地址统计的顾客的地区分布一般来说会非常准确，而顾客问卷调查的结果就没有那么可靠。

数据的收集方法。数据的收集方法是否合适、操作是否规范对数据质量有很大的影响。通过对样本规模、抽样方法、回答率、问卷设计和填写、现场工作程序、数据处理等环节进行考察，有助于我们判断二手数据的适用性和质量。例如，对于没有严格采取随机抽样或不提供回答率信息的二手数据，即使样本量很大也要慎用。

与其他数据的一致性。由于研究人员缺乏有关数据收集方法和程序的信息，因此按照上述方法对二手数据的质量进行评估有时会比较困难。另一种办法就是找到数据的多种来源并进行比较，如果多种独立来源的数据之间一致，则说明数据的质量比较可靠。

相关文件与说明的质量。 如果有详细、规范的相关文件（调查方案、问卷、数据字典等），说明数据的提供者比较专业和严谨，其提供的数据质量可能比较有保证。对于没有必要的相关文件的二手数据在使用时必须慎重。

7.5.3 数据的可获得性和成本

一般来说，商业性的二手数据比较容易获得，但购买成本高。获得政府部门和行业协会正式发布的数据的成本通常很低，但一般都是处理后的汇总数据，其适用性差。许多企业常出于保密的考虑，在提供企业内部的二手数据方面会有所保留，而且可能有许多附加条件，一定要注意遵守。通过不正当的手段获取消费者的私人信息或者竞争对手的内部数据是不道德的，也是违法的，因此一定要通过合法、正当的途径获取二手数据。

例 7-5

我国首例在华外国人非法获取公民个人信息案一审宣判

2014年8月8日，备受境内外关注的彼特·威廉·汉弗莱、虞英曾非法获取公民个人信息案一审在上海市第一中级人民法院公开开庭审理，并当庭宣判。被告人汉弗莱和虞英曾因非法获取公民个人信息罪分别被判处有期徒刑2年零6个月并处罚金人民币20万元及驱逐出境、有期徒刑2年并处罚金人民币15万元。

2009年4月至2013年7月，汉弗莱及其妻子虞英曾利用在上海注册成立的摄连公司接受境内外客户委托，对多家企业或个人进行"背景调查"。两名被告人按每条信息人民币800元至2 000元不等的价格，先后向周某某（另案处理）、刘某和蔡某某（均另案处理）购买公民的户籍、出入境记录、通话记录等信息资料累计达256条，并在制作"调查报告"后卖给委托客户。在汉弗莱、虞英曾获得公民个人信息的手段中，除了非法向他人购买，还有其他五花八门的非法手段，他们或使用跟踪、监控等手段，或冒充企业员工、客户、投资者甚至快递员秘密走访、偷拍。

汉弗莱、虞英曾的客户主要为在华大型跨国公司，包括制造业企业、金融机构及其他机构，涉及美国、德国、英国、法国、瑞士、日本等16个国家。

2013年7月，汉弗莱、虞英曾二人因涉嫌非法获取公民个人信息罪被上海市公安局刑事拘留，同年8月被批准逮捕。2014年1月，上海市公安局将此案移送上海市人民检察院第一分院。2014年6月,该院将被告人以非法获取公民个人信息罪向上海市第一中级人民法院提起公诉。

资料来源:http://politics.people.com.cn/n/2014/0809/c70731-25433582.html,访问日期:2022-03-24。

应用案例

大数据应用:谷歌流感趋势

谷歌研究人员在2009年开发了一个基于关键词搜索数据的流感预测模型:

$$\mathrm{logit}(I(t)) = \alpha \mathrm{logit}(Q(t)) + \varepsilon$$

式中,$I(t)$为时期t就诊总数中的流感病例占比;$Q(t)$为时期t与流感有关关键词搜索量占比;ε为误差项。

该模型可以根据谷歌与流感相关的关键词搜索频次数据准确估计流感患病率,而且克服了美国疾病控制预防中心(CDC)报告数据的滞后问题。这一结果发表在世界顶级学术刊物《自然》(Nature)上,并被广泛誉为大数据应用的范例。[1]

然而好景不长,2013年年初,《自然》杂志报道,在最近一次流感暴发中,谷歌流感趋势(GFT)不起作用了! 后来Lazer等在2014年做了深入的分析,发现GFT系统性地高估了流感的患病率(见图7-4)。

图7-4顶部显示的是流感就诊病例数,Google Flu是基于GFT的估计值,Lagged CDC是基于滞后的CDC报告病例数和52周季节性变量的估计值,Google Flu + CDC是基于GFT、滞后的CDC报告病例数和52周季节性变量的估计值,CDC是CDC报告病例数。

图7-4底部显示的是估计误差,其百分比误差=(估计值-CDC报告值)/CDC报告值,以百分比形式显示。结果显示两个替代模型的估计误差比GFT小得多。

GFT估计值比2012—2013年流感季的实际报告值高出1倍以上,比2011—2012年流感季的实际值高出50%。2011年8月21日至2013年9月1日的108周中,GFT高估了100周的流感患病率。

---

[1] Jeremy Ginsberg, et al.,"Detecting Influenza Epidemics Using Search Engine Query Data", *Nature*, Feb. 19, 2009:1012-1014.

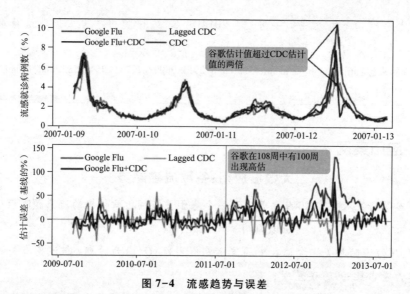

图7-4 流感趋势与误差

资料来源：David Lazer, et al., "The Parable of Google Flu: Traps in Big Data Analysis", *Science*, 2014(343): 1203-1205。

很多人认为，大数据可以完全取代传统统计方法。但是，谷歌流感趋势案例说明并非如此，请问：

1. 为什么被誉为大数据应用典范的谷歌流感趋势模型失灵了？
2. 这类模型在营销研究中有何用途？应用时应该注意什么？
3. 我们从中可以得到什么启示？

小 结

二手数据是为其他目的而不是为当前进行的特定研究而收集的数据。开展营销研究时，首先要尽量利用已有的二手数据，只有当二手数据不能满足研究需要时才考虑专门收集原始数据。二手数据按其来源可以分为内部数据和外部数据两大类。

内部数据是企业内部现有的数据，主要包括日常交易数据、顾客数据库、顾客行为（访问、浏览、收藏、购买）数据、售后服务与投诉记录、以往进行的营销研究数据等。由于内部二手数据成本低并且容易获得，因此在开展研究时要首先考虑是否有现成的内部数据可供使用。

外部数据是第三方收集和提供的数据，又分为公共数据和商业数据两大类。公共数据是政府部门、行业协会和专业组织、媒体、研究机构公开发布的数据。商业数据是出于盈利目的而提供的数据。为了满足多个客户的需求而收集的共用数据叫辛迪加数据。国内营销研究常用的辛迪加数据包括消费者固定样本组、媒体固定样本组、零售研究、网络广告监测、网络和手机用户行为监测数据、互联网搜索数据等。

大数据指的是由于体量巨大和非常规格式而导致常规的数据库软件无法获取、存储、管理和分析的数据。大数据的特点是量大、动态、多源和价值。

收集二手数据的主要步骤包括明确数据需求、查询可能的数据来源、搜寻有关数据的资料、获取数据及有关资料、评估数据内容和质量。在使用二手数据之前,需要从数据的适用性、质量、可得性、成本、使用条件等几方面对数据进行必要的评估。

▍重要术语 ▍

primary data 原始数据
secondary data 二手数据
internal data 内部数据
external data 外部数据
public data 公共数据
commercial data 商业数据
syndicated service 辛迪加服务
consumer panel 消费者固定样本组

online ad tracking 在线广告监测
media panel 媒体固定样本组
retail research 零售研究
big data 大数据
volume 量大
velocity 动态
variety 多源
value 价值

▍复习思考题 ▍

1. 原始数据和二手数据有什么区别?
2. 二手数据的主要优缺点是什么?
3. 从网上获得的二手数据具有什么特点?
4. 请举例说明内部数据在市场营销研究中的用途。
5. 公开的二手数据来源主要有哪些?
6. 国内主要的辛迪加数据及其供应商有哪些?
7. 在线行为追踪数据的主要用途是什么?
8. 大数据具有哪些特点?在市场营销领域有哪些潜在的用途?

9. 评估二手数据的主要标准是什么？

10. 使用二手数据时应当注意什么？

练习题

1. 从二手来源获取最近五年内前五家主要智能手机制造商的产销数据，然后描述其销量和市场份额的变化。

2. 在网上搜索并获取中国直播行业的行业研究报告，对报告中所用数据的质量做出初步的评价。

3. 访问一家上市公司的网站，描述这家公司披露的主要数据。这些数据对于该公司的竞争对手有何价值？

4. 访问国家统计局的网站，了解该局公开发布的主要统计报告。哪些公开数据对快消品企业制定全国市场营销战略有较大价值？

5. 访问艾瑞咨询公司的官方网站，描述其提供的主要产品和服务。

延伸阅读

1. Naresh K. Malhotra, Daniel Dunan, David F. Birks, *Marketing Research: An Applied Approach*, 5th edition, Chapters 4-5, Pearson, 2017.

2. David Lazer, et al., "The Parable of Google Flu: Traps in Big Data Analysis", *Science*, 2014(343): 1203-1205.

第8章 定性研究

本章概要

本章讨论定性研究的特点及其用途。首先介绍定性研究的特点与分类;然后重点介绍营销研究常用的定性研究方法——专题组座谈、深度访谈和影射法;接着介绍定性研究数据的分析步骤和发展趋势;最后讨论定性研究可能遇到的职业道德问题。

教学目的

阅读本章后,学生应当能够:
1. 解释定性研究与定量研究的区别,了解定性研究方法的特点与分类;
2. 掌握专题组座谈的特点、用途、计划与实施;
3. 了解深度访谈的特点及其应用;
4. 理解影射法的原理、用途及注意事项;
5. 了解定性数据分析的基本步骤;
6. 了解在线定性研究的应用与发展趋势;
7. 注意定性研究所涉及的职业道德问题。

开篇案例

汽车4S店的神秘顾客

中国汽车市场竞争日趋激烈,为了保持市场份额,各大品牌不断降低价格,并推出极具竞争力的新品;经销商的数量逐年增加,经销商经营困难,面临大面积亏损;此外,中央八项规定的推出,使集团消费急剧收缩,一些车型的销售陷入了困境。

在这种情况下,顾客资产的经营显得尤为重要,建立在顾客满意基础上的顾客忠诚成为企业可持续发展的重要基础。但是,经销商往往在这时容易以近期销售业绩和收益为工作重点,忽视客户关系的管理和维系。因此,如何通过业务流程的改善提升客户满意度,在激烈竞争的环境中保持可持续发展,成了汽车企业不容忽视的问题。

针对上述问题,某汽车制造商非常重视对经销商的客户维系能力和业绩的考核。考核手段采用对车主的电话问卷调查和对4S店派神秘顾客访问两种方式进行,对销售和售后服务都进行定期考核与跟踪。为进行电话调查而聘请的第三方调查公司,每个月对当月的销售和售后服务客户抽样进行客户体验调查;神秘顾客调查也是由第三方机构实施,每双月扮演顾客对经销店的业务流程进行检查,并摄录现场的接待过程;最后按照事先确定的指标体系和评分规则对4S店进行综合评价,并与年终返点与奖励挂钩。

该公司最初的销售满意度和售后服务满意度调查都包含对4S店硬件条件的评分。这样不仅导致问卷过长,浪费顾客时间,而且顾客事后对硬件条件的评分往往也不准确。因此,这些硬件指标的考核后来改为由神秘顾客现场访问时进行,保证了结果的客观性和可信度。

资料来源:赵妍妍,《销售业务标准改善研究》,北京大学硕士学位论文,2015。

当现有的二手数据不能满足特定研究项目的需要时,就要收集原始数据。原始数据可以分为两大类,即定性数据和定量数据。定性研究与定量研究并不一定是对立的,有时可以相互补充,发挥各自的长处,克服各自的不足。

本章介绍定性数据的收集方法,定量数据的收集方法将在第9—11章中介绍。

8.1 定性研究的特点与分类

定性研究(qualitative research)是一组定性资料收集方法的统称,其研究设计的特点是小样本、非结构化和探索性。定性研究的主要优点在于简便易行、富有灵活性和贴近研究对象。定性研究使研究人员可以在近距离和比较自然的环境下对研究对象进行观察或与之进行深度沟通,有利于从研究对象的角度观察和了解他们的行为、态度、动机等。这不仅能够发现和描述鲜为人知的行为,还有利于提供贴切的解释。

8.1.1 定性研究的特点

正确地应用定性研究方法,可以获得常规的定量研究方法无法提供的信息。人们通常不愿意直接回答陌生人提出的侵犯隐私、让他们尴尬或者对自尊与地位有负面影响的问题。此外,即使他们愿意回答,也常常不能准确地回答那些触动他们潜意识的问题。例如,有人可能通过购买名牌产品来彰显自己的身份和地位,但可能不会如实回答有关购买动机的问题,或者自己并没有意识到这一点。在这种情况下,可以运用本章介绍的定性研究方法获得所需信息。

当然,定性研究也有其局限性,主要包括:
- 研究结果受研究人员个人因素的影响较大,很难重复。
- 容易以偏概全,研究结果的代表性、效度通常受到怀疑。
- 数据难以用统计方法处理,因此无法提供定量的信息。

正如开篇案例所示,在开展营销研究时,应当将定性研究与定量研究相结合,而不是相互对立。表 8-1 对定性研究与定量研究进行了简要的比较。

表 8-1 定性研究与定量研究的比较

	定性研究	定量研究
目的	探查特殊的群体与行为 提供关于潜在原因、动机和态度的解释	进行定量描述 验证事先提出的假设 对目标总体进行推论
样本	精心挑选的小样本	比较大的概率样本
数据收集	非结构化或半结构化方法	结构化方法
数据分析	定性方法,传统上主要采用非统计分析	定量方法,统计分析
结果	提供初步的理解	建议最终的行动方案

为了得到真实可靠的结果,进行定性研究时应当注意以下问题:
- 在贴近研究对象和保持客观性之间保持适当的平衡。为了能够真正理解消费者行为后面的深层原因与动机,就必须贴近消费者,站在他们的立场和角度考虑问题;但为了避免主观因素对研究结果的干扰,又必须保持客观、中立

的立场。

• 正确选点与选样。由于定性研究的样本通常很小,因此选择研究的情景和样本非常重要,要注意研究情景和样本的代表性、可接触性和配合程度。选择不当会导致无法获得真实有用的信息,产生以偏概全的严重问题。

• 选择合适的方法。要根据研究的题目和目的选择合适的方法,例如需要群体互动的时候,专题组座谈比较合适,而涉及个人的隐私问题时,宜用一对一的深度访谈或间接方法。

• 慎重地演绎与推论。在某一特定情景下从小样本获得的定性信息一般很难用来推断总体,因此对于定性研究所获得的研究结论要慎重对待。

8.1.2 定性研究的分类

根据调查对象是否了解项目的真正目的,可以将定性研究方法分为直接法和间接法两大类(见图 8-1)。

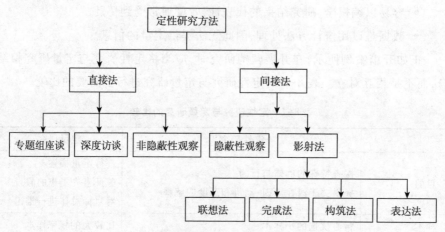

图 8-1 定性研究的分类

直接法(direct approach)对研究项目的真实目的不加掩饰,研究目的对调查对象是公开的,或者从所问的问题中可以明显看出。专题组座谈、深度访谈和非隐蔽性观察是常用的直接方法。**间接法**(indirect approach)掩饰研究的真正目的,包括隐蔽性观察和影射法,后者又包括联想法、完成法、构筑法和表达法。当暴露研究的真实目的可能导致结果的扭曲时,应当考虑使用间接的方法。例如,假扮成顾客比公开的现场巡查更有可能了解到一线员工的服务态度和水平。

例 8-1

偷拍的用处

北美一家淋浴器生产商计划拓展高端市场,为此找到一家市场研究公司,希望借助他们的力量了解顾客购买淋浴器时到底看重什么,以便找到市场的突破口,推出有竞争力的产品。

按照惯例,这类研究通常是在几个大城市召开座谈会,了解当地人洗澡的动机、态度和行为,以及对目前正在使用的淋浴器不满意的地方。然后在此基础上进行抽样调查,了解不同的人怎么洗澡,一周洗几次,在什么时候洗,每次洗多长时间,买什么牌子的淋浴器,在哪里买,看过什么广告,在哪里看,等等。但客户说,这样的方法他们已经反复使用,可效果一直不太好。经过多方面的讨论,双方认为传统的方法无法达到要求,最后双方同意采用人类学方法。

但是,洗澡是个很隐私的问题,难以从直接提问中找到有价值的信息,因此需要根据研究目标,打破常规,采用合适的方法。

该公司决定用由头顶俯拍的摄像机记录被访者洗澡的全过程。谁会愿意在洗澡时被人录像呢?经过头脑风暴,研究团队想出了一个主意——招募天体主义者作为观察对象。这些人认为裸体是自然的,展示自己的身体并没有什么不好意思的。因此他们在BBS(电子公告牌)上发布了招募志愿者的广告,并对申请人进行了必要的筛选,保证样本包括不同种族、年龄和体型的人员。

经过对数十人洗澡全过程录像的反复研究,结合访谈,研究人员得出了一些以往被忽略的见解:卫生间不仅是洗澡的地方;洗澡不仅是身体清洁;消费者对淋浴器喷头的方向以及出水量的大小等有特定的要求,现有产品基本不能满足。从录像看,由于洗头和洗身子对水量的要求不同,消费者不停地移动身体、摆动头部、调节冷热大小,相当不自在。

研究人员把消费者的不满和要求一一列出,再与工程师逐一研究,从而找到新产品的市场机会。例如,研究人员问工程师:消费者提出出水量越大越舒服,但又不想浪费太多水,可以设计出用两加仑水却有三加仑水效果的淋浴器吗?工程师回答说"问题不大",并且这样的产品很快就被设计出来了。

最后设计出来的淋浴器的效果演示和实际播出的广告片真是太棒了!新

款淋浴器拥有内外两层结构,并设有控制板。新产品在美国大受宾馆欢迎,很多宾馆的客人在用过后都喜欢上了这款产品。

资料来源:李思,《人类学方法在市场研究中的应用》,《市场研究》网络版,2007年第37期。

这个例子说明,采用合适的定性研究方法,可以使研究人员在自然的环境下对研究对象进行观察并与之深度沟通,获取常规的问卷调查无法得到的有用信息,有利于从研究对象的角度观察和了解他们的行为、态度、动机等,为企业的决策提供有价值的信息。

8.2 专题组座谈

专题组座谈(focus group discussion)是通过有组织的座谈方式围绕特定的主题展开讨论,收集有关产品、品牌和企业的知识、态度、偏好,以及购买和使用行为等方面的信息,所收集的资料通常以座谈记录的形式储存。该方法的最大特点就是通过主持人与座谈对象之间、座谈对象相互之间的互动获得新的想法和发现。

8.2.1 主要用途

专题组座谈是市场营销研究中最常用的定性研究方法,应用很广泛。在帮助营销决策方面的用途包括:

- 了解消费者对有关产品/品牌的知识、态度、偏好以及使用和购买行为。例如,苹果公司可以召集苹果粉丝进行座谈,了解他们对苹果现有产品的认知与使用体验,以便帮助公司改进产品和服务。
- 产品概念的定性测试。可以就某一个新产品(例如燃料电池汽车)组织专题组座谈,了解不同人群对该产品概念的看法、接受程度和需求。
- 了解消费者对广告、促销和价格调整的看法与初步反应。企业在推出新产品后,可以召开经销商和终端用户座谈会,了解各方面对产品、价格、广告和促销的看法,以便进一步优化营销组合策略。
- 对现有产品的重新认识。通过专题组座谈,可以获得对现有产品的一些新的认识,帮助企业对产品进行重新定位,并调整其营销策略。

此外,专题组座谈还可帮助定义研究问题、制定或改进研究的设计,例如界定研究问题,提出备选的解决方案或假设,收集问卷设计所需的信息,帮助解释定量研究的结果,等等。

8.2.2 基本要求

进行专题组座谈时,要根据研究目的和资源,适当把握好以下几方面:

规模与人员构成。一个专题组通常由 8—12 人组成。人数过少不足以产生座谈所需的互动,容易冷场;而人数过多则容易失去控制、跑题和影响座谈人员的参与度。同一组成员的人口统计与社会特征应尽可能接近,这样比较有共同语言,也有利于平等地讨论问题。否则,若同一小组同时包括已婚和未婚女性,那么她们可能由于兴趣、爱好、关注点和生活方式的不同而缺乏共同语言,影响互动的效果。此外,应当仔细审查参与者是否满足特定的要求,尤其是对所要讨论的问题必须有充分的知识和经验,否则难以提供有价值的信息。但是,专家权威很可能主导整个讨论,不利于其他人充分地发表自己的意见,因此不宜将他们和普通座谈对象安排在一起。

座谈的设施和环境。座谈的设施和环境对于座谈的效果也会有重要的影响,要营造一种轻松、非正式的气氛鼓励大家积极参与。专题组座谈必须有如实、详细的记录,通常都使用录音、录像设备以避免遗漏和记录错误。录像还可以记录座谈参与者的表情和身体语言,专业的公司还可以给客户提供带单面镜的观察室。

主持人。主持人对于专题组座谈的成功起着非常重要的作用。主持人必须有亲和力,善于沟通和聆听,既能鼓励调查对象发表自己的真实看法,又能掌握座谈的重点和节奏。主持人应当对所讨论的问题有一定的了解,但又要做到不显山不露水,避免妨碍座谈对象发表自己的意见。

时间长度。座谈时间通常为 1—3 小时,以 90 分钟左右为宜。座谈时间太短则无法获得必要的信息,太长又无法保持座谈对象的注意力和兴趣,导致效率低下。准备座谈提纲时,要根据时间长短事先计划好讨论议题的数量和深入程度。

表 8-2 对专题组座谈的基本要求进行了简要的总结。

表 8-2 专题组座谈的基本要求

小组规模	8—12 人，或 3—5 人（专家座谈）
小组组成	同质的、预先筛选的调查对象
座谈环境	放松的、非正式的气氛，也可以考虑在线进行
时间长度	1—3 小时
录音录像	尽量利用录音和录像设备，或采用在线视频技术
主持人	具有亲和力以及良好的聆听、沟通和协调能力

8.2.3 主要步骤

进行专题组座谈的主要步骤包括：确定研究目的和对象，确定专题组的数目、规模和构成，起草座谈提纲，挑选合适的主持人和记录员，选择座谈地点和设施，进行小组座谈并记录，整理和分析座谈记录，撰写报告。

首先要根据对研究问题的定义确定专题组座谈的目的，然后根据座谈的目的选择合适的参与者。可以设计一份筛选问卷对样本进行甄别，问卷通常包括有关产品的熟悉程度、产品知识、使用行为、是否参与过类似的研究以及人口统计特征等项目。

专题组座谈的数目主要取决于问题的性质和座谈对象的同质性程度。问题的涉及面越广，需要的组数越多；目标对象的涵盖面越广、差异越大，需要划分的组数越多。另外还要考虑时间和经费因素。通常要求同一主题组织 3 个或 4 个小组进行讨论，一般至少要有 2 个小组。

起草专题组座谈详细提纲的过程需要研究人员和客户之间围绕座谈目的进行广泛的讨论。不同专题组由于成员的构成不同，其内容和重点可以各有侧重。例如，由潜在用户构成的专题组，可能侧重对产品的一般要求和购买意愿方面的问题；而现有用户专题组可能侧重产品使用体验及改进意见方面的问题。

座谈的主持人需要有亲和力以及良好的聆听、沟通和协调能力，尽量在座谈参与者同意的基础上采用录音和录像手段，以获得完整、准确的座谈记录。

尽可能在舒适、轻松的环境中举行座谈会。但是，为了节省时间和经费，目前越来越多的专题组座谈采用网上视频会议的方式举行，这需要事先调试好设备并让座谈对象熟悉所用的视频会议系统。

小组讨论之后,要对讨论结果进行归纳与总结,除了总结一些基本的共识,还要注意发现新观点、不同意见与分歧,提出对营销决策有价值的假设。

8.2.4 主要优缺点

专题组座谈的要点在于通过互动集思广益。与其他数据收集方法相比,它的主要优点如下:

- **集思广益**。通过群体互动集思广益,相互启发,产生滚雪球效应,激发出新想法、新观点,发现平时未注意到的动机、行为和现象。
- **直接观察**。小组座谈提供了一个在比较自然的环境中直接观察研究对象以及他们之间的互动的机会。
- **加快进度**。相比于一对一的深入访谈,小组座谈进度更快,可以节省时间和经费。

专题组座谈的主要缺点如下:

- **主持人偏差**。由于诱导性的提问,以及选择性注意、记录和报告,研究结果容易受主持人和客户的影响。
- **以偏概全**。座谈结果受持极端看法或表达能力强的少数人的影响较大,尤其是当主持人经验不足、对座谈缺乏必要的引导和控制时。
- **侵犯隐私**。对于涉及个人隐私或其他敏感信息的问题,参与者会有较大的顾虑,很难在公开的场合开诚布公地发表自己的见解和看法。
- **代表性不足**。由于是小样本,因此专题组座谈对象通常不足以代表相应的总体。

例 8-2

5G 用户座谈会

为了了解移动通信用户对 5G 产品与服务的认知、升级动机、使用体验、服务与资费偏好等,移动通信公司可以考虑开展 5G 现有用户和潜在用户专题组座谈。

因为 5G 服务首先在一、二线城市推出,因此首先考虑召开一、二线城市的专题组座谈,选择三个一线城市(北京、上海、深圳)和三个二线城市(青岛、南京和成都)举行 5G 座谈会,每个城市最少需要有两组,分别包括一组现有用户、一组潜在用户(目前没有升级到 5G 网络,但有意愿在一年内升级的移动通信用户)。

所有小组的座谈程序如下:

① 热身——介绍座谈会的目的和规则,自我介绍;
② 交流对现有4G产品和服务的使用体验,以及对5G产品和服务的认知;
③ 分享5G使用体验(现有用户),以及期望与需求(潜在用户);
④ 讨论改进建议(现有用户),以及升级意愿与偏好(潜在用户)。

现有用户和潜在用户在最后两部分的座谈内容方面有所区别。在第三个环节,现有用户重点讨论的是5G服务的使用状况与体验,而潜在用户讨论的是对5G产品与服务的期望及潜在需求。在第四个环节,现有用户讨论的是改进5G产品与服务的建议,而潜在用户讨论的是升级至5G的意愿与偏好。

8.3 深度访谈

深度访谈(depth interview)是通过深入交谈来获取有关个人的经历、动机和情感方面的信息。该方法最初常用于对精神病人等特殊个体的调查与诊断,后来被广泛用于对一般人的态度、动机和行为的深入调查。

深度访谈通常由有经验的调查员对单个调查对象进行一对一的面谈,访谈时间一般在30分钟至一个小时。尽管深度访谈通常要求调查员按事先拟定的提纲进行,但问题的措辞及提问顺序可以灵活掌握,巧妙的追问对于得到有意义的答案以及挖掘潜在的答案非常重要。

8.3.1 主要用途

在营销研究中,深度访谈不像专题组座谈那样常用,但是深度访谈更适合某些特殊问题,包括:

- 涉及个人隐私、敏感或者令人尴尬的问题(塑身产品、减肥产品等)。
- 感性、情绪化和富有个人情感的消费(巧克力、香水、鲜花等)。
- 容易受社会规范和群体影响的话题(对环保的认知与态度、奢侈品消费)。
- 对于复杂行为更深入的理解(顾客投诉的处理、夜店消费等)。
- 对专业人士的访问,即专家调查。

8.3.2 访谈方法

深入访谈通常分为结构化访谈和非结构化访谈两大类。

非结构化访谈(unstructured interview)的调查员没有一份事先设计好的固定问卷,但通常都会列出一个大致的访谈提纲。整个调查过程包括:

① 问候与说明。向访谈对象介绍调查的目的、要求与大约需要的时间,请求配合。

② 一般性问答。就有关问题展开一般性讨论,收集有关信息。

③ 情景式提问。在某一特定情景下展开讨论。例如,假如你去苹果专卖店购买 iPhone 12,销售人员告诉你缺货,拿现货需要加价 500 元,你会怎么办?

④ 致谢与告别。向访谈对象致谢并告别,必要时赠送一些小礼品作为纪念。

结构化访谈(structured interview)通常采用开放式问卷,以便被调查者根据自己对问题的理解回答,不受事先设计好的答案的限制。具体提问方法有:

- 搭梯子式提问(laddering)。提问线索从产品特征到使用者特征,以便发现消费者对产品及其使用者的看法。例如,可以先问沃尔沃轿车有哪些特点,这些特点能给车主带来什么好处,再问沃尔沃轿车的车主通常是哪些人。

- 隐蔽式提问(hidden issue questioning)。目的是让消费者说出对敏感问题的真实想法,重点在于挖掘其内心深处的东西。

- 象征性分析(symbolic analysis)。分析事物的象征意义,例如使用某产品或品牌的象征意义。

无论采用何种方法,调查员对于深度访谈的成功起着举足轻重的作用。进行深度访谈时调查员应该做到以下几点:

- 创造宽松氛围。让调查对象放松,自由地表达自己的看法,对于敏感问题,承诺为调查对象保密,采取匿名制。

- 保持客观。对访谈的记录与总结要真实和全面,不要在原始记录中加入过多的个人臆断和猜测,最好有录音备查。

- 避免诱导。要鼓励访谈对象说出自己的观点,但不要去诱导他,也要防止跑题。

- 刨根问底。不接受简单的、显而易见的答案,要善于追问,多问几个"为什么"。

速溶咖啡当初刚刚推出时,销量一直不尽如人意。厂商早期的广告都重点强调速溶咖啡的味道并不差,但并未取得很好的效果。后来,厂商开展了一项定性研究,他们向调查对象展示两个超市的购物清单,然后请他们对购物的家庭主妇进行描述。两份清单除一份有速溶咖啡而另一份没有外,其余项目都完全相同。结果显示,调查对象将购物清单上有速溶咖啡的家庭主妇描述成懒惰的、没有生活品位的人。原来很多家庭主妇不买速溶咖啡是怕被人觉得自己懒惰,缺乏生活品位!根据这一结果,厂商将广告宣传的重点从强调速溶咖啡的味道改为强调喝速溶咖啡代表效率和时尚的生活方式,因此取得了很好的效果。

8.3.3 主要优缺点

由于是一对一的访谈,没有其他人员在场,因此深入访谈与专题组座谈相比有以下优点:

- 信息比较可靠。一对一访谈消除了群体压力,使调查对象更能够如实、自由地表达意见。在有些情景下(例如涉及敏感问题),深度访谈比专题组座谈更可行。
- 信息比较丰富。一对一的面谈使调查对象感到自己受重视,更愿意提供信息。
- 信息来源明确。深度访谈中记录的答案与调查对象是直接对应的,而在专题组座谈中很难确定是哪一个调查对象做出了某一特定的回答。

深度访谈也有专题组座谈拥有的一些缺点,例如调查员偏差,并且通常更严重。除此以外,深入访谈还有一些缺点:

- 效率较低。单位成本更高,收集数据的速度慢,因此样本量通常较小。
- 对调查员的要求高。访谈的质量在很大程度上有赖于调查员的访谈技巧,所收集信息的质与量与询问是否深入、记录是否详细直接相关。
- 调查员偏差大。对访谈结果的记录、提炼与解读有一定的主观性,调查员偏差比专题组座谈更难控制。
- 解释困难。因为数据主要是非结构化的访谈记录,所以分析与解释起来有难度。

调查员对于深度访谈的成功起着举足轻重的作用。因此进行深入访谈前,应该对调查员进行必要的筛选和培训。录音与计算机辅助编码技术的使用有助于克服调查员偏差和对结果解释的主观性,从而提高深入访谈的效率和结果的可靠性。

8.4 影射法

影射法(projective technique)是一种间接的、非结构化的提问方法,目的在于鼓励被调查者间接地透露其动机、信念、态度和感觉。可以将这类方法看作深入访谈的一种特殊形式,它是通过让调查对象解释别人的行为,间接地反映在特定情景下调查对象自己的动机、信仰、态度或者感受。例如,如果直接问调查对象为什么买豪华车,他不一定能够或愿意描述其真实的购买动机。但是,如果让调查对象看不同档次汽车的照片,然后让他描述这些车的用户及其购买动机,就可以间接反映调查对象对不同汽车用户及其潜在购买动机的认知。

常用的影射法包括联想法、完成法、构筑法以及表达法。

8.4.1 联想法

联想法(association techniques)是提供一种刺激,要求调查对象说出脑海里最先浮现的联想。常用的刺激包括字词、照片、实物、录像片段等。例如,可以依次向调查对象出示写有不同单词的卡片,要求他说出看到单词后浮现在脑海里的第一个词语,由调查员记录下来。调查员可以在测试单词中加入一些无关的单词来掩饰研究目的。通常认为,联想可以反映调查对象对某一主题的内在感受。例如,可以让潜在的消费者闻某一新款香水,然后让其说出浮现在脑海中的第一个单词,通过对不同单词出现频率的统计,间接反映消费者对此款香水的感受,作为确定品牌名称和广告诉求的参考。

实际应用联想法时,也可以做一些变通。例如,可以让调查对象说出浮现在脑海中的前三个词,而不仅仅是第一个。在数据分析时,可以给不同位次的词赋予不同的权重。

8.4.2 完成法

完成法(completion technique)要求调查对象在一个不完整的刺激情景下完成一个任务,常用的完成法包括句子完成法和故事完成法。

句子完成法（sentence completion）是给调查对象一系列不完整的句子并要求其补充完整。它可以比字词联想获得更多的信息，但调查对象通过这些句子比较容易猜出研究目的。例如，可以让调查对象完成下列不完整的句子：

拎 LV 包的年轻女性可能是_____。

她们经常出现在_____。

故事完成法（story completion）是给调查对象一个故事的部分情节，然后让调查对象用自己的语言完成整个故事。例如，可以让调查对象完成下列故事：

穿着体面的一位男士和一位女士去奥迪车 4S 店看车。他们在一辆 A4 前逗留了好一会儿，请销售代表介绍了该款车的特点，还索取了有关资料。然后女士朝一辆进口原装的 TT 跑车走了过去。那位男士会有什么样的反应呢？为什么？

这个故事的完成将揭示调查对象对奥迪 A4 和 TT 的认知及态度。

8.4.3 构筑法

构筑法（construction technique）要求调查对象以故事、对话或者描述的形式提供一个完整的答案，常用的有图片法和漫画测试。

图片法（picture response technique）是给调查对象展示描述特定情景的图片，要求他们针对这些图片讲故事。调查对象对于图片的解释可以反映其个性特征与态度。**漫画测试**（cartoon test）是展示一个特定场景中出现的漫画人物，要求调查对象说明一个漫画人物对另一个漫画人物的评论有什么看法，从而揭示调查对象的感受与态度。

例如，可以向调查对象展示圣诞节期间一对青年男女在商场购物的图片，然后让他猜一猜此时这对男女各自的心情。调查对象的回答可以反映其对圣诞节购物的感受和态度。

8.4.4 表达法

表达法（expressive technique）是给调查对象提供一个特定情景，要求其将该情景与别人的感受和态度联系起来，常用的有绘画法与第三人称法。

绘画法（painting technique）是让调查对象画出其对某一事物的感受或认

知,从而揭示其消费动机。这种方法比较适合儿童消费者行为研究。**第三人称法**(third-person technique)不直接问调查对象自身的感受,而是用朋友、邻居、同事或者大多数人等第三人称来表述问题,避免使调查对象感到尴尬或不悦。该方法假设调查对象对第三者态度的描述将间接地透露自己的态度与感受。例如,为了了解为什么有些人不乘坐飞机,某航空公司委托开展了一项研究。当询问调查对象"你害怕乘坐飞机吗"时,很少有人回答"是",列出的主要原因是费用高、不方便和天气原因造成的延误。但是,研究人员怀疑这些答案的真实性,因此进行了一项后续研究。在这项研究中,询问调查对象"你认为你的邻居害怕乘坐飞机吗",调查结果表明,多数用其他交通工具旅行的"邻居"都害怕乘坐飞机。①

在这个例子中,直接提问("你害怕乘坐飞机吗")没有引出真实的回答。用第三人称问同样的问题("你认为你的邻居害怕乘坐飞机吗"),降低了调查对象的自我防御意识,产生了真实的答案。

8.4.5 影射法的优缺点

与专题组座谈和深度访谈相比,影射法最主要的优点就是隐蔽了研究的真实目的,使调查对象在无意中流露出其真实的态度和想法,提高了回答的有效性,特别是当涉及有关个人的、敏感的,或者受到强烈的社会规范影响的话题时。另外,当潜在的动机、信念以及态度处于潜意识的层次时,如果直接提问,调查对象经常不能回答,这时影射法也是有用的。

影射法也存在许多缺点,包括对调查员的要求很高、结果的分析与解释困难、带有很强的主观性、回答当时的情景因素影响大、难以重复,等等。

8.4.6 影射法的应用

影射法中的联想法通常用于验证品牌名称,偶尔也用来测量关于特定商品、品牌、包装或者广告的态度。一般来说,在以下情况下可以考虑使用影射法:

- 用直接方法不能准确地获取所需的信息时(例如上面航空公司的例子

---

① 纳雷希·K. 马尔霍特拉著,涂平译,《市场营销研究:应用导向》(第5版),电子工业出版社,2009:97。

所示的情况），或者开展奢侈品、环保产品的购买动机与意愿的研究时。
- 涉及人们潜意识层次的问题、直接提问很难获得有效答案时。

例 8-3

喷雾剂为什么比灭虫蝶卖得好？

尽管调查显示多数用户认为灭虫蝶比喷雾剂好（因为它对人体无害，而且效果更持久），但实际上灭蟑螂的喷雾剂比灭虫蝶卖得更好。美国一家广告公司为了弄清其原因开展了一项研究。该研究没有直接询问调查对象选择喷雾剂的原因，而是采用了影射法，让目标用户（低收入的家庭妇女）画出她们灭蟑螂的过程。

结果所有参与调查的妇女都将蟑螂画成男人的形象，揭示出她们对蟑螂的感受就如同她们对生活中的坏男人一样憎恶。这些生活在社会底层的妇女生活条件差、压力大，因此渴望发泄。喷雾剂使她们能够直接参与杀灭蟑螂的过程，看着蟑螂死翘翘为她们提供了一个很好的发泄机会。因此，即使灭虫蝶更环保，效果也更持久，她们还是更愿意使用喷雾剂。

资料来源：小卡尔·麦克丹尼尔、罗杰·盖茨著，范秀成等译，《当代市场调研》（第4版），机械工业出版社，2000:89。

表 8-3 对上述专题组座谈、深度访谈和影射法的主要特点进行了比较。开展定性研究时，需要根据研究问题和目的，结合这些方法的主要特点，选择合适的定性研究方法。例如，涉及个人隐私或敏感的问题时宜用一对一的访谈或影射法；而为了集思广益，发现新想法、新思路或新用途，就可以考虑开展专题组座谈。

表 8-3 几种定性研究方法的比较

	专题组座谈	深度访谈	影射法
对调查对象的追问程度	低	高	中
调查员偏差	中	相对较高	相对较低
记录与解释的主观性	相对较低	中	相对较高
对潜意识信息的揭示程度	低	中	高

(续表)

	专题组座谈	深度访谈	影射法
对新鲜信息的挖掘程度	高	中	低
对敏感信息的获取	低	中	高
与众不同的行为提问	不适合	一般	适合
结果的可重复性	一般	较差	差

8.5 定性数据分析与发展趋势

定性数据分析的一般过程包括以下步骤。

第一,数据汇总(data assembly):对不同来源的数据(现场日志、访谈记录、照片、录音录像资料等)进行汇总和整理;

第二,数据提炼(data reduction):对数据进行编码、提取和组织;

第三,数据展示(data display):以有组织和概括性的方式展示数据中的信息,以便得出结论;

第四,数据验证(data verification):参照其他数据来源和理论对主要结果进行验证。

由于互联网的不断普及,人们可以利用新的技术手段开展定性研究。例如,可以组织在线专题组座谈,从合适的网络社区成员中招募、挑选调查对象,邀请他们参加专题组座谈,并提前通知他们专题组座谈的时间、链接、聊天室名称、进入密码等信息。

在线专题组(online focus group)通常由4—6人组成。在聊天室中,主持人与参加者通过打字来传达信息,就有关话题展开讨论。主持人提问时最好采用与其他成员不同的颜色和字体,讨论记录可以自动保存供事后分析,整个过程比传统方法更快捷、更经济,此外还可以在合适的网络媒介上发布讨论主题,供经过筛选的调查对象参与。

在线的方式打破了时间和地理空间的限制,特别适合那些时间有限、难以分身的人员;此外,由于互联网是一个非常自由开放的空间,人们在回答问题或参与讨论时更少有顾虑,研究人员容易得到真实的答案;而且由于没有交通、场地或其他设备支出,成本远比传统方法低。

当然,在线的方式也有缺点,主要是调查对象的确认很困难、对调查对象所处的环境无法控制、提供的刺激形式比较有限、容易泄密,等等。

除了在线专题组,定性研究中还可以运用以下新技术,以便提高研究的效率和速度,节约时间和成本:

- 视频会议与访谈。采用视频技术在线开展专题组座谈和深入访谈。
- 计算机辅助观察。运用计算机视频处理技术进行现场观察,并对视频内容进行初步编码与处理。
- 网上行为追踪。通过对上网用户浏览与购买行为的自动追踪,了解用户的购买路径与影响因素。
- 基于人工智能的大数据分析。利用大数据挖掘与人工智能技术,对海量的非结构化数据进行提取、编码和归纳总结,获取有价值的洞察。

新技术的不断采用与推广使研究人员在开展定性研究时可以面对海量数据,实现数据的批量化处理,大大提升运作效率;定性研究的结果更加客观准确,减少了主观性;信息损耗大大降低。

例 8-4

基于深度学习的用户评论分析

用户评论对消费者购买决策的影响受到了商家的普遍重视。但是,由于用户评论的非结构化性质,再加上缺乏相对应的消费者阅读数据,其实际的影响难以量化。

Liu 等在 2019 年将基于深度学习的自然语言处理算法应用于某电商个人用户的评论阅读、搜寻和购买行为追踪数据,尝试解决上述难题。

他们用带监督机器深度学习方法从 600 个产品类别的 50 万条用户评论中提取了有关产品质量和价格的六大维度(外观、合规、耐用、功能、品牌和价格)以及相应评分(正面或负面),根据用户评论展露数据描述了消费者评论内容阅读行为。尽管消费者并不总是阅读评论内容,但对于质量不确定和昂贵的产品,他们会参考评论内容帮助决策。

将所阅读评论的六大维度及得分作为自变量,购买行为作为因变量,研究者获得了评论内容对购买行为影响的定量估计结果。他们发现对于几乎所有品类,有关外观设计和价格的内容显著提高了转换率;当平均分高、方差小、竞争激烈和缺乏品牌信息时,评论内容对销售的影响更大。

资料来源:Xiao Liu, Dokyun Lee, Kannan Srinivasan,"Large-Scale Cross-Category Analysis of Consumer Review Content on Sales Conversion Leveraging Deep Learning",*Journal of Marketing Research*,2019(6):918-943。

这一研究解决了非结构化用户评论数据处理困难、难以用于定量分析的问题,为充分利用大量的非结构化数据获得市场与顾客洞察提供了有益的借鉴,其研究结果对于电商如何优先展示不同内容的评论具有指导意义。

8.6 定性研究的职业道德问题

在开展定性研究,尤其是采用间接方法时,常涉及一系列职业道德问题,包括掩饰研究目的、使用欺骗性的方法、对讨论和访谈进行录像及录音,以及误用定性研究的结果等。

为了获得真实的答案或观察到真相,研究中常要求掩饰研究目的,这不仅侵犯了调查对象的知情权,还可能对他们造成心理上的伤害。这时必须在尊重研究对象的知情权和获得有效的研究结果之间认真进行权衡。如果必须向调查对象隐瞒研究的真实目的才能得到可靠的研究结果,为了尽可能减小负面影响,在完成研究任务后,应当向调查对象说明研究的真正目的,并让他们评论或提问。

欺骗性的调查程序会侵犯调查对象的隐私权和在知情的情况下自愿参与调查的权利,因此应避免那些欺骗性的调查程序,例如让客户冒充主持人或调查员直接参与专题组座谈或深度访谈。对专题组座谈和深度访谈进行录像或者录音必须事先征得调查对象的同意。专业公司通常在会议即将结束时请调查对象签字表示他们同意使用录音,参与者有拒绝的权利。

线上定性研究需要防止文字、照片和视频资料外泄,要保护参与者的个人信息和隐私。

由于定性研究中主持人和调查员的影响很大,因此应当尽量避免调查员偏差,要完整地记录座谈、访谈或观察的结果,避免主观性和选择性,对结果的解释必须慎重。

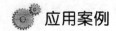 **应用案例**

互联网人群在线旅游产品订购研究

旅游电子商务近几年增长迅速,发展潜力看好。某在线旅游网站欲改进自身的服务和产品,实现和消费者需求的准确对接,因此委托一家市场研究公司进行一项调研,以洞察在线旅游产品订购用户的消费动机和行为。

传统定性研究方法在研究消费行为与动机时面临以下严重局限:①人工分析方法已经无法应对如此海量的信息,分析效率低;②面对同一资料,仁者见仁、智者见智,不同人的解读可能很不同,主观性很强;③文字资料中的大量信息未被挖掘,导致大量信息损耗。

为了解决这些问题,该公司的研究人员提出了营销研究线上社区(marketing research online community, MROC)这种定性研究+半自动化分析的解决方案,解决了传统定性研究资料采集和分析过程的低效率与低信度问题。该方案以结构语义为理论基础,以定性资料分析软件为工具,将计算机技术融入分析的各个环节,在相对较短的时间内得到比较深入的分析结果,定性资料分析的时效和深入性得以平衡。

消费者分类研究中的语义学分析方法将语义分为三个层次:表层语汇、语义类别和更深层次的逻辑联系。其分析过程如下:通过各种研究方法获得一个消费者的语言描述,即表层语汇,从中找出其关键词语以及词频信息,并通过软件进行自动化的预分类。然后通过分析关键词和结构,建立起彼此之间的联系和框架,根据与会者在各类语汇上的表现,对人群等进行分类,最终将与会者的行为特征等信息作语义关联网络图分析,找到每类群体从行为到态度的特征描述。

通过对文本资料的词频分析和关联词汇的交叉统计分析,研究人员发现了细分在线旅游产品订购用户的两个重要维度,即选择旅游产品时关注点的多少和性质。其中多点关注的人订购在线旅游产品时考虑的因素较多,而单点关注的人则考虑得较少;理性的用户一般会预先设定好旅游目的,关注的因素也实际,而感性的用户注重的是自身感受,或是没有明确目的,哪里有打折活动就去哪里。

根据上述两个维度可以将用户分为精挑细选型、体验至上型、速战速决型和无心插柳型(见图8-2)。速战速决型一般会事先确定旅游目标,希望在订购这件事本身上尽量少花时间,喜欢网站操作简便,信息呈现一目了然,以便快速了解;无心插柳型不大有计划性,只会时不时在网站闲逛,一旦发现好的特价促销活动,只要条件允许,便会抓住时机,而不管事先是否有旅游计划;精挑细选型会结合自己的行程远近(省内省外、国外国内)以及一起旅游的人(是否带小孩、和朋友还是和父母一起等),来选择合适的旅游产品,对品牌、价格、服务都会进行全方位的评估,在不同情况下评估的侧重点也有区别,比较理性;而体验至上型则比较感性,关注自己在整个过程中的体验是否舒心、愉悦,会尽力避免心情被破坏的可能,选择网站时看重信誉度、品牌知名度,主要是不想在后期有什么麻烦的因素,使用在线旅游网站时,也会比较关注网站的页面设计。

图 8-2 定性市场细分结果

上述分析结果不仅为在线旅游产品用户细分提供了初步方案,为在线旅游网站改进产品和服务指明了主要方向,还为进一步的定量研究设计,例如细分标准的选择和问卷设计打下了良好的基础。

资料来源:王青竹等,《MROC 海量定性资料的半自动化分析技术和应用——互联网人群在线旅游产品订购研究》,《市场研究》网络版,2013 年第 99 期。

小 结

定性研究是一组定性资料收集方法的统称,其优点在于简便易行和对研究对象的贴近。定性研究方法按是否对研究对象隐瞒研究的真实目的分为直接法和间接法两大类,前者有专题组座谈、深度访谈和非隐蔽性观察,后者主要是影射法和隐蔽性观察。

专题组座谈是通过有组织的座谈方式围绕特定的问题展开讨论,收集所需要的信息。该方法是营销研究中最常用的定性研究方法。深度访谈是通过深入交谈来获取有关个人的经历、动机和情感方面的信息,往往采取一对一的访谈形式。

间接方法中最常用的是影射法,包括联想法、完成法、构筑法和表达法。当调查对象不愿意回答或者不能提供直接方法所需要的信息时,影射法是非常有用的。

定性数据分析的一般过程包括数据汇总、数据提炼、数据展示和数据验证四大步骤。可以利用新的技术手段开展定性研究。例如,可以组织在线专题组座谈和在线访谈就某一主题展开讨论;也可以应用大数据挖掘与人工智能技术处理和分析海量的非结构化文本及图像数据。

在开展定性研究时,研究人员与客户必须尊重调查对象,避免使其难堪或受到伤害,保护其隐私,还要如实地记录与报告研究结果。

■ 重要术语 ■

qualitative research 定性研究
quantitative research 定量研究
direct approach 直接法
indirect approach 间接法
focus group discussion 专题组座谈
depth interview 深度访谈
unstructured interview 非结构化访谈
structured interview 结构化访谈
laddering 搭梯子式提问
hidden issue questioning 隐蔽式提问
symbolic analysis 象征意义分析
projective technique 影射法
association technique 联想法
word association 字词联想法
completion technique 完成法
sentence completion 句子完成法

story completion 故事完成法
construction technique 构筑法
picture response technique 图片法
cartoon test 漫画测试
expressive technique 表达法
painting technique 绘图法
third-person technique 第三人称法
computer assisted observation 计算机辅助观察
data assembly 数据汇总
data reduction 数据提取
data display 数据展示
data verification 数据验证
online focus group 在线专题组
marketing research online community 营销研究线上社区

复习思考题

1. 什么是定性研究？其特点是什么？
2. 举例说明直接法与间接法的主要区别。
3. 专题组座谈的主要用途是什么？请举例说明。
4. 应该如何挑选专题组的样本？
5. 深度访谈的特点是什么？与专题组座谈相比，它有何优缺点？
6. 什么是影射法？什么情况下应该采用影射法？应用影射法时应该注意什么？
7. 在线定性研究有何优缺点？
8. 新技术对定性研究的发展起到了什么作用？请举例说明。
9. 请在网上寻找一个在线研究社区，并对其参与者和服务的客户进行描述。
10. 进行定性研究时可能涉及的职业道德问题有哪些？

练习题

1. 假如中国移动委托你进行一项潜在用户对5G业务需求与偏好的定性研究，采用专题组座谈的方法，请拟订一份研究计划，该计划应包括：
   (1) 研究题目与目的；
   (2) 座谈对象的筛选标准与程序；
   (3) 专题组的数目及人员构成；
   (4) 座谈提纲。
2. 假如数码相机的制造商希望你利用互联网开展一项关于专业级数码相机的专题组座谈，你将如何确认并招募座谈对象？如果让你采用在线视频会议的方式，你将如何进行？
3. 假设某冰激凌品牌厂商想知道年轻顾客光临该店的内心感受，请设计一项采用间接方法的定性研究。
4. 假如克莱斯勒公司拟在中国现有和潜在车主中开展一项吉普的象征意义分析，以便创作合适的广告文案，请问用什么数据收集方法比较合适？请起草一份研究计划，包括研究目的与内容、数据收集方法、实施方案与大致的预算。

■ 延伸阅读 ▌

1. Naresh K. Malhotra, Daniel Dunan, David F. Birks, *Marketing Research: An Applied Approach*, 5th edition, Chapters 7-8, Pearson, 2017.

2. 王青竹等,《MROC海量定性资料的半自动化分析技术和应用——互联网人群在线旅游产品订购研究》,《市场研究》网络版,2013年第99期。

3. Xiao Liu, Dokyun Lee, Kannan Srinivasan, "Large-Scale Cross-Category Analysis of Consumer Review Content on Sales Conversion Leveraging Deep Learning", *Journal of Marketing Research*, 2019(6): 918-943.

第 9 章　问卷调查

 **本章概要**

本章介绍描述性研究最常用的数据收集方法——问卷调查。首先讨论问卷调查的特点；然后对主要的问卷调查方法（人员访问、电话访问、邮寄问卷调查和网络调查）依次进行介绍；接着描述问卷调查的基本步骤；最后讨论问卷调查涉及的职业道德问题。

 **教学目的**

阅读本章后，学生应当能够：
1. 了解问卷调查方法的特点及其分类；
2. 掌握人员访问、电话访问、在线调查等不同方法的用途及优缺点；
3. 理解评价调查方法的标准并针对某一特定研究项目选择合适的方法；
4. 了解问卷调查的基本步骤与注意事项；
5. 注意问卷调查可能牵涉的职业道德问题。

开篇案例

J. D. Power 汽车售后服务满意度研究

消费者洞察与市场研究机构 J. D. Power（君迪）发布的 2020 中国汽车售后服务满意度研究（CSI）显示，虽然数字化应用已经逐步植入经销商各阶段售后服务流程中，但经销商的全流程数字化应用能力还比较弱，数字化手段对经销商运营效率和用户体验的促进作用仍有待提高。

J. D. Power 中国汽车售后服务满意度研究（CSI）已经进入第 20 个年头。

这项研究评测的是拥车期为 13—48 个月的车主对过去 12 个月内在品牌授权经销店的服务经历的满意度。汽车售后服务满意度得分采用 1 000 分制。2020 年的研究是基于 2016 年 3 月至 2019 年 7 月间购买新车的 32 702 名车主的反馈。数据采集工作于 2020 年 3 月至 2020 年 8 月间在 70 个中国主要城市进行。

研究显示,经销商店内服务的数字化应用相对丰富,其中服务设施的数字化程度高达 58%,接待和诊断流程的数字化程度为 39%;而在远程服务端的数字化应用能力相对较弱,其中服务预约流程的数字化应用比例不足三成(29%)。此外,通过数字化方式进行预约的车主中,三成用户表示到店后经销商声称未收到预约或安排失败。

J. D. Power 中国区数字化零售咨询事业部负责人谢娟表示:"虽然汽车厂商已经逐步增加了数字化工具和手段在售后服务场景中的应用,但某些关键服务场景的数字化执行能力还不理想,不同服务流程间的数字化应用缺乏延续性,从而容易导致用户的售后服务体验断层,影响整体售后服务满意度。"

2020 年的研究还显示,一些售后数字化工具的使用率并不高。以了解服务进度为例,通过车间监视器和电子看板了解服务进度的消费者比例分别为 23% 和 22%,通过厂商微信公众号或官方 App 了解服务进度的比例仅为 15%,却有超六成(61%)的用户通过经销商服务人员的主动服务来了解服务进度。

谢娟表示:"数字化能力打造是一项系统工程,不仅有赖于不同服务流程和系统间信息流的打通,同时还需要提升数字化工具本身的使用体验,并加强数字化工具主动推送的能力,培养用户的使用习惯,使其形成依赖。"

资料来源:https://china.jdpower.com/zh-hans/press-releases/2020-china-csi-study-cn,访问日期:2020-11-05。

问卷调查属于调查研究方法的一类,是社会科学研究常用的一种数据收集方法,在营销研究中同样具有重要作用。但是,诸如开篇案例介绍的这类问卷调查也有明显的局限性。其中最突出的问题就是样本的代表性和回忆误差。回忆误差是指调查对象通常不能在事后准确地回忆曾经发生过的事情,而且这种误差随着时间间隔的增加而增大。如果不能在调查的设计和执行环节有效地解决这些问题,问卷调查的数据质量就很难保证。

9.1　问卷调查的特点与分类

调查研究(survey research)以询问调查对象为基础,通过向他们询问各种各样的问题并获取对这些问题的答案来收集所需数据。如果问题是以非结构化的形式提出的,则所得到的通常是定性的数据,称为定性研究。为了获得统一的、标准的定量数据,需要对数据收集过程进行标准化,为全部的调查对象准备一份统一的、高度结构化的调查问卷,按预先安排好的顺序和措辞提问,这就是通常所说的**问卷调查**(questionnaire survey)。

9.1.1　问卷调查的特点

问卷调查通常具有以下特点:

* 概率样本。许多问卷调查都采用概率抽样方法,即使是非概率抽样,通常也有较大的样本量,因此样本对目标总体的代表性较好。
* 标准化的程序。统一的结构化问卷能够保证从所有的调查对象那里获得同样形式和内容的数据,便于统计处理与分析。
* 依据的是调查对象的报告而不是实际的观察和记录。主要通过口头和书面沟通收集相关数据,适用于各种问题,答案的一致性较好。但是,由于调查对象的回忆误差或有意不说实话,根据调查对象的报告而不是实际观察和记录所收集的数据可能会在效度方面有问题。
* 以收集定量数据为主。标准的程序和抽样方法能够提供定量数据,非常适合描述性研究。
* 有限的操纵和控制。由于无法对有关变量进行操纵和控制,因此一般不适合因果研究。

问卷调查方法的最大问题是,高度结构化的问卷不适合非常复杂的问题,即使勉强采用,也只能给出非常肤浅的答案。尽管如此,问卷调查仍是到目前为止营销研究中收集原始数据最常用的方法。

9.1.2　问卷调查的分类

问卷调查是指通过填写事先设计好的结构化问卷收集数据。按问卷填写的方式可将问卷调查分为访问式问卷调查和自填式问卷调查两大类(见图9-1):

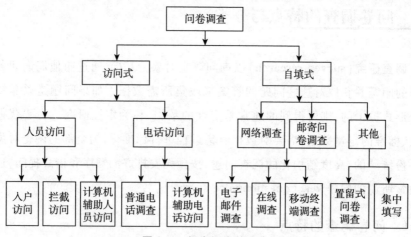

图 9-1　问卷调查的分类

- 访问式问卷调查(interview)。由专门雇用的调查员询问调查对象并填写问卷,包括人员访问、电话访问等。
- 自填式问卷调查(self-administered questionnaire survey)。由调查对象自己填写问卷,包括网络调查、邮寄问卷调查、其他问卷调查(置留式问卷调查、集中填写等)。

9.2　人员访问

人员访问(personal interview)是通过面对面的询问,由调查员根据调查对象对问题的回答填写问卷。营销研究常用的人员访问有入户访问、拦截访问和计算机辅助人员访问。

入户访问(in-home interview)是由调查员对抽中的调查对象进行登门拜访,在其家中与调查对象面谈。调查员负责与调查对象取得联系、询问问题并记录答案。入户访问曾经是营销研究中最常用的问卷调查方法。但是,入户访问的成本在不断升高,并且出于安全的考虑,人们越来越不愿意在家中接待陌生人,导致入户访问的数据收集速度和完成率不断下降。此外,电话与互联网的日益普及导致电话访问和其他调查方法越来越被广泛采用。因此,入户访问正呈逐渐衰落的趋势。

拦截访问(intercept interview)是由调查员在商场或其他调查对象经常出现的地方对其进行拦截和资格确认,然后在现场进行访问并请其填写问卷。有条件的专业公司还会在现场设立临时的设施,以便在不受外界干扰的情况下对选中的调查对象进行面访。这种方法不需要入户,比入户访问更容易操作,效率也更高。当需要让调查对象观看、触摸或试用产品时,商场拦截方式尤其适用。出于上述原因,这种方法在我国已经变得越来越普及。但是,不常去商场的人不容易被抽中,因此商场拦截容易产生抽样偏差。此外,由于外界的干扰,调查对象的注意力和配合程度通常欠佳,不适合填写较长的问卷,从而影响所收集数据的数量和质量。拦截地点与时间的选择对样本的构成和问卷完成率也有很大的影响。

人员访问的主要优点包括:

- 回答率高。人员访问是所有调查方法中回答率最高的。但是,由于现在城市普遍都是双职工家庭,封闭式小区越来越多,人们对社会治安的担忧和对隐私保护的不断重视使得这一优点越来越不明显。
- 能够现场解释和核实。由于有调查员在场,因此可以对问题进行必要的解释和澄清,当回答不清楚时也可以当场核实,这有助于保证问卷的质量。
- 对访问环境的控制。进行电话访问或邮寄调查问卷时,调查员不知道调查对象是在什么样的环境中填写的问卷,调查对象容易受到外界的干扰,甚至让别人替答,而人员访问可以对调查对象进行确认,使其集中注意力,对访问环境有一定的控制。
- 可以补充观察。入户调查时调查员可以通过观察调查对象的居住环境、室内装修与家具,拦截调查时可以通过观察调查对象的穿着打扮等,对其社会经济状况进行间接的判断,收集补充性的信息。
- 样本代表性好。其他调查方式往往容易遗漏一部分人群,例如邮寄问卷不能很好地覆盖文化程度低的人口和经常变更住址的人口,电话调查未能包括没有电话的家庭,而入户调查的样本代表性问题没有那么严重。

人员访问的最大缺点就是费用高,收集数据的速度慢;此外,入户可能侵犯被调查者的隐私;调查员和调查对象都会对人身安全有所顾虑,尤其是白天人们普遍不在家,需要在傍晚进行访问时;调查结果还可能受调查员偏差和作弊的影响;由于调查员分散在各处独立工作,现场执行和督导有一定的困难。

目前传统的人员访问逐步被**计算机辅助人员访问**(computer assisted personal interview, CAPI)所替代,即调查员用笔记本电脑或平板电脑而不是纸版问卷完成调查。这种方法的主要优点是：
- 可以进行人机互动，提高问卷填写的趣味性。
- 可以按事先设定的规则，进行自动跳转和逻辑检验，避免跳转和逻辑错误。
- 实现问卷填写、编码和录入一次性完成，减少中间环节和错误。
- 成熟的 CAPI 系统对问卷的填写全过程有详细、准确的记录和录音，便于质量监督和核查。
- 可以通过网络及时上传完成的问卷，便于对调查进度和质量进行实时监控。

调查员的选聘、培训和督导对于人员访问的进度与质量极为重要，因此要给予足够的重视。第 12 章将对相关问题做进一步讨论。

例 9-1

卖糖果的学问

某外资糖果品牌定位于高端市场，因此选择了北京、上海、广州等一线城市作为其重点市场，将大部分的力量都投放到了这些地区。但是，经过一段时间的努力后，销量远远没有达成预期的目标。因此，该公司委托一家专业机构进行了一次问卷调查，其主要结果如表 9-1 所示。

表 9-1 某品牌在一、二线城市的基本情况　　　　　　（单位:%）

	一线城市	二线城市
品牌知名度	92	41
尝试购买率	40	70
重复购买率	30	80

上述调查结果显示：一线城市的营销投入高，因此品牌知名度也高，但尝试购买和重复购买率低；而二线城市由于广告和促销投入少，品牌知名度相对较低，但在知道这个品牌的消费者中，尝试购买和重复购买率高。根据这一结果，该公司决定调整市场重点，增加二线城市的投入，结果取得了很好的市场效果。

9.3 电话访问

顾名思义,**电话访问**(telephone interview)是通过电话对抽中的调查对象按设计好的问卷进行提问并记录答案。由于人员访问的成本不断增高、电话的普及和客户项目周期的不断缩短,电话访问在营销研究中的应用变得非常广泛,呈不断增加的趋势。目前专业的公司都普遍采用**计算机辅助电话访问**(computer-assisted telephone interview,CATI),即在计算机的辅助下由呼叫中心(call center)通过电话对调查对象进行访问。

开展计算机辅助电话访问时,调查员用计算机拨打选中的电话号码,接通后读出屏幕上显示的问题,并直接将调查对象的答案输入计算机。所收集的数据和访问录音会及时地存储在文件服务器上。督导员通过督导端进行样本管理、访问监控和问卷审核(见图9-2)。

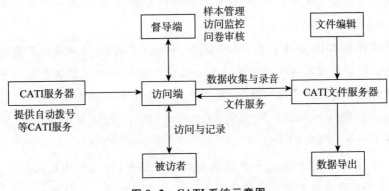

图9-2 CATI系统示意图

电话访问由于不涉及交通和入户问题,当调查对象非常分散时可以大大节约费用和时间,收集数据的成本较低,速度较快;由于调查员集中在呼叫中心工作,督导员可以对访问进行现场指导,解答问题;还可以进行电话监听和录音,便于现场监控和问卷审核。

除了普通电话调查的优点,计算机辅助电话访问还有以下优点:

- 自动化程度高,不容易出错。计算机会根据问卷填写的进展情况自动显示下一个问题,使填写工作自然、流畅,不容易遗漏。
- 质量有保证。计算机可以对输入的答案进行实时的逻辑检验,拒绝不合理的答案,确保答案的恰当性和一致性。

- 省时省力。省略了问卷核对、编码和录入的步骤,可以随时对进度进行追踪,可以快速提供数据收集和分析的简单报告。

电话访问的缺点主要是回答率逐年下降,目前一般商业调查的拒访率非常高。除此之外,电话访问还有以下缺点:

- 受访者的配合度较低,比人员访谈更有可能中途终止,导致不完整问卷的产生。
- 所用问卷的长度和深度有限,不适合复杂的或需要实物展示的问题。
- 样本可能有选择性,会产生一定程度的调查员偏差。

例 9-2

CFPS 的混合访问模式

中国家庭追踪调查是由北京大学社会科学调查中心开展的全国性的、对中国家庭的长期追踪调查。自 2010 年的首次调查之后,一共进行了五轮追踪调查(每两年进行一轮)。

该调查于 2010 年抽取了 161 个区县、649 个村居的 14 960 户家庭进行入户访问。以后每两年对样本家庭及其合格成员进行一次追踪调查。由于样本家庭及其成员的不断迁移和流动,后续追踪调查的样本分布不断扩散,其分布的区县由 2010 年的 161 个,增加到 2012 年的 280 个、2014 年的 600 个、2016 年的 800 个和 2018 年的 1 050 个。

这样一来,全部采用人员访谈的成本不断攀升,而且变得越来越不可行。因此,该调查的执行方式由最初的人员访问逐步过渡到以人员访问为主(对相对集中的样本)、电话调查为辅(对分散的样本)的模式,最后由于电话访问的比例越来越高,成为人员访问+电话访问的混合执行模式。

资料来源:《CFPS 项目介绍》,北京大学中国社会科学调查中心,2020 年 11 月 2 日。

9.4　网络调查

网络调查(internet survey)属于自填式的问卷调查,是通过网络发送和回收问卷收集数据,主要包括电子邮件调查、在线调查和移动终端调查。随着互联网的日益普及,网络调查由于成本低、收集数据的速度快,有着巨大的发展潜力。但是,也正是因为成本低和简便易行,各类的网上调查似乎有泛滥的趋势,经常被滥用。

9.4.1 电子邮件调查

电子邮件调查(email survey)是通过电子邮件将问卷发送给调查对象,请调查对象填写后返回。虽然回收的是电子文档,但一般在进行统计分析之前需要重新录入数据。

目前电子邮件调查面临许多问题,其中最主要的有:

- 覆盖面有限,抽样偏差大。对于普通人群的调查,很难获得一个完整的电子邮件调查的抽样框架,现有的电子邮件名录的重复、遗漏和混杂情况严重。
- 回答率极低。由于垃圾邮件的困扰,一般人对这类问卷不予理睬,甚至被过滤掉,导致回答率极低,调查结果有很大的偏差。

尽管如此,在某些特定的情况下(例如对员工、校友、客户等与调查组织者关系密切的人群的调查),电子邮件调查仍不失为一个经济、快捷的数据收集手段。由于关系密切,通常有比较准确可靠的电子邮件名录,研究题目通常也与调查对象自身利益密切相关,因此调查对象比较愿意配合,回答率较高。

9.4.2 在线调查

在线调查(online survey)是在合适的网站上投放调查问卷,请调查对象在线填写。这种方法不需要重新录入数据,可以很快获得调查结果,因此越来越流行。但是,许多时候调查对象并不是征募的,而是由碰巧浏览相关网页的人自愿参与,因此目标总体的定义不清,也难以获得一个概率样本。正确的做法应该是根据目标总体的定义抽取样本,然后向抽中者发出邀请并提供调查问卷的链接、用户名及密码。受邀的调查对象应该首先在线回答几个甄别问题,确认为合格的调查对象后再填写正式问卷。

与电子邮件相比,在线调查有一些明显的优点:

- 速度快。由于是在线实时进行,因此问卷的回收速度快。
- 填写便捷。调查对象只需点击适当的选项或输入数字即可。
- 智能互动。可以采用交互式、智能式问卷,跳跃格式可以编入程序自动执行,可以在答案输入时确认是否有效,减少填写错误。

- 生动有趣。可以提供附加的刺激,如照片、动画、视频片段,使问卷变得生动有趣。
- 一次性完成。问卷填写、编码、录入一次性自动完成。

在线调查的缺点是:
- 设计复杂。问卷设计比较复杂,需要专门的技术人员。
- 回答率低。在调查对象的招募、问卷填写等各个环节都有样本流失,中途终止的比例高,使最终合格样本的数量和代表性都受影响。
- 覆盖面受限。由于无法接触到许多不上网或很少上网的人群,因此其覆盖面受限。
- 内容受限。在线调查的问卷如果过长,调查对象常常会拒答或者中途退出,因此问卷的长度和深度很受限制。
- 信息不准。网上提供的信息通常难以核实,因此网上调查所获得的信息可能并不准确。
- 样本的可控性差。在线调查一般采用的都是便捷样本,经常无法有效地对样本进行甄别,因此对样本缺乏必要的控制。

为了克服在线调查的上述局限,专业的市场研究机构纷纷建立在线样本库,招募符合条件的人员作为样本库成员,同时还提供在线调查的问卷设计和执行服务。这样就可以根据研究的需要向符合条件的对象发出邀请,完成在线调查问卷。

9.4.3 移动终端调查

移动终端调查(mobile survey)是通过移动终端投放调查问卷,请调查对象填写并提交调查问卷。和在线调查一样,收到问卷或邀请的人自愿参与,因此目标总体的定义不清,也难以获得一个概率样本。

解决办法是根据目标总体的定义抽取样本,然后向抽中者推送邀请或问卷链接(二维码)。调查对象应该首先回答甄别问题,确认为合格后再填写正式问卷。

移动终端调查的优点是灵活,费用低,速度快,回应及时;可以采用个性化问卷,进行智能互动。缺点是回答率、完成率低,样本选择性严重;问卷的内容和长度极受限制;容易侵犯隐私,引起反感。

例 9-3

第三方在线调查服务供应商

为了满足日益增长的在线调查需求,许多企业都建立了第三方在线样本库,同时还提供在线调查的问卷设计和执行服务。这些企业可以按客户要求帮助招募和筛选合适的调查对象,发布和回收问卷。

以下是几家常用的第三方在线调查服务供应商:

- 问卷星(https://www.wjx.cn);
- Amazon Mechanical Turk(https://www.mturk.com);
- Qualtrics(https://www.qualtrics.com/market-research/)。

9.5　邮寄问卷调查

邮寄问卷调查(mail survey) 是将问卷和填写说明寄给抽中的调查对象,由调查对象自己填写并寄回问卷。邮寄问卷调查是一种自填式的问卷调查。由于电话和互联网的普及,邮寄问卷调查的使用正呈逐步下降的趋势。正规的邮寄问卷调查的邮件中通常包括封面信、问卷、邮资已付的回寄信封,有时还可能附带一件小礼物。

问卷设计的质量对邮寄问卷调查的回答率和数据质量具有非常重要的影响。所用的问卷及其填写说明必须简洁、清楚,问卷要方便填写。除此以外,进行邮寄问卷调查还要认真考虑其他有关细节:

- 外寄信封。要有准确的地址和收件人姓名,尽量避免看上去像商业广告或垃圾邮件,一般认为贴邮票的信封比盖邮资总付印章的邮件更能引起收件人的注意和兴趣。
- 封面信。尽可能个人化,除了强调调查对象意见的重要性,还要针对调查对象可能有的顾虑做必要的说明,正文后要有签名。
- 回寄信封。一定要提供写好地址、邮资已付的回寄信封,尽量方便调查对象将填写好的问卷寄回。
- 适当激励。一般来讲,有意义的小纪念品比等额的货币奖励更能起到激励作用。还可以考虑通过抽奖的方式向少数幸运者提供比较有吸引力的奖品,同时又能控制奖品的总花销。

邮寄问卷调查的主要优点有:

- 成本低,操作简单。因为没有招聘和培训调查员、入户访问等环节,所以可以节省不少费用,而且也容易执行。
- 无调查员偏差,私密性好。因为问卷是自填的,所以不会受调查员偏好的影响,也不会直接侵犯被调查者的隐私,比较适合可能引起尴尬的问题。
- 填写时间的灵活性。因为不要求当场回收问卷,所以没有那么大的时间压力,可以给被调查者充足的时间思考或查阅有关记录。

邮寄问卷调查的最大缺点是回答率低,收集数据的速度慢,有时调查对象只回答部分问题。此外,由于无当场澄清和核实的机会,对问卷填写环境缺乏控制,严重时可能出现他人代答的情况,影响数据的质量。邮寄问卷调查还容易遗漏某些特定人群,例如频繁变更住址或文化程度低的人群。该方法也不适用于复杂的或需现场示范的问题。

回答率低不仅减少了有效样本的数量,而且由于回答的调查对象和不回答的调查对象在许多方面存在显著差异,可能导致调查结果存在明显的偏差。因此,单纯靠增加邮寄问卷的数量来保证有足够的有效样本,并不能保证调查结果的代表性,必须针对影响回答率的主要因素改进调查设计与实施,努力提高回答率。虽然对邮寄问卷调查应该达到的回答率没有一个统一的标准,但通常认为至少要达到50%才是足够的,60%以上是好的,70%以上是非常好的。不同性质的研究能够达到的回答率相差很大,一般情况下,政府部门的调查回答率最高,学术机构的其次,商业性的最低。因此,营销研究的邮寄问卷调查实际上远远达不到上述要求。

9.6 其他问卷调查方法

除了上述主要的问卷调查方法,有时为了兼顾成本、回答率和数据收集速度,还可能会采用一些变通的方法,例如置留式问卷调查和集中式填写。

置留式问卷调查是由调查员将问卷送上门,请调查对象填写后寄回或由调查员再次上门取回,是一种将入户调查与自填式问卷相结合的方法。这种调查节省了调查员的时间,也避免了面对面回答敏感问题时可能造成的尴尬,其成本和回答率都介于入户访问和邮寄问卷调查之间。对于比较耗费时间的长问卷,这种方法尤其合适,许多固定样本组调查就是采用这种方法。

集中式填写是将调查对象召集在一起,由调查员将问卷发给每位调查对象并向其讲解问卷填写要求,然后由调查对象自己独立填写。这种方法使得调查员有机会当场解答调查对象对问卷的疑问,并对回收的问卷进行简单的审查,保证问卷填写的完整性、质量和回答率,同时也加快了数据收集的速度,并降低了成本。对学生、员工进行整群抽样时可以考虑采用这种问卷填写方法,另外,商场的拦截调查,如果有条件并且需要的话也可以考虑采用。

9.7　不同问卷调查方法的比较

前面介绍了一些主要的问卷调查方法,下面从调查成本、调查内容、样本的代表性、回答率、数据收集速度等方面对这些方法做一个简单的比较。

调查成本。一般来说,人员入户访问完成每份完整问卷的单位成本最高;其次是电话访问;再次是邮寄问卷调查;网络调查因无印刷、邮寄问卷和访问,其成本最低。自填式问卷成本低,在经费紧张的情况下一般都会优先考虑。

调查内容。因为调查对象和调查员面对面地互动,调查员能够掌握复杂的问卷,解释并澄清困难的问题,所以人员访问有最高的灵活性,适用范围最广;电话访问中调查员与调查对象的互动受到了一定的限制,其灵活性次之,不适合特别复杂的或需要展示实物的调查;邮寄问卷调查因为没有调查员和调查对象之间的互动,所以只适用于比较简单的问题,但由于在保证匿名性方面具有优势,因此适合对敏感问题的调查。

样本的代表性。入户访问的覆盖面广,对抽样过程和调查对象的选择有一定程度的控制,因此代表性通常最好;拦截访问的选择面仅限于路过拦截地点的人,且很难做到随机拦截,调查员对调查对象有选择性,同时潜在的调查对象可以有意避免或主动与调查员接触,因此样本的代表性不一定能够得到保证;电话访问只能接触到有电话的家庭和个人,其覆盖面受到一定的限制,但随着电话的普及,这种限制越来越不明显;邮寄问卷调查如果有完整、准确的邮寄地址,就可以覆盖到地理分散的调查对象和交通不便的通邮地区,但这样的邮寄名单通常无法获得,因此其代表性主要取决于抽样框架的质量和回答率;而网络调查样本的代表性,除了特定情况,通常最低。

回答率。 人员访谈的回答率最高,但由于入户的难度在不断上升,因此访问的成功率呈不断下降的趋势;电话访谈的回答率其次;邮寄问卷调查的回答率一般不佳,常常会导致严重的偏差;网上调查的回答率通常最低。

数据收集速度。 在线调查是从大量调查对象那里获取数据最快的方法;电子邮件调查因为收集和编辑电子邮件名单要花时间,而且需要输入数据,因此速度比在线调查慢;电话访问,尤其是利用专业的呼叫中心进行的计算机辅助电话访问,收集数据的速度很快,一个大的全国性调查可以在1—2周内完成;其次是拦截访问;入户人员访问则更慢一些;邮寄问卷调查的速度通常最慢,一般要花几周时间才能收到完成的问卷,追踪邮件的返回要花费更长的时间。

9.8 问卷调查的基本步骤

进行问卷调查时,通常包括以下基本步骤:

第一,收集目标总体的有关信息。有关目标总体的基本信息对选择合适的抽样方案和调查方法非常有价值。例如,如果目标总体非常分散,则可能需要考虑采取电话或邮寄问卷调查;自填式问卷调查不适合受教育程度低的人群,要通过人员访问收集这类人群的数据;对于分布比较集中的人群(例如在校生),则整群抽样和集中自填比较经济、便捷。

第二,确定抽样方案。要根据研究目的、目标总体的特征和各种抽样方法的特点、成本及可行性进行权衡(详见第5章)。

第三,选择调查方法。要根据问题的性质、调查对象的特点、每种调查方法的特点和经费约束选择合适的调查方法。例如,对于敏感问题,自填式问卷比较容易得到真实的答案;如果需要提供实物刺激,则要考虑人员访问。

第四,设计问卷和填写说明。问卷的质量对于调查结果有非常大的影响,因此我们将在第10章单独进行介绍。

第五,预调查和修改问卷。设计好的问卷必须通过预调查进行试填,以便及时发现问卷中存在的问题并进行必要的修改(详见第10章)。

第六,培训调查员。对于人员访问和电话调查,必须对调查员进行必要的培训,这部分内容将在第12章中讨论。

第七,开展现场调查。有效的现场组织与督导,对于保证调查的进度和质量也非常重要(详见第12章)。

第八，进行问卷审核与评估。要在现场工作的早期对部分问卷进行抽查，及时发现问题并给予纠正，这部分内容将在第 13 章进行介绍。

9.9 问卷调查的职业道德问题

进行问卷调查时可能遇到各种职业道德问题，如果处理不好可能会对有关单位和个人（例如委托方、调查对象）造成伤害，并影响调查者的声誉，使今后的调查更加难以得到调查对象和公众的理解及配合。因此，应当对这些问题给予足够的重视。

问卷调查中需要注意遵守的职业道德操守包括：

- 尊重调查对象。要让调查对象在知情的情况下自愿参与，并尊重其拒绝参与的权利。调查员不应通过欺骗的手段诱使调查对象提供信息，在必须隐瞒调查目的才能保证调查的有效性的情况下，应当事先充分考虑到可能带来的负面影响，并采取必要的措施。
- 保护调查对象的隐私。要保护调查对象的隐私，有义务不向外披露其个人信息，为其保密。
- 诚实。调查员应按要求如实填写问卷，不得诱导调查对象和代答，更不能有编造答案、冒名顶替等弄虚作假行为。由于调查员通常都是按完成问卷的份数领取报酬，因此当调查对象拒绝或中途退出时，调查员有可能伪造数据，故应当对其进行必要的培训、现场督导和事后抽查。
- 杜绝变相促销。电话促销、邮寄广告的泛滥是电话访谈和邮寄问卷调查回答率日益下降的一个重要原因，因此必须坚决杜绝以调查之名行广告推销之实的不道德做法。

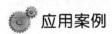 应用案例

品牌相似度与竞争关系测量

品牌之间的相似度与竞争关系一直都是企业设计产品、确立品牌定位与制定差异化策略等营销工作的起点。传统上有两种测量品牌之间的相似度与竞争关系的方法，即问卷调查法和基于品牌转换数据的方法：

- 问卷调查法需要招募足够并有代表性的被试，传统的线下调查比较费

时、费钱和费力；

- 基于品牌转换数据的方法需要知道消费者这次和上次分别购买了哪些品牌的产品，这类数据比较难以获得。除此以外，由于耐用品的购买频率非常低，因此基于品牌转换数据的方法不适合耐用品相似度与竞争关系的测量。

在线问卷调查可以在降低调查成本的同时，大大加快数据收集的速度。因此，本研究通过在线消费者调查获取汽车潜在购买者的品牌考虑集数据，从而构建品牌间的相似度和竞争关系。

以 Amazon Mechanical Turk 作为发布问卷的平台，我们在 2016 年年底邀请了一年内有购车意向的美国成人消费者参与调查，询问他们在 40 个在售品牌中可能考虑哪些品牌。6 天时间共收集了 1 262 份问卷，每份问卷成本 1.3 元人民币。对消费者在买车时会考虑哪些品牌这个问题，我们在问卷的前面和后面各问了一次，中间问了一些其他问题。只有两次回答的一致性大于 0.8 的问卷被认为是有效问卷。我们一共获得 776 份有效问卷。这说明问卷调查要想获得可靠的结果还是有一定难度的，进行一致性审核非常有必要。

表 9-2 是基于消费者考虑集的品牌相似度矩阵，全部结果（不包括均值）是一个 40×40 的矩阵，在此只显示了其中的一部分。

表 9-2 汽车品牌的相似度矩阵（部分）

	丰田	MINI	雪佛兰	马自达	尼桑	奥迪	…	菲亚特	大众	沃尔沃	宝马	本田	起亚	均值
丰田	1.0000	0.0751	0.3923	0.1961	0.4746	0.1695	…	0.1816	0.3196	0.1380	0.1404	0.6610	0.2276	0.1547
MINI	0.7949	1.0000	0.5385	0.3590	0.4615	0.3846	…	0.5128	0.4359	0.3590	0.3333	0.6154	0.2564	0.3057
雪佛兰	0.6231	0.0808	1.0000	0.1885	0.4500	0.1769	…	0.2077	0.3577	0.1346	0.1846	0.5731	0.2192	0.1814
马自达	0.6923	0.1197	0.4188	1.0000	0.5299	0.2051	…	0.2051	0.3590	0.1624	0.2137	0.6752	0.3846	0.2143
尼桑	0.7206	0.0662	0.4301	0.2279	1.0000	0.1949	…	0.2243	0.3750	0.1471	0.1728	0.7243	0.2500	0.1832
奥迪	0.5833	0.1250	0.3833	0.2000	0.4417	1.0000	…	0.2083	0.3917	0.3250	0.5333	0.5417	0.1083	0.2327
…	…	…	…	…	…	…	…	…	…	…	…	…	…	…
菲亚特	0.6579	0.1754	0.4737	0.2105	0.5351	0.2193	…	1.0000	0.5175	0.2018	0.1842	0.6667	0.2105	0.2067
大众	0.6804	0.0876	0.4794	0.2165	0.5258	0.2423	…	0.3041	1.0000	0.2216	0.2320	0.6804	0.2268	0.1984
沃尔沃	0.7500	0.1842	0.4605	0.2500	0.5263	0.5132	…	0.3026	0.5658	1.0000	0.4737	0.6711	0.2237	0.2888
宝马	0.5088	0.1140	0.4211	0.2193	0.4123	0.5614	…	0.1842	0.3947	0.3158	1.0000	0.4825	0.1404	0.2391
本田	0.7165	0.0630	0.3911	0.2073	0.5171	0.1706	…	0.1995	0.3465	0.1339	0.1444	1.0000	0.2231	0.1594
起亚	0.7520	0.0800	0.4560	0.3600	0.5440	0.1040	…	0.1920	0.3520	0.1360	0.1280	0.6800	1.0000	0.1938
均值	0.6830	0.1857	0.5267	0.2934	0.5249	0.4041	…	0.2822	0.4277	0.3266	0.4164	0.6250	0.2433	—

表 9-2 每行显示的是考虑购买某品牌汽车的消费者中同时考虑其他品牌的概率，例如第一行第三列的 0.3923 表示考虑购买丰田的消费者中有约 39% 也考虑了雪佛兰。每一行的最右边一列，是该行所有非对角线的条件概率的均值，在网络分析中称为出度（out degrees）。品牌的出度越高，说明该品牌在消

费者考虑集中的唯一性越低,反映了其脆弱性。

每列显示的是考虑购买其他品牌汽车的消费者中同时考虑该品牌的概率,例如第三行第一列的 0.6231 表示考虑购买雪佛兰的消费者中有约 62% 也考虑了丰田。注意,丰田和雪佛兰之间的关系是非对称的,丰田比雪佛兰在消费者心目中更具有优势。每列最后一行是该列所有非对角线的条件概率的均值,在网络分析中称为入度(in degrees)。品牌的入度越高,代表该品牌与其他品牌竞争消费者的能力越强,反映了该品牌的竞争力。

从表 9-2 所显示的部分结果可以看出,在美国,MINI、沃尔沃、宝马相对比较脆弱,而丰田、本田和雪佛兰比较有竞争力。

如果在线调查所获得的购买意向数据是有效的,那么应该能够预测不同品牌的市场表现,而销量是衡量市场竞争力的一个非常直接的指标。因此,将表中的入度(竞争力)和出度(脆弱性)作为自变量,2017 年第一季度的销量作为因变量,应用线性回归分析自变量与因变量之间的关系,验证调查数据的有效性。结果显示:入度与品牌销量呈高度显著的正相关($p<0.001$),能够很好地反映该品牌的市场竞争力;出度与销量负相关,与理论预期相符但统计上并不显著($p>0.1$)。只包含入度和出度两个变量的简单回归模型的调整后 R^2 为 0.67,说明入度和出度解释了销量总方差的 67%。

阅读上述案例材料后,请仔细想一想:

1. 许多人认为,问卷调查获得的购买意向并不能很好地预测实际购买行为,你怎么看?

2. 进行问卷调查时如何确保和验证数据的可靠性及有效性?在线调查在这方面有何优缺点?

3. 你从该案例中获得了什么洞察和启示?

资料来源:张晗、涂平,《品牌相似度与竞争关系测量:大数据挖掘与调查法的比较》,工作论文,2018。

小 结

问卷调查是营销研究中常用的数据收集方法,按问卷填写的方式分为访问式问卷调查和自填式问卷调查两大类。自填式问卷调查是由调查对象自己填写问卷,包括邮寄问卷调查、置留式问卷调查、网络调查、集中填写等;访问式问卷调查是由专门雇用的调查员询问调查对象并填写问卷,包括人员访问和电话访问。

人员访问是通过面对面的询问,由调查员根据调查对象对问题的回答填写问卷。最常用的人员访问有入户访问、拦截访问和计算机辅助人员访问(CAPI)。电话访问是通过电话对样本中的调查对象按设计好的问卷进行提问并记录答案,目前专业的公司都普遍采用计算机辅助电话访问(CATI)。

网络调查属于自填式问卷调查,包括电子邮件调查、在线调查和移动终端调查。由于互联网的普及,网络调查的潜力巨大,但往往也容易被滥用。邮寄问卷调查是通过向调查对象邮寄和回收问卷获取数据。由于难以获得及时准确的邮寄地址、回答率低和问卷回收慢,邮寄问卷调查呈显著衰落趋势。

问卷调查包括以下基本步骤:①收集目标总体的有关信息;②确定抽样方案;③选择调查方法;④设计问卷和填写说明;⑤预调查和修改问卷;⑥培训调查员;⑦开展现场调查;⑧进行问卷审核与评估。

问卷调查中需要注意遵守的职业道德操守包括:尊重调查对象、保护调查对象的隐私、诚实、杜绝变相促销。

▌重要术语 ▌

survey research 调查研究
questionnaire survey 问卷调查
interview 访问
self-administered questionnaire 自填式问卷
personal interview 人员访问
in-home interview 入户访问
computer assisted personal interview (CAPI) 计算机辅助人员访问
intercept interview 拦截访问

telephone interview 电话访问
computer assisted telephone interview (CATI) 计算机辅助电话访问
internet survey 网络调查
email survey 电子邮件调查
online survey 在线调查
mobile survey 移动终端调查
mail survey 邮寄问卷调查
out degree 出度
in degree 入度

▌复习思考题 ▌

1. 问卷调查的主要特点是什么?
2. 人员访问有哪些优缺点?

3. 与人员访问相比,电话访问有哪些优点?

4. 一般来说,哪种调查方法获得每份有效问卷的成本最低?

5. 一般来说,哪种调查方法对样本的控制程度最高?

6. 涉及个人隐私或社会敏感的问题时,宜采用哪种调查方法?

7. 在线调查具有哪些优点和局限性?如何改善在线调查样本的代表性?

8. 移动终端调查适合哪类人群?该调查方法的注意事项有哪些?

9. 需要在短时间内完成数据收集工作时,一般会优先考虑哪种调查方法?

练习题

1. 由于成本上升,某工业品供应商拟对产品价格进行调整,为了了解主要经销商和最终用户对涨价的可能反应,可否采用问卷调查的方法?如果可以,哪种方法最好?如果不可以,请说明理由。

2. 为了及时了解个人顾客的满意度和忠诚度状况,某银行准备开展顾客满意度和忠诚度追踪调查,请问用哪种调查方法比较合适?为什么?

3. 登录问卷星网站(https://www.wjx.cn),查找一个正在进行的消费者调查项目,认真检查其调查目的及内容,找出其中可能存在的问题并提出改进建议。

4. 设计一个电子邮件调查,了解学生们对课程设置及教学质量的意见与建议,向其他年级的学生发送电子问卷,分析调查的回答率,提出提高回答率的可能措施。

5. 访问一个专业调查公司的网站,查找该公司最近进行的一项调查,了解所用的调查方法,并说明为什么采用这种调查方法。

6. 寻找一个违背市场营销研究职业道德的问卷调查案例,分析其原因及可能的对策。

延伸阅读

1. Naresh K. Malhotra, Daniel Dunan, David F. Birks, *Marketing Research: An Applied Approach*, 5th edition, Chapters 10 & 18, Pearson, 2017.

第 10 章　问卷设计

**本章概要**

问卷调查所收集数据的内容和质量与问卷密切相关,因此问卷设计至关重要。本章首先介绍问卷设计的基本原则和步骤;然后讨论问卷的类型与基本结构;接着逐步讲述问题、外观、导语和填写说明的设计;最后提醒读者注意避免问卷设计中常见的错误。

**教学目的**

阅读本章后,学生应当能够:
1. 理解问卷设计的重要性和基本原则;
2. 掌握问卷设计的过程和主要步骤,以及每一步必须遵守的基本原则;
3. 根据研究的需要和受访者的特点设计合适的问题;
4. 根据需要设计问卷导语和填写说明;
5. 了解预调查的目的和要求。

开篇案例

主教也会被忽悠

曾经有这样一个广为流传的故事:两位牧师为祈祷时是否可以抽烟产生了争论,一位认为祈祷时可以抽烟,而另一位则认为不可以。两人争论了半天,谁也无法说服对方,因此决定去问主教。

过了一周,他们又见面了。

"主教是怎么说的?"牧师甲问。

"他说没问题。"牧师乙答道。

"这就奇怪了,"牧师甲说,"他对我说祈祷时抽烟是罪过。"

"哦,我问的是抽烟时是否可以祈祷。"牧师乙说。

这个例子说明,提问是一门艺术,如何提问对获得什么样的答案有很大的影响。遗憾的是,对于如何设计好的问卷,并不存在万能的妙方,需要用心去思考,不断地实践、探索和积累,才有可能掌握这门艺术。

10.1 基本原则与步骤

正如第 9 章所述,问卷调查是描述性研究获取定量数据时最常用的方法,这种方法要求用统一设计的结构化问卷,按预先安排好的顺序和措辞提问,以便所得到的数据具备内部一致性,并能够进行定量分析。

问卷(questionnaire) 是一组事先设计好的用于从调查对象那里获取信息的问题,是数据收集方案中的一个关键要素。一份好的问卷应能满足以下要求:

第一,能将所需要的信息转变成一组调查对象能够并且愿意回答的问题。许多问题看似简单,但实际上难以回答,调查对象即使回答了,其答案也往往不能提供准确的信息。例如,除了极少外出就餐的人,有谁能准确说出一年中去餐馆就餐的总花费?

第二,有助于获得调查对象的注意与配合,并完成访谈。一份好的问卷能减轻调查对象的疲劳、厌倦和工作量,尽可能降低不完整率和拒答率,因此要尽量避免冗长、枯燥和填写起来非常麻烦的问卷。

第三,便于填写、编码、录入与分析。在问卷设计阶段,要充分考虑到问卷的填写、编码、录入、分析等相关工作的要求,不要因为图一时省事而给后面的工作带来麻烦。例如,开放式问题的设计比较容易,但后期填写、编码、录入和分析却很麻烦。

第四,有效地控制误差和成本。好的问卷能提高问卷填写的速度和准确性,减少填写、编码和数据录入误差,便于数据处理。

为了达到以上要求,设计问卷时一般应遵循以下原则:

- 换位思考——为调查对象着想,力求方便、易懂、易答、有趣;尽量避免侵犯个人隐私或使人尴尬的问题。

- 紧扣主题——避免无关问题或可有可无的问题,注意质与量的平衡。
- 结构合理——问卷的层次应当清楚,有逻辑性,避免大幅度的跳转。
- 统筹考虑——充分考虑填写、编码、录入、分析等各相关后续工作。

总之,问卷设计是一门通过经验而获得的技巧,不仅是一门科学而且是一门艺术。本章将介绍一些有用的设计问卷的步骤和规则,虽然这些规则可以帮助读者避免犯一些常见的错误,但是并不足以帮助他们设计一份好的问卷。好的问卷设计依赖于设计者的经验、智慧和创造力。

问卷设计过程如图 10-1 所示,虽然这些步骤是按顺序依次列出的,但是它们彼此之间互相关联,实际的问卷设计并不一定完全按图中的次序展开。例如,在设计个别问题时可能会发现调查对象根本就无法回答,因此要返回到确定要收集的信息和选择调查方法的步骤。

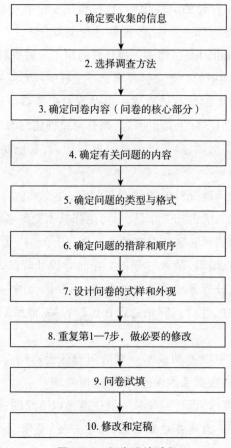

图 10-1 问卷设计过程

例 10-1

这些问题你能答上来吗？

许多问题貌似简单，却很难准确回答。以下是一份家庭支出调查问卷中的一组问题：

P4　下面我们想了解你家平均每月在以下各项消费上的支出。

P401　平均每月，你家邮电和通信支出（包括邮寄、电话、手机、上网等）一共花多少钱？＿＿＿＿元

P402　平均每月，你家的水费和电费是多少钱？＿＿＿＿元

P403　平均每月，你家的燃料费（包括煤炭、煤制品、柴草、木炭、液化气等）是多少钱？＿＿＿＿元

P404　平均每月，你家雇用家政服务人员一共花多少钱？＿＿＿＿元

P405　平均每月，你家本地的交通费（包括汽车油费）一共花多少钱？＿＿＿＿元

现实中能准确给出上述问题答案的人恐怕是凤毛麟角，你可以自己或让家人试一试。

10.2　确定要收集的信息和调查方法

问卷中应该包含哪些主要问题取决于所要收集的信息，这要求对研究问题有一个清晰的定义，同时对目标人群有一个清楚的了解也很重要。问卷设计应当充分考虑调查对象的特点，适合大学生的问题也许并不适合家庭主妇，适合老用户的问题并不一定适合新用户或潜在用户。

调查方法对问卷的内容和结构有很大的影响，自填式问卷一般应该简短，其内容应当相对简单；进行人员访问时调查员与调查对象面对面互动，因此可以问长的、复杂的问题；电话访问时调查对象与访谈人员有一定的互动，但无法看到问卷或其他实物，因此只适合比较简短的问题，并且为了避免访谈的中断，问卷不宜太长；匿名的网上调查即使问非常敏感的问题，调查对象一般也不会介意；而电子邮件问卷主题应当吸引人，问卷必须非常简短。

依据问卷的填答方式可以将问卷分为自填式问卷和访问式问卷两大类。

这两类问卷在其形式、内容和长度方面都有一定的差别。但是,无论哪类问卷通常都由以下几部分组成:

- 引言。对调查目的和意义、问卷填写与回收方式、相关注意事项,以及完成问卷的回报等做必要的说明。
- 过滤问题。用于对调查对象进行甄别,剔除不合格的调查对象,必要时可以单独设计一份甄别问卷。
- 主要问题。这是问卷的核心部分,是针对拟收集信息设计的一系列问题。
- 调查对象的基本信息。例如年龄、性别、职业、居住地等,视研究的需要而定,一般放在主要问题之后。
- 结束语。向调查对象致谢,并借发放报酬(或其他合理的理由)为由索取或确认联系方式。

第9章对各种问卷调查方法的特点及用途进行了更为详细的介绍,读者可以参考有关内容选择合适的调查方法。

例 10-2

调查方式与问题设计

同样一道关于牙膏品牌偏好的问题,需要根据问卷填写方式选择合适的设计。当采用自填式问卷时,以下问题不太难回答:

请根据你的喜爱程度,对下列牙膏品牌排序,最喜欢的为1,第二喜欢的为2,以此类推。

高露洁　　　_____

佳洁士　　　_____

中华　　　　_____

黑妹　　　　_____

白猫　　　　_____

云南白药　　_____

纳爱思　　　_____

冷酸灵　　　_____

田七　　　　_____

若是电话访问,上述问题回答起来就很困难,故需要变为:

请根据你的喜爱程度,给下列牙膏品牌打分(5分制),5表示非常喜欢,1表示非常不喜欢。

高露洁　　　_____

佳洁士　　　_____

中华　　　　_____

黑妹　　　　_____

白猫　　　　_____

云南白药　　_____

纳爱思　　　_____

冷酸灵　　　_____

田七　　　　_____

10.3　问题设计

问题(questions)是问卷的核心部分,每个具体问题的答案提供了描述、了解和预测有关现象、行为或态度所需的资料。在确定了问卷的内容和调查方法后,就要着手具体问题的设计。在设计问题时,通常要考虑问题的内容、类型、措辞和顺序等。

10.3.1　问题的内容

问卷中的问题一般涉及有关事实、看法、态度、知识等内容。通常依据其内容将问题分为事实性问题和主观问题两大类。

事实性问题(factual question)主要是为了收集有关调查对象的环境、个人和家庭背景、经历、习惯和行为等客观信息而设。例如:

请问你是否看过江苏卫视的《非诚勿扰》?

主观问题(subjective question)主要涉及调查对象的信念、态度、感觉、看法等主观体验。例如:

你对现在使用的移动通信套餐满意吗?

在确定问题的内容时,需要从以下三方面考虑:

第一,这个问题有必要问吗?

每个问题对所需的信息均应有贡献,除非有特殊的用途,否则,无关紧要的问题应当尽量避免。在某些情况下,为了营造良好的互动氛围、掩饰研究目的或研究的委托方,可以提出一些填补性问题。例如,为了掩饰研究的委托方,关于宝洁公司洗发水的调查问卷也可以包括有关联合利华的问题。有时出于评价信度或效度的目的,某些问题可能会重复。

第二,调查对象能够回答这个问题吗?

除了能否提供有用信息,确定问题的内容时还要考虑调查对象能否回答,尽量避免其无法回答的问题。调查对象提供信息的能力受许多因素制约,包括缺乏相关知识、遗忘、无法表述等。例如,刚刚购买某种产品的消费者还缺乏足够的使用体验,向他们询问有关产品存在的问题和改进措施往往不能提供有价值的信息,有时甚至可能产生误导,因此这类问题应当限于有一定使用经验的用户,或者针对不同类型的用户设计有针对性的问题。许多看似简单的问题其实并不容易回答。这些看似简单的问题经常超出调查对象的认知范围。现有证据表明,消费者尤其不善于记忆所消费的产品数量和金额。但是,如果硬要问这些问题,他们可能会随意提供一个答案,但这样的答案往往非常不准确。

记忆障碍往往导致遗漏、近移和编造误差。遗漏指的是无法回忆起实际发生过的一件事;近移是指所回忆的事件发生时间比实际发生时间更近;编造误差指的是调查对象"记起了"一件实际上并没有发生过的事件。遗漏导致所报告的事件发生频率低于真实水平,而近移和编造误差导致所报告的事件发生频率高于真实水平。

记忆一件事件的能力除了与事件本身的重要性有关,还受事件发生时间和提示的影响。人们往往能够记住重要的、不寻常的或发生不久的事件。在没有提示的情况下,仅靠调查对象的回忆通常会低估某些事件发生情况的严重程度。例如,问"你昨晚看过哪些手机品牌的电视广告"可能导致明显的遗漏。适当的提示有助于调查对象对事件的回忆,例如可以列出有关的手机品牌,然后问"你昨晚是否看过这些手机品牌的电视广告"。但是,在提供提示时,要防止对调查对象的过度诱导。

第三,调查对象愿意如实回答这个问题吗?

调查对象通常不愿意花费力气来提供信息,因此要尽量为其着想,使问题容易回答。对于过于抽象的问题,调查对象可能无法表述清楚。例如,在回答

"请问你喜欢什么样风格的服装"时,许多调查对象可能无法找到合适的措辞。因此,应当向调查对象提供必要的帮助,比如图片、文字描述等,帮助他们准确理解问题的含义、清晰地表述其答案。让调查对象自己列出所喜欢的品牌,不如提供一组品牌让他们在上面打钩方便。调查对象同样不愿意提供在他们看来没有合理目的的信息,例如在用户满意度调查问卷中要求提供有关年龄、收入和职业的信息,因此需要做出合理的解释或放弃这些问题,增强调查对象回答的意愿。

对于涉及敏感信息的问题,调查对象可能会拒绝回答或者提供不真实的答案,这在面对面的人员访问时尤为严重。下列技巧有助于鼓励调查对象如实回答:

- 将敏感问题放在问卷的最后。这样,在遇到敏感问题时,调查对象已经答完了大多数问题,更愿意做最后的努力完成整个问卷。即使调查对象拒绝回答敏感问题,也不会影响他对其他问题的回答。
- 以第三者的口吻提问。例如,"你觉得班上的同学在考试中会作弊吗",而不是直接问"你在考试中会作弊吗"。
- 提供答案的类目而不是直接问具体的数字。例如,请调查对象在适当的年收入档上选择: 10 000 元以下, 10 000—19 999 元, 20 000—29 999 元,等等。
- 采用随机化方法。列出两个问题,其中一个是敏感问题,另一个是非敏感问题,后一个问题肯定答案的比例是已知的(例如"你的生日是在 1 月份吗")。让调查对象按事先设定好的比例随机选择一个问题,只用"是"或"否"回答所选问题,无须告诉调查员选中的是哪道问题。这样,可以根据回答"是"的总样本比例、选中敏感问题的概率和对非敏感问题做出肯定回答的概率推算对敏感问题回答"是"的比例。这时研究人员并不知道哪些调查对象对敏感问题做出了"是"的回答。

10.3.2 问题类型

依据问题的结构和答案的形式,可将问题分为开放式问题、封闭式问题、相倚问题和量表四大类。

开放式问题(open-ended question)不提供事先设计好的答案供调查对象选择,而是让其用自己的语言自由回答,例如:

你对餐馆禁止客人自带酒水有何看法?

开放式问题使调查对象能够用自己的语言自由地表达任何观点,可以提供对某一现象、行为和态度的丰富认识,因此在探索性研究中非常有用。它的主要缺点是:填写、编码和录入比较费事;所获答案受调查对象表达能力的影响很大;不适合自填式问卷,因为调查对象往往不愿意花费力气将自己的观点写完整,有时甚至会跳过去。

封闭式问题(closed-ended question)有一组事先设计好的答案供调查对象选择,例如:

你认为餐馆是否可以禁止客人自带酒水?　　□可以
　　　　　　　　　　　　　　　　　　　　□不可以

这类问题比较容易回答、处理和分析,尤其适合自填式问卷。但是,封闭式问题所提供的备选答案受设计者知识水平、思维定式的影响和限制,采用这类问题无法发现鲜为人知的或意想不到的答案。设计有效选项的工作量较大,可能需要开展探索性研究来确定适当的答案选项。此外,展示给调查对象一系列可能的答案会产生有倾向性的回答,也可能存在顺序偏差。

相倚问题(contingency question)是只适用一部分调查对象的问题,某个调查对象是否要回答这个问题,视他对前面某一问题(称为过滤问题)的回答结果而定。例如:

1. 请问你在最近一个月内是否去电影院看过电影?　□是
　　　　　　　　　　　　　　　　　　　　　　　□否(跳至问题 4)
2. 若是,请问你一个月内去电影院看过几次电影?　次数:□□
3. 请你回忆一下这些电影的名字。
　(1)_____
　(2)_____
　(3)_____
4. 你是否关注目前正在电影院放映的电影?

量表的设计比较复杂,在第 6 章有专门的介绍。

10.3.3　问题的措辞

确定问题的措辞是一项非常关键且困难的工作。如果用词不当,调查对象可能拒绝回答,或由于对问题的错误理解而给出有严重偏差甚至误导的答案。

因此,在选择问题的措辞时,要遵循以下原则:

- 准确定义问题,避免歧义。例如,对于"你最近看过几场电影"这一问题,表面上看,这似乎是一个准确定义的问题,实际上不同调查对象的理解可能有很大的差异。有的调查对象可能把"最近"理解为一周内,有的则理解为一个月内或半年以内;有的认为只包括去电影院看的电影,有的则认为包括光碟、电视转播的甚至网上下载的电影。因此,正确的措辞应该是"你最近一个月内去电影院看过几场电影"(假如想了解的是去电影院看电影的频率)。
- 使用通俗易懂的词汇,避免生僻的和过于专业的词汇。例如,对于普通消费者,"你通常去哪里购买手机"比"你最常用的手机分销渠道是什么"更容易理解。
- 使用意思明确的措辞,避免容易引起歧义的词汇。例如,不要问"你是否经常去电影院看电影",因为不同人对"经常"这一词汇的理解有很大的差异。因此,还不如问在一个特定时间段内调查对象去电影院看过几次电影。
- 避免使用具有诱导性或倾向性的问题。例如,"你认为我们应当尽量购买自主品牌轿车,支持民族工业吗",这样的提问具有很强的诱导性,很难通过这样的问题了解调查对象的真实想法。
- 避免有双重含义的问题。例如,"你是否对我们的菜品和服务感到满意",包含双重意思,一是对菜品是否满意,二是对服务是否满意,所以应当拆分为两个问题,否则对菜品满意但对服务不满意或者对服务满意但对菜品不满意的顾客就很难回答。
- 避免空泛的和需要调查对象推论或估算的问题。假设我们对受访家庭每年人均水电费支出感兴趣,如果问"你家每年人均水电费支出是多少",则大多数调查对象都不愿或无法通过计算给出准确的答案。变通的办法是先问"你家每月的水电费支出是多少",再问"你家有几口人",得到相应的数据并输入后由计算机进行必要的计算。

10.3.4 问题的顺序

问卷的开头对于营造一种良好的气氛、赢得调查对象的信任与合作至关重要,应该尽量简单、有趣。在需要确认调查对象是否符合要求时,可以设计一些过滤问题充当开头的问题。一般来说,应该先问与研究问题直接相关的基本信息,因为这部分信息最为重要,应该优先获取;其次是用于对调查对象进行分类的信息，包括社会经济、人口特征等；最后是标识信息，包括姓名、地址、电话号码等（匿名问卷除外）。困难、敏感、复杂、枯燥的问题应该放在靠后的位置，因为在调查对象开始认真填写问卷之后，他们对这些问题的抵触情绪会减弱。

在确定问题的顺序时还要考虑问题之间的逻辑关系和相互影响。由泛指到特定问题的方法称作**漏斗法**(funnel method)，该方法适用于了解调查对象的一般选择行为及其主要决定因素。例如，可以询问调查对象选择某款手机的最主要原因，然后对手机不同属性的重要性进行评价。有时也可能从特定的问题开始，以泛指的问题结束，以便调查对象在考虑各种相关因素后再给出一般性结论。例如，可以问用户对产品及其售后服务各个方面的满意程度，然后再问总体满意度，这种**倒漏斗法**(inversed funnel method)在调查对象没有强烈的倾向性或看法时非常有用。

问题的顺序还应该符合逻辑，与同一主题相关的所有问题应当放在一起，避免大幅度的跳跃。在设计具体问题时先画出一幅清晰的流程图有助于使问卷的结构更加合理、思路更加清晰。

备选答案的先后顺序会影响调查结果。一般来说，列在最前面的答案容易被选中；电话调查中，最后一个备选答案也容易被选中。必要时可以考虑用以下办法来减少排列顺序对调查结果的影响：第一，让调查对象在知道了所有备选答案后再做选择；第二，对备选答案进行随机排列。后一种办法会增加问卷填写、数据处理和分析的难度，采用计算机辅助技术有助于克服这些困难。

10.4 外观设计

问卷的外观对于吸引调查对象的注意和重视有显著的影响，这对于自填式问卷（邮寄问卷、电子邮件问卷和线上调查问卷）尤为重要。

一个好的问卷应该层次清楚，有一定的逻辑性，使人看起来舒服。除了非常简短的问卷，不要将所有的问题挤在一起，而是要按所涉及的主题分为几个部分。每一部分的问题应分别编号，以便于查找、审核、编码和处理。最好对问卷进行预编码，在问卷上印出预编码的位置，这样有助于减少编码和数据录入错误。第13章将对问卷的编码和处理进行更详尽的介绍。

每份问卷应该编有序列号，以便于随时掌握问卷返回的情况，对问卷进行审核、编码和分析。但是，在邮寄问卷调查时，问卷的编号有可能使调查对象对匿名性产生怀疑,拒绝参与或提供不真实的答案。

应该避免将一个问题和备选答案分开,因为分开不仅不便于填写,而且容易导致填写人根据不完整的备选项进行回答。单个问题的备选答案最好垂直排列,这样阅读起来要更加容易。很多调查问卷为了节省空间采用横向格式,这不便于阅读,也不便于后面的编码和数据录入。

劣质的纸张和印刷质量会使调查对象认为这个项目并不重要,不愿意认真配合,因此问卷应该用质量好的纸张印制,看起来美观、专业,这对于高端消费者和大公司的调查尤为重要。较长的问卷应该采用小册子的形式(而不是简单地将多页问卷钉在一起),这样不仅美观,还易于携带、填写、回收和汇总。

10.5　导语与填写说明设计

人员访问、电话访问和网络调查的问卷需要一个**导语**(introductory statement),对调查的目的及意义、问卷填写和回收的要求,以及完成问卷的报酬进行必要的说明,请求调查对象予以配合。

进行邮寄问卷调查时,通常需要设计一封**封面信**(cover letter),随问卷寄出。封面信的主要目的是对调查的主办单位、调查目的及意义、问卷填写和回收的要求进行必要的说明,对调查对象的配合表示感谢。

对于简单的调查,问卷填写说明可以包含在封面信或导语中;但对于复杂的问卷,通常需要一份单独的填写说明,包括:

- 访谈程序及要求;
- 问卷填写的一般性要求;
- 对具体名词术语和备选答案的解释;
- 逻辑检验的方法及程序;
- 其他有关事宜。

复杂的大型调查,例如全国人口普查,往往需要准备翔实的调查员手册。

例 10-3

拦截访问的导语(虚拟)

您好!我叫×××,是××市场研究公司的调查员。我们正在进行一项有关旅游度假产品消费者需求的调查。需要请教您几个问题。您的意见对我们改进产品和服务非常重要。调查问卷完成后会赠送一件小礼品以表谢意,非常希望得到您的配合。

您愿意参与我们的调查吗?

☐ 愿　意(继续)

☐ 不愿意(进一步解释,如仍不愿意配合则终止访问)

10.6　问卷设计中的常见错误

如前所述,问卷设计是问卷调查非常关键的一步,其质量会直接影响问卷的完成率和质量。本章的开篇案例也说明,即使问题措辞上的微小差别,也可能导致完全不同的结果。因此,在设计问卷时一定要认真细致,注意避免以下常见的错误:

- 问题含糊,容易导致误解。例如,"你是否经常打高尔夫球",就问得非常含糊。不同调查对象对"经常"的理解不同,有人认为一周打一次才算"经常",而有人则认为一个月打一次就算是"经常"。
- 问题有双重含义,容易引起混淆,不易回答。例如,"你是否认为国产手机物美价廉",这个问题其实包含两个问题:国产手机是否物美?是否价廉?把这两个问题合在一起令问题的含义不清。
- 问题有倾向性,导致结果的扭曲。例如,"为了支持民族工业,是否应该提倡购买自主品牌产品",有明显的倾向性,对调查对象有引导作用,不能提供人们的品牌偏好的真实信息。
- 敏感问题过于直白,导致答案失真或调查对象不合作。例如,直接问用户的年龄、收入、住址,但没有给出一个恰当的理由。
- 问卷长而枯燥,容易导致拒答、草率填写和大量不完整问卷产生。
- 结构和顺序不合理,导致对问卷理解困难、跳跃错误和放弃。

10.7　预调查与问卷测试

预调查(pretest)是抽取一个小样本来填写设计好的问卷,以便发现问卷中可能存在的问题并加以改进。问卷设计出来后一定要通过预调查的检验后才能正式采用。

进行预调查时应当注意：

- 样本应该在主要特征和对调查内容的熟悉程度方面与正式调查对象尽可能接近，这样才能确保预调查可以发现正式调查时可能遇到的问卷填写问题；
- 预调查应该在与正式调查尽可能相似的环境和背景下进行，这样才能真实地模拟正式调查时可能遇到的情况；
- 预调查的样本规模视目标人群同质性程度的不同而异，从十几个到几十个甚至上百个不等，目标总体的内部差异越大，所需的样本也越大。

在预调查中，不仅要完成整个问卷，而且在问卷完成之后要请调查对象就问卷填写中遇到的困难和困惑发表意见，对关键问题的理解予以澄清。访问式问卷还要收集调查员的反馈，发现问卷中存在的问题并提出改进建议。应当回收全部问卷并进行审核、编码和数据录入。如有可能，还可以对问卷进行初步的统计分析，以便进一步发现在编码、录入和数据分析方面可能遇到的问题。

注意，一定不要丢弃不合格或不完整的问卷，而是要重点研究这部分问卷，找出其没有完成的原因并加以改进。

如果预调查发现的问题较多，要求对问卷进行较大幅度的修改，那么要用修改后的问卷再进行一次试填，确保没有问题后再用于正式调查。

应用案例

×××连锁超市客户满意度调查问卷

下面是×××连锁超市客户满意度调查问卷，该问卷发布在某在线调查平台上，采用自填的方式。

首先感谢你对×××长期以来的关注和支持，因为只有相识、相知，才有沟通，才有服务，才有双赢。这份问卷就是希望在你对×××有了一定了解之后，我们能进一步为你提供更优质的服务。请你回答以下问题（标有 * 的为必答题），你的回答对未来我们提供优质服务很重要。非常感谢你填写问卷！你的资料我们会保密。

1. 你的性别 *

☐ 男

☐ 女

2. 你的年龄 *

☐ 18 岁以下

☐ 18—25 岁

☐ 25—35 岁

☐ 35—45 岁

☐ 45 岁以上

3. 你的家庭月收入 *

☐ 10 000 元以下

☐ 20 000—30 000 元

☐ 30 000 元以上

4. 你喜欢去哪些超市购物 *［多选题］

☐ ×××

☐ 亿佳

☐ 北京华联

☐ 家乐福

☐ 其他

5. 你经常去×××购物吗？*

☐ 经常

☐ 一般

☐ 不经常

……

16. 你对×××的结账速度评价如何？*

☐ 很快

☐ 一般

☐ 很慢

17. 收银员在哪些方面表现特别突出？*［多选题］

☐ 耐心

☐ 热忱

☐ 专心
☐ 反应速度快
☐ 其他

18. 你对×××的免费班车如何评价？ *
☐ 很满意
☐ 满意
☐ 一般
☐ 不满意
☐ 很不满意

19. 你以后还想去×××购物吗？ *

20. 你对×××有哪些建议？原因呢？ *

这份问卷中包含许多前面提到的问卷设计中的常见错误,例如:

① 问卷发布的地方就不合适,在线调查平台样本库主要由年轻人构成,该超市的顾客极少访问这类平台。

② 没有设计必要的过滤问题对调查对象进行甄别。

③ 问卷一开始就问一些不是很有必要的个人信息,而且将其设为必答题,容易导致拒答、放弃或提交失败。

④ 部分备选答案的分组有重叠,例如,25 岁的被访者应该选"18—25 岁"这一档还是"25—35 岁"这一档?

阅读案例后,请结合本章的内容想一想:

第一,问卷(包括引言)中还有哪些问题?

第二,你将如何改进?

小 结

问卷是一组事先设计好的用于从调查对象那里获取信息的问题,是数据收集方案中的一个关键要素。好的问卷应该能够将所需的信息转变成一组调查对象能够并且愿意回答的问题;获得调查对象的注意与配合,并完成问卷填写;有效控制成本和误差。

问卷中应该包含哪些内容取决于所要收集的信息,这要求对研究问题和目标人群有一个清晰的定义;问卷的内容和形式还受调查方法的制约。问题是问卷的核心部分,在设计问题时,通常要考虑问题的内容、类别、形式、措辞和顺序。问卷的外观对于吸引调查对象的注意有显著的影响,这对于自填式问卷尤为重要。一份好的问卷应该使人看起来舒服,层次清楚,有一定的逻辑性,便于编码和录入。

人员访问、电话访问和网络调查的问卷需要一个导语,对调查的目的及意义、问卷填写和回收的要求,以及完成问卷的报酬进行必要的说明,请求调查对象予以配合。进行邮寄问卷调查时,通常需要设计一封封面信,封面信的主要目的是对调查的主办单位、调查目的及意义、问卷填写和回收的要求进行必要的说明,对调查对象的配合表示感谢。复杂的调查需要有详细的问卷填写说明。

问卷设计中常犯的错误包括:问题含糊、有双重甚至多重含义或带有倾向性;敏感问题过于直露;问卷长而枯燥,结构和层次混乱,顺序不合理。应当努力避免这些错误。在正式调查前,一定要对问卷进行预调查,以便发现问题并加以改进。

重要术语

questionnaire 问卷
question 问题
factual question 事实性问题
subjective question 主观问题
open-ended question 开放式问题
closed-ended question 封闭式问题

contingency question 相倚问题
funnel method 漏斗法
inversed funnel method 倒漏斗法
introductory statement 导语
cover letter 封面信
pretest 预调查

复习思考题

1. 评价问卷设计质量的主要标准是什么？

2. 问卷的填写方式对问卷设计有何影响？举例说明人员访问问卷和电话访问问卷设计的异同。

3. 问卷设计过程包括哪些主要步骤？

4. 应该如何对某一特定问题进行取舍？

5. 有哪些常见的原因导致调查对象无法准确回答问题？

6. 导致调查对象不愿意回答特定问题的主要原因有哪些？

7. 有哪些办法能够有助于调查对象如实回答敏感问题？请举例说明。

8. 开放式和封闭式问题的优缺点各有哪些？

9. 自填式问卷的设计应当注意什么？

10. 问卷设计中常见的错误有哪些？请举三个例子。

11. 预调查的主要目的是什么？预调查的样本应当如何抽取？

12. 为什么不要丢弃预调查所获得的不完整或不合格问卷？

练 习 题

1. 收集一份实际使用过的问卷，用本章中所讨论的原则评价这份问卷。

2. 下列问题存在哪些缺陷？如何改进？

（1）你是否在考试中有过作弊行为？　　□是　□否

（2）你经常和家人一起去餐馆就餐吗？　□是　□否

（3）你去年一年的话费支出共有多少？ _____ 元

3. 列举三个诱导性问题，同时给出正确的措辞。

4. 列举三个有双重含义的问题，并提出改进建议。

5. 列举三个调查对象难以回答的问题，并给出可能的解决办法。

6. 针对应用案例中问卷存在的问题，对其进行修改，并提交一个新的版本。

延伸阅读

1. Naresh K. Malhotra, Daniel Dunan, David F. Birks, *Marketing Research*: *An Applied Approach*, 5th edition, Chapters 12-13, Pearson, 2017.

第 11 章 实 验 法

本章概要

实验方法是因果关系研究的主要方法。本章首先探讨因果关系的概念和确认因果关系的必要条件;然后讨论实验的效度、影响因素和控制外生变量的主要措施;接着介绍实验设计的主要类型及其特点,以及实验方法在市场测试领域的应用;最后讨论在市场营销研究中采用实验方法可能涉及的职业道德问题。

教学目的

阅读本章后,学生应当能够:
1. 理解因果关系的概念,以及确立因果关系的必备条件;
2. 了解主要的实验设计类型,以及预实验、真实验和准实验之间的区别;
3. 比较在市场营销研究中实验室实验与现场实验的用途及各自的优缺点;
4. 理解内部效度、外部效度及其主要影响因素;
5. 了解市场测试的类型、过程及注意事项;
6. 注意开展实验研究可能面临的伦理道德问题。

开篇案例

网约车的"苹果税"

2020年,复旦大学的孙金云教授带领研究团队对网约车进行了研究,他们在5个城市(上海、北京、深圳、成都和重庆),不同距离(近途:3公里以内,中途:3—10公里,远途:10公里以上),以及工作日早高峰(7:30—9:30)、日间非高峰(9:30—17:00)、晚高峰(17:00—19:30)、晚间非高峰(19:30—23:00)4个时间段进里了分层抽样调查。

调查共招募20多名在校大学生作为调研员,以实际打车的方式调研了各城市主流打车软件以及扬招巡游出租车,最终收集了滴滴、曹操、首汽、T3出行、美团、高德和扬招等7个渠道的数据,有效样本数为821个。

通过对调研数据的分析,研究团队发现了一些有趣的结果,在此只选其中有关"苹果税"部分分享:该团队用一键呼叫经济型+舒适型两档车的方式下单,然后记录被舒适型车辆接走的订单比。结果显示,苹果手机用户被舒适型车接走的比例(32%)显著高于非苹果手机用户(11%)。此外,"苹果税"还体现在打车优惠上。数据表明,苹果手机用户平均获得2.07元的优惠,显著低于非苹果手机用户的4.12元($p<0.01$)。

这是一个抽样调查项目,但其中有关"苹果税"的部分采用的是类似现场实验的方法,通过用不同手机下单,观察其相应的结果。尽管没能对用户进行随机分组,但其结果对于确认"苹果税"在网约车领域的存在还是有一定说服力的。

在市场营销中,营销经理经常需要用实验的方法检验不同营销变量与目标变量之间的因果关系。例如,企业想知道:投放的广告是否真的导致了目标消费者态度和购买行为的变化?消费者对新的产品、包装、价格的反应会怎样?他们对不同的广告诉求会有什么样的反应?促销是否有效?

此外,实验法也是我们在日常生活中常用的方法。例如,要想知道酒与美食的最佳搭配,最直接的办法就是亲自尝试不同的搭配,然后亲口尝一尝,比较其效果。

资料来源:孙金云,《疯狂教授带队打了800多趟车,发现了什么秘密?》,"老孙漫话"微信公众号,2021-02-17。

11.1 概念与符号

实验(experiment)是在特定的条件下,对自变量进行操纵并测量它们对因变量的影响。实验是进行**因果研究**(causal research)时最常采用的数据收集方法,其目的是确认因果关系。

因果关系(causality)对于科学研究而言是一个相当复杂的概念,在营销研究中也不例外。营销的效果常由多个变量引起,它们之间的关系既有一定的必然性,又常常有很大的偶然性,因此确切地证明因果关系是不可能的,只能提供因果关系很可能成立的证据。

11.1.1　因果关系的概念

如第4章所述,经典的因果推论要求:

第一,确立变量之间的相关关系,即作为原因的变量和作为结果的变量之间是相关的,也就是说,它们以可以预期的方式共同变化。

第二,确定事件发生的时间顺序,要求作为原因的变量变化在先,结果在后。

第三,排除其他变量的影响,即这种观察到的相关关系不是由其他因素所造成的。

第四,可推论性,即所观察到的因果关系不仅限于特定实验情景,在现实中也能成立。

相关关系(correlation)是指作为原因的变量 X 和作为结果的变量 Y 按照可预见的方式一起变化,这种关系可以是正的,也可以是负的。例如,通常假设广告投入与销售额呈正相关,而价格与销售额呈负相关(也有例外的情况)。可以借助统计分析的方法验证相关关系是否存在以及这种关系的方向,这将在有关统计分析方法的章节中进一步讨论。

但是,仅凭相关关系的存在,并不足以确定 X 和 Y 之间的因果关系。例如,根据横截面数据,可能观察到员工满意度和企业绩效呈正相关。但是,到底是由于好的企业绩效使员工能够获得好的薪酬待遇和成就感,从而导致员工满意度高,还是由于员工满意度高,其工作的积极性和效率高,从而导致企业绩效好? 这两种可能性都存在。在现实中,因果关系不一定是单向的,有时 X 和 Y 可能互为因果。例如,员工满意度会影响企业绩效,而企业绩效也会反过来影响员工的士气和满意度。单靠相关分析的结果并无法确认因果关系。

时间顺序。变量出现或变化的时间顺序为因果关系的存在提供了进一步的证据,作为原因的事件必须在结果之前或与结果同时发生,而不是在结果之后发生。例如,如果要将销量的上升归因于广告的作用,则广告就必须在销量上升之前投放。

排除其他可能的原因。为了确定 X 与 Y 之间的关系,除了满足上述两个条件,还要排除其他可能的原因,确保 X 是唯一可能的原因。假如可以肯定所有其他影响 Y 的要素都保持不变或得到有效控制,那么 X 就可能是 Y 发生变化的唯一原因。例如,在评估价格对销量的影响时,要保证其他影响销量的因素(产品、广告、渠道、促销、竞争品牌的营销组合,以及目标市场的购买能力等)都保持不变或得到有效控制。这在现实中几乎是不可能的,因此往往要通过实验设计,控制一些重要的因素或平衡一些无法控制的变量的影响。

可推论性。相关关系、变量出现或变化的时间顺序,以及对其他可能原因的排除,可以构成比较令人信服的证据,指出因果关系很可能存在。但这只是说明在特定的条件下因果关系可能存在,若要进一步推论到现实中,则还要考虑实验条件和现实情况是否有很大的不同。

为了满足因果推论的要求,通常需要采用实验的方法,对自变量进行操控并有效控制其他因素的作用,测量因变量的变化。但是,对于社会科学研究,很多因果推论(例如教育对收入的影响、收入对消费模式的影响等)无法通过实验进行,必须依赖观察数据,因此反事实模型(counterfactual model)在社会科学研究中被逐渐采用。反事实模型的基本逻辑就是通过统计方法控制观察数据中的干扰因素的作用,估算自变量对因变量的净效应。有兴趣的读者可以参阅 Morgan 与 Winship 在 2014 年出版的著作。[1]

11.1.2 变量与符号

在进一步讨论实验的具体类型之前,有必要先介绍一下有关变量和符号。

自变量(independent variables) 是可以被操纵的、对特定因变量有影响的变量。对这些变量的操纵称为"处理"(treatment)。在营销研究中常见的自变量包括价格水平、包装设计、广告诉求类型或投放水平、促销方法和力度、个性化推荐,等等。

因变量(dependent variables) 是受自变量影响的结果变量。营销研究的因变量通常是研究者和决策者感兴趣的结果变量,包括销售额、市场份额、利

---

[1] Stephen L. Morgan, Christopher Winship, *Counterfactuals and Causal Inference: Methods and Principles for Social Research*, 2nd edition, Cambridge University Press, 2014.

润、顾客满意度、品牌偏好和选择、用户活跃度,等等。

外生变量(extraneous variables) 是指自变量以外的可能对因变量产生影响的所有变量。由于这些变量的存在,自变量对因变量影响的测量会受到干扰,导致无效的实验结果,所以在实验中需要对这些变量的影响加以控制。例如,当研究价格对销量的影响时,必须控制广告、促销等其他可能影响销量的因素。如果不能对外生变量进行有效的控制,则可能会得出错误的结论。

实验(experiment) 就是在尽量控制有关外生变量影响的条件下,对自变量进行操纵并测量其对因变量的影响。

为了便于讨论,首先定义营销研究中普遍使用的有关符号。

X 表示对自变量的一次操纵,也就是常说的处理。

O 表示对因变量的一次测量。

R 表示将被试随机分派到不同的处理组中。例如,经典的随机对照实验可以表示为:

$$R \quad O_1 \quad X_1 \quad O_3$$
$$R \quad O_2 \quad X_2 \quad O_4$$

上面的符号排列表示将样本随机分配到两组(R),对两组进行不同的处理(X_1 和 X_2),并在处理前和处理后对两组的因变量进行测量(O_1、O_2 和 O_3、O_4)。

例 11-1

新大陆的胜利

长期以来,法国葡萄酒畅销全世界,直到1976年法国葡萄酒神话在一次盲品会中被新大陆的葡萄酒打败。那一年,一个叫史蒂文·斯珀里尔(Steven Spurrier)的美国移民回到美国加利福尼亚,在朋友的葡萄园里品尝了一些新酿的样品。1976年5月,斯珀里尔回到巴黎。

借着"美国独立200周年"的契机,斯珀里尔在巴黎洲际大酒店举行了一场品酒会。参与品酒会的11位主审都是法国葡萄酒业界举足轻重的人物,也是土生土长的法国人。接受品评的葡萄酒分为红、白两组:红酒组全都为"赤霞珠"酿造,白酒组则全部为"霞多丽"酿造。每个组别均由10家酒庄组成,6家来自美国,4家来自法国。然而,每瓶酒都做了匿名处理并采用统一的酒杯,具体地域分布和酒庄的名称,除了组织者本人,其他评审都一无所知,以保证品鉴的公正性。

白酒组打分结束后,斯珀里尔决定在红酒组开始之前公布分数:11名评委都将最高分给了加利福尼亚的 Montelena 酒庄,累计得分 132,第二名是法国的 Roulot 酒庄,而第三名和第四名都由美国的酒庄占据。

红酒组别中有 3 支顶级波尔多酒,剩下的那只波尔多也是 1971 年的陈酿;而对阵的那 6 支美国红酒,大多都是从加利福尼亚的乡村酒馆广告牌上找来的!

分数公布:第一名是美国的 Stag Sleap 酒庄,虽然 11 位评委中只有 4 位将第一名的头衔投给了它,但其总分依然高居榜首。第二、三、四名均由波尔多红酒占据。

新大陆一仗翻身,美国人既惊又喜。《时代》杂志、《洛杉矶时报》和《华盛顿时报》都在第一时间报道了这次盲品的结果,而法国媒体却全面噤声。直到 3 个月后,《费加罗报》才发表一篇短文《葡萄酒大战发生过吗?》,认为比赛结果是可笑的,根本无须严肃对待。

但是,法国人不得不承认,自 1976 年那场"巴黎审判"以来,加利福尼亚葡萄酒酿造业迅猛发展,每瓶的价格由原先的"舱底价"6—20 美元直线上升,美国人不再轻信法国酒的"高贵",加利福尼亚的乡村葡萄酒陆续登上世界顶级宴会的餐桌。

有意思的是,1986 年和 2006 年分别进行了两次具有纪念意义的品酒会,采用与 1976 年相同的参赛葡萄酒。但因为白葡萄酒寿命短,所以两次纪念品酒会都只针对红酒。出乎意料的是,虽然最后冠军易主,但依然是加州酒夺得第一,而且几款加州葡萄酒的排名都不降反升。1976 年的第二、三、四名都是法国酒,而到了 2006 年前五名已经完全被美国酒包办了。

资料来源:http://fashion.sina.com.cn/l/ts/2014-07-29/1437/doc-iavxeafr2319450.shtml,访问日期:2015-07-23。

这样的盲品采用的是实验法,目的就是排除一切外在因素的干扰,让酒作为决定得分的唯一因素,这无疑保证了比赛的公正性和客观性。但是,在现实中人们往往会根据包装、价格、品牌、产地等附加信息做出判断。因此,葡萄酒的盲品并不一定能够很好地反映人们在现实中对葡萄酒做出评价的方式与结果。

11.2 实验的效度及其影响因素

如第6章所述,效度指的是测量的准确程度,也就是某一测量方法能否准确测量想要测的东西。这个一般概念对实验也同样适用,实验的目的就是在尽可能控制其他干扰因素的条件下,准确地测量自变量对因变量的影响。此外,在讨论实验的效度时,还有必要对两种效度(内部效度和外部效度)及其影响因素加以区分。

11.2.1 内部效度

内部效度(internal validity)指的是所观察到的因变量的变化是否真的由自变量所致,也就是能否排除其他因素对因变量的影响。如果所观察到的结果受外生变量影响或干扰,那么就很难估计自变量对因变量的作用。内部效度是做出因果关系推断的一个必要条件,对外生变量的有效控制对于保证实验的内部效度至关重要。

影响内部效度的外生变量包括历史、成熟、测试效应、工具化、统计回归、选择偏差、死亡、模仿等。

历史(history)指的是与实验同时发生的某些特殊的外部事件,这些事件可能会影响因变量。例如,某商家开展一次促销活动,然后通过比较促销前后销量的变化来衡量促销的效果。这样的一个促销实验可以表示为:

$$O_1 \quad X_1 \quad O_2$$

促销前后的销量变化为$O_2 - O_1$。但是,这一差值并不一定能够准确衡量促销的作用,因为实验期间供求关系的变化、竞争对手的营销活动,甚至季节性波动等都可能导致销量的变化。促销前后两次测量之间的时间间隔越长,这类实验受外部事件干扰的可能性越大。

成熟(maturation)指的是被试在实验过程中自身的变化,这些变化并不是由自变量的影响所致,而是随时间自然发生的。在长时期的实验中,被试随着时间的推移有可能变得更有经验、更成熟;被试在参与实验的过程中也可能产生厌倦、疲惫或觉得无聊。这些因素都可能影响实验结果。例如,随着时间的推移,人们对某新产品的了解会自然增加,即使他们并没有接触某一特定的广告或促销活动。

测试效应(testing effect)指的是测试可能影响被试的行为,进而干扰实验结果。例如,为了评估广告的效果,在广告投放前测量人们对指定品牌的知识和态度,这使他们意识到这个品牌,更加关注与这一品牌有关的信息,导致所测广告的作用被高估。由于测试效应的存在,所测量到的效应不能推广到没有经历测试的人群,因此影响实验的效度。

工具化(instrumentation) 指的是测量工具、方法或标准发生了变化,从而影响了实验结果的有效性。例如,实验前后采用了不同的量表或测量指标,导致实验前后测量结果缺乏可比性,从而影响了实验的效度。

统计回归(statistical regression) 指的是在某次观察中处于极端状态的个体有向平均水平回归的趋势。例如,期中考试成绩垫底的同学,期末考试成绩提升的可能性很大,这不见得是他们的进步较大,而是因为他们的成绩不可能更糟了。同样,对某种产品或品牌持极端态度的人有更大的向中间靠拢的可能性。这些都对实验结果有干扰作用,因为所观察到的变化受统计回归的影响,不能准确地反映处理的作用。

选择偏差(selection bias) 指的是由于不正确地将被试分派到不同的处理组而导致的偏差。例如,推送广告的对象,往往是购买可能性比较大的顾客(这可以通过其搜索、浏览和收藏行为加以识别),如果简单地比较收到推送广告和未收到推送广告两组顾客的购买比例与金额,很可能产生选择偏差,高估推送广告的效果。

死亡(mortality) 指的是实验过程中被试的流失,其原因包括拒绝继续参与实验、失去联系等。由于很难确定流失的被试与保留下来的被试对处理是否会有同样的反应,因此可能导致实验结果无效。以促销为例,如果在促销期间有的商店中途放弃了,而放弃又与促销的初步效果相关,那么将无法确定如果这些商店坚持下去,其销售额会怎样。

模仿(contamination) 指的是对照组可能也受到了处理的影响。例如,为了测试平面广告的作用,研究者可能随机选择不同城市,有些城市投放了平面广告,有些城市没有,然后比较两类城市消费者的品牌态度和购买意愿。但是,由于人员的流动和信息的传播,未投放广告的城市的消费者也可能间接受到广告的影响,从而干扰广告投放实验的结果。定投的个性化广告可以通过人际互动和口碑对对照组产生间接的影响。

11.2.2 外部效度

外部效度(external validity) 是指实验所发现的因果关系是否具有普遍意

义,即实验结果能否推广到现实世界。如果实验情景没有充分考虑现实世界中对特定因变量有影响的各种关键因素,实验的外部效度就会有问题。实验的外部效度主要取决于实验条件能否很好地反映现实情况,以及实验对象是否对目标人口具有代表性。

实验情景对实验的外部效度有很大的影响。实验情景与现实的差距越大,实验的外部效度越差。例如,在进行新产品的控制试销时,因为选择的是特定的而不是常规的渠道,因此比较容易得到渠道的配合,这可能产生比较乐观的结果,因为在全面推出产品时,不太可能具有与试销时相同的条件。消费者选择实验所设定的情景和提供的备选集,如果和实际情况有比较大的出入,也将导致实验的外部效度不佳。

样本的代表性指的是所选的实验参与者(包括对照组)能否很好地代表目标人口,样本的代表性越好,实验的外部效度越高。例如,如果只有对产品有强烈兴趣的消费者参与了新产品的测试,也可能导致比较乐观的结果,降低实验的外部效度。

既有内部效度又有外部效度的实验设计是最理想的。但是,这两种效度很难同时兼顾,因此经常不得不在两种效度之间进行权衡。为了有效地控制外生变量,提高实验的内部效度,常常需要在一个便于操控的人工环境中进行实验。这有利于保证内部效度,却可能限制研究结果的普适性,从而降低外部效度。以葡萄酒盲品为例,由于盲品时屏蔽了品牌、产地、年份等可能影响人们判断的信息,其内部效度很高。但是,盲品的情景与人们购买和消费的真实情景有很大的不同,其外部效度可能并不高。

尽管如此,如果研究的内部效度没有保证,那么其结果的推广是没有意义的,因此要尽可能地提高实验的内部效度。

11.2.3 对外生变量的控制

前面讨论的外生变量如果不加以控制,就会对因变量产生影响,从而干扰实验结果。因此,要对这些变量进行控制,以便保证实验的内部效度,主要方法包括随机化、匹配、统计控制和设计控制。

随机化(randomization)是通过将被试随机分派到各组,保证实验组和非实验组在处理以外的外生变量方面没有显著差异,从而控制外生变量干扰的方法。例如,测试不同广告对目标受众的品牌态度和偏好的影响时,将被试随机分派到不同组中,每组接触不同的广告版本,然后测量其品牌态度和偏好。随机化有助于克服历史、成熟、选择偏差和工具化导致的偏差,但无法克服测试效应、死亡和模仿导致的偏差。

匹配(matching)是在将被试分派到各组之前,按关键变量对其进行匹配,目的是保证实验组和非实验组在这些变量上没有差异。例如,在促销实验中,可以根据商店的年销售额、营业面积和位置对各家商店进行匹配,然后在匹配的每对商店中抽一家作为促销试点,另一家作为对照。

统计控制(statistical control)是通过统计分析对外生变量的影响加以调整。例如,可以通过协方差分析和多元回归分析,对可测的外生变量的影响加以统计控制。

设计控制(design control)是通过特定的实验设计控制外生变量的影响。下节将对不同的设计类型进行讨论。

11.3 实验设计类型

根据是否采用随机化程序、是否有对照组和测量的时点,常用的实验设计可以分为预实验设计、真实验设计和准实验设计。

11.3.1 预实验设计

预实验设计(pre-experimental designs)是没用随机化步骤控制外部因素的一类设计,包括单组后测设计、单组前后对比设计和静态组比较。

单组后测设计(one-group post-test design)可用符号表示为:

$$X \qquad O_1$$

这一设计对一组被试施加处理 X,然后对因变量进行测量(O_1)。被试不是随机分派的,而是自我选择或是由研究人员酌情选择。

这种实验没有对外生变量进行控制,也没有合适的参照作为比较的基础,这使得 O_1 的水平可能受历史、成熟、选择偏差、死亡等外生变量的影响,因此无法做出因果推论。出于上述原因,这种设计通常用于探索性研究而非结论性研究。

单组前后对比设计(one-group pretest-posttest design)可用符号表示为:

$$O_1 \qquad X \qquad O_2$$

这种设计对一组被试在处理前后各进行一次测量,但没有对照组,被试也不是随机抽取的。可以根据处理前后因变量的差值 O_2-O_1 估算处理的作用,但是由于没有控制外生变量,历史、选择偏差、成熟、测试效应、工具化、死亡等都可能干扰研究的结果,破坏其效度。例如,比较广告投放前后目标消费者在品牌认知、购买意愿和购买行为方面的变化,从而考察广告的效果,就属于单组前后对比设计。

静态组比较(static group comparison)设有两组,一组为受到处理作用的实验组(EG),另一组是不受处理作用、作为参照的对照组(CG),在实验组接受处理作用后的同一时间对这两组进行测量,测试单位不是随机分派的。这一设计可以用符号描述为:

$$EG: \quad X \quad O_1$$
$$CG: \quad \quad O_2$$

可以用 O_1-O_2 估算处理的作用,但是这一差值也可能受外生变量的影响。这种设计避免了测试效应和工具化的干扰。但是,由于不是随机分组,实验组和对照组之间在实验前就可能有差别,因此可能会出现选择偏差。当有被试退出时,如果退出不是随机的,而是与处理有关,那么死亡对实验结果也会有影响。

11.3.2 真实验设计

真实验设计(true experimental design)的特点是利用随机化和设立对照组来控制外生变量的干扰,其中最常用的是前后对照设计和后对照设计。

前后对照设计(pretest-posttest control group design),被试被随机分派到实验组或对照组,每组在实验前后各进行一次测量。这一设计用符号表示为:

$$EG: \quad R \quad O_1 \quad X \quad O_3$$
$$CG: \quad R \quad O_2 \quad \quad O_4$$

处理的作用可由下式估算:

$$(O_3-O_1)-(O_4-O_2)$$

随机化消除了选择偏差,对照组的设立控制了历史、工具化等外生变量的影响,但测试效应和死亡的影响没有得到控制,成熟的影响只是得到了部分控制。

后对照设计(posttest-only group design)没有前测,只在实验后同时对实验组和对照组进行测量,可用符号表示为:

$$EG: \quad R \quad X \quad O_1$$
$$CG: \quad R \quad \quad O_2$$

处理的作用由下式估算：

$$O_1-O_2$$

该设计假定，由于被试是随机分派到实验组和对照组的，因此实验前两组在因变量和其他相关变量方面相当。由于没有前测，避免了测试效应和工具化的干扰。但是，这一设计对死亡敏感，很难确定实验组中半途退出的对象是否与控制组的相似。这类设计的一个主要局限是无法观察被试在处理前后的变化。

与前后对照实验相比，后对照设计执行起来相对简单，因此是市场营销研究中常用的实验设计。

11.3.3 准实验设计

上述的真实验设计要求能够对被试进行随机分组，并有效地控制处理和测量过程，这在实际研究中常常很难做到，因此经常需要采用变通的准实验方法。

准实验设计(quasi-experimental design) 控制测量的时间和对象，但缺乏对处理进程安排的控制，也无法随机分组。准实验设计简便易行，但缺乏完全的实验控制，影响了其效度。常用的准实验设计包括时间序列设计和多重时间序列设计。

时间序列设计(time series design) 是在处理前后对一组被试的因变量进行一系列测量，以确定处理的影响。该设计可用符号表示为：

$$O_1 \quad O_2 \quad O_3 \quad X \quad O_4 \quad O_5 \quad O_6$$

营销研究中最常用的时间序列数据来自线上或线下的消费者固定样本组。可以对一组消费者进行连续追踪测量并在适当的时候引入促销活动，通过比较促销前后购买行为的变化来评估促销的效果。在这种情况下，实验的设计者可以控制开展促销活动的时间和进程，但是无法控制消费者何时或者是否接触到促销刺激，也无法随机选择被试。

这种设计在一定程度上控制了成熟效应的影响，因为它不仅影响 O_3 和 O_4，而且还会影响其他测量值。

该设计的主要缺点是无法控制历史事件和测试效应的影响，实验期间发生的历史事件可能影响测量结果，对被试的多次测量也可能影响其行为。尽管如此,时间序列设计还是能够提供一些有价值的信息的。例如,通过测量样本组成员在促销前、促销期间以及促销后的购买情况,可以对促销的短期和长期效果进行评估。

多重时间序列设计(multiple time series design)与时间序列设计类似,只是增加了一个对照组。这类设计用符号可以表示为:

EG: $O_1 O_2 O_3$ X $O_4 O_5 O_6$

CG: $O_1 O_2 O_3$ $O_4 O_5 O_6$

因为增加了一组对照组,使得对处理 X 的作用的估算更加可靠。例如,为了评价广告效果,可以选择两个市场潜力和竞争强度相当的城市,在其中的一个城市投放广告,另一个城市作为对照,然后比较两组城市在广告投放前后销量的变化,估计广告的短期和长期效果。

例 11-2

新产品发布会效果评估

电子产品厂家几乎每年都举行新产品发布会,有些厂家甚至一年多次。这些发布会的效果如何?我们可以通过一个简单的办法,即比较发布会前后公众对所发布产品的搜索量,做出初步的判断。

图 11-1 显示的是华为于 2020 年 10 月末 11 初举办的国外和国内产品发布会前后 Mate 40Pro 的百度搜索指数变化,此外还添加了同期 iPhone 12Pro 的搜索指数作为参照。

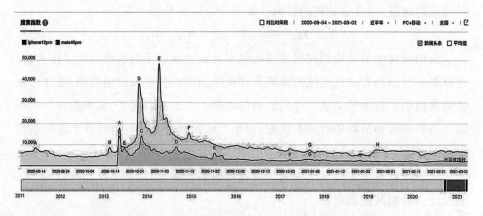

图 11-1   iPhone 12Pro 和 Mate 40Pro 的百度搜索指数

图中的数据显示,Mate 40Pro 的百度搜索指数在临近新产品发布会时迅速提高,在发布会当日达到峰值(D 和 E 点),发布会后逐步回落,但普遍高于发布会之前的水平。此外,Mate 40Pro 的百度搜索指数远远高过稍早发布的 iPhone 12Pro(A 点)。

这相当于准实验设计中的多重时间序列设计,该设计控制测量的时间和对象,简便易行,但无法控制期间发生的其他事件和营销活动的影响。尽管如此,这种分析还是能够提供一些有价值的信息的。

资料来源:百度指数,https://index.baidu.com,访问日期:2021-03-02。

11.4 实验室实验与现场实验

根据实验的环境可以将实验分为实验室实验和现场实验。**实验室实验(laboratory experiment)** 是在人工环境中向实验对象施加某些刺激,然后观察所产生的效果。实验室实验的优点是能够对被试和处理进行有效的操纵与控制,排除或控制其他因素的干扰,从而保证较高的内部效度。由于样本通常较小,持续时间也短,实验室实验的成本通常也比现场实验低。例如,进行不同广告版本的测试时,可以将被试随机分组,给每一组播放一个不同的广告版本,然后请被试回忆广告的内容并做出评价,最后比较不同组的结果,选出最佳的版本正式投放。

实验室实验的最大缺点是实验结果的外部效度较低,这是由于实验是在人工环境中进行的,与现实情况可能有较大的差距。在上述广告测试的例子中,由于被试是在特定的场所集中收看广告,每组除了观看的广告版本不同,其余环境条件都是一样的,因此可以将各组之间广告回忆与评价的差别归因于不同广告版本的作用,实验的内部效度高。但是,这和人们在实际生活中收看广告的情景有很大的不同,广告测试的结果并不能代表实际收视的情况,因为人们在现实生活中不可能那么专注地看广告。

现场实验(field experiment) 是在自然的环境中对被试施加某些刺激,然后观察所产生的效果。例如,可以选择部分网店用户,向他们推送不同版本的促销广告,然后观察他们的反应(点击、浏览和购买等)。进行现场实验时,通常不让被试对正在进行的实验有所察觉。现场实验的优点是外部效度较高,这是由于其更贴近现实。但是,由于无法对各种外生变量加以有效的控制,其内部效度可能有限。

由于网上销售的迅速发展,电商可以在真实的网络销售环境中进行实验,测试不同营销变量的作用。在线现场实验(online field experiment)兼具了实验室实验的内部效度和现场实验的外部效度,而且可以在较短的时间内完成,因此在营销研究领域的应用迅速得到推广。

由于实验室实验的外部效度有限,因此常有必要在正式投放前对通过实验室测试的新产品、新包装、新广告等进行现场测试,估计它们在现实情况中的接受程度。

例 11-3

投众所好还是投其所好

当你登录电商网站时,首先看到的通常是店家推荐的产品。有的店家向你展示畅销的人气产品;有的店家根据你个人以往的搜索、浏览和购买记录,展示你可能喜欢的个性化推荐产品;而有的店家则两者皆有。

为了比较大众化推荐和个性化推荐的效果,某网站进行了一项实验。当有用户登录网站时,如果是没有历史数据的新用户,则向其展示热销热卖产品;如果是有历史数据的老用户,则向其展示个性化推荐产品。一个月的实验结果表明,个性化推荐的点击率与转化率都明显高于大众化推荐。

请问:
1. 该研究设计存在什么问题?
2. 有哪些因素会影响实验的有效性?
3. 如何改进该研究的设计?

11.5 市场测试

市场测试(test marketing)也叫试销,是在选定的试销市场中进行的新产品推广实验,其目的是确定市场对产品的接受程度,探讨合适的营销组合,评估不同营销方案的可行性。根据其控制程度可以将市场测试分为标准试销、控制试销和模拟试销。

由于目前竞争非常激烈,企业必须不断地推出具有竞争力的新产品才能保持其竞争力和持续增长,同时新产品开发与推广的费用也在不断攀升,新产品的失败率也很高。因此,市场测试在快消品的推出中越来越受到重视。

11.5.1 标准试销

标准试销(standard test marketing)是通过常规的分销渠道在所选的市场投放新产品,厂家的销售人员负责补货、展示产品并清点库存,销售条件与产品正式投放时相近。

标准试销一般包括下列步骤:

第一,选择合适的试销市场。这是非常重要的一步,如果选择不当,试销的结果可能会有很大的偏差。一般来说,试销市场应当与产品的目标市场在市场潜力、媒体覆盖、消费者购买习惯、分销渠道等重要方面接近,尽可能涵盖不同类型的目标市场。如果资源有限,则每个重要的细分市场至少要有一个样本。

第二,确定试销时间。试销持续时间取决于产品的独特性、购买频率和周期、竞争者的反应速度以及成本上的考虑等。对于非常独特、不容易模仿、有专利保护的产品,试销时间可以长一些;为了观察重复购买水平,试销时间也要足够长;如果预期竞争对手会快速做出反应,则持续时间应该较短。试销时间越长,获得的信息越充分,但成本(包括机会成本)越高,越容易受竞争对手干扰和模仿。对于多数快消品,试销时间应当为3—6个月。

第三,评估效果。根据销量、品牌认知率、尝试购买率、重复购买率等指标评估试销的效果,并根据试销效果做出是否正式向市场全面推出新产品的决策。

除了前面谈到的影响实验效度的外生变量,进行标准市场测试时还要特别注意竞争对手的动向。竞争者可能加大广告促销力度或者快速推出类似产品来争夺市场,干扰试销结果。因此,在决定进行标准试销前要慎重考虑,权衡利弊,周密计划,否则很可能得不偿失。

11.5.2 控制试销

控制试销(controlled test marketing)是在特别选定的渠道按照试销计划

的要求在所选市场投放新产品。经销商根据厂家的要求进行产品的销售,处理仓储、产品陈列、价格、存货控制等问题。厂家通常需要向商家提供一些激励来获取其合作,使商家按要求开展产品的销售工作。与标准试销相比,厂家在进行控制试销时对试销过程有更强的控制,因此有利于提高试销的内部有效性。但是,由于试销是在特殊的条件下开展的,因此产品正式推出时很难满足同样的条件,不一定能取得同样的效果,因此其外部有效性受限。

由于线上渠道变得越来越重要,因此目前很多试销都可以通过线上渠道进行。对于耐用消费品,可以通过网上预售的形式探索其市场的接受程度并对销量做出初步的预测,进而制订相应的量产计划和营销组合。

11.5.3 模拟试销

模拟试销(simulated test marketing)也叫市场模拟,是根据产品的目标市场定位筛选一部分符合要求的潜在购买者,请他们到一个模拟的环境中选购产品。研究人员首先对选中的被试进行产品介绍,并发给他们一定数额的购物券;然后让他们在模拟的商场中选购新产品(有时也会展示竞争者的产品供其选择);接着对他们进行访谈,询问他们购买(或不购买)新产品的原因、对新产品的评价以及重复购买的意图;最后根据选购新产品的比例和被试评价对新产品的市场前景做出预测。

模拟试销的优点是费时短,成本低,保密性好,不易受到竞争者的干扰。其缺点是消费者的购买情景与真实情况有很大的差距,因此很难单凭模拟试销的结果对实际的市场前景做出准确判断。

11.5.4 试销决策

由于市场测试费时、费力、费钱,弄不好还会被竞争对手钻空子,因此在进行市场测试前必须周密考虑,精心准备。市场测试时需要考虑的问题有:

- 成本。除了货币成本,还有泄密或错失市场时机的代价。
- 时间。试销时间太短则结果不可靠;太长则成本高,被竞争对手抢占先机的可能性大。
- 控制。试销要取得渠道成员的合作,并达到保密的要求。

如果现有的信息提供了支持新产品的足够证据,或者抢先占领市场非常重要，那么可以不经过试销就投放市场。如果决定进行试销，通常采取如图11-2所示的步骤。

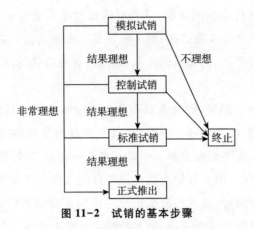

图11-2 试销的基本步骤

例11-4

仓促迎合消费者的后果

很多消费者调查结果显示，人们希望快餐店的菜单上有更多的健康食品。因此，针对消费者，尤其是成年人对健康和控制体重的需求，麦当劳在未进行市场测试的情况下就在全美推出了低热量的 McLean Delux 汉堡。结果其销量却不佳，成了历史上最昂贵的失败新产品之一。看来，在长期的健康利益和即刻的美味享受之间，人们用行动表明他们还是更喜欢后者。

以往的经验证明，在大规模的新产品推出之前，仅靠问卷调查了解消费者口头上的购买意向是不够的，还需要进行小范围的"试水"，考察人们对新产品的实际反应。也就是说，不仅要听其言，更重要的是要观其行。

资料来源：https://en.wikipedia.org/wiki/McDonald%27s_Deluxe_line，访问日期：2015-08-02。

11.6 实验研究的职业道德问题

进行实验研究时，常常要将人作为被试，由此可能引发一系列伦理道德问题,包括对被试人身安全、知情权和隐私权的保护等问题。对于这些问题,必须给予足够的重视。

在对新产品进行市场测试前,首先要确保产品不会对被试造成任何伤害。如果对新产品的安全性没有把握,就不应该拿人来做实验。对于因使用不当可能造成安全隐患的产品,例如减肥产品,必须有详细准确的产品说明,教会被试如何正确使用产品。

为了得到正确的结果,研究人员经常需要掩饰实验的目的,这将侵犯被试的知情权。例如,曾经有这样一项实验,其真实目的是观察群体对个人判断的影响。研究人员事先在黑板上画了一条一米长的直线,然后请一位受试对象判断其长度,接着让同一组的其他人也说出各自的判断。研究人员事先与这些其他的所谓被试打过招呼,让他们故意说出一个偏高或偏低的数字,再让第一个被试重新修正其判断。结果显示,别人的判读对真正的被试有显著的影响。在这个实验中,如果被试知道了实情,这项实验就无效了,但是采取这种欺骗的手法会使被试事后有一种被愚弄的感觉。因此,在获得有效的实验结果与尊重被试之间产生了难以调和的矛盾。

很难找到一种解决这种道德困境的方法。研究人员能够做的就是事先告知被试有选择是否参与实验的自由,并在实验后向其充分解释真实的研究目的,以及为什么要这样做。这样在一定程度上可以减轻被试所承受的精神压力和不快,并使实验成为一次有趣的学习经历。但是,如果没有处理好这个问题,可能导致被试的严重反感和抗议,研究人员应当注意。

对实验可能涉及的道德问题加以必要的关注,并采取力所能及的措施,是每个研究人员义不容辞的责任。规范的研究机构都有专门的伦理道德委员会,专门审查涉及人作为被试的研究设计。

 应用案例

甜蜜的浪漫?

隐喻是我们常用的表达方式,例如我们常用"甜蜜"来形容爱情,用"如胶似漆"形容亲密程度。隐喻在营销沟通领域也比比皆是。因此,许多甜食,例如冰激凌、巧克力等都常用浪漫的诉求推销其产品。但是,浪漫的刺激真的会提升人们对甜食的消费吗?

根据相关心理学理论,可以做出以下假设:

- 对于习惯于抽象思维的消费者,由于其不太可能区分心理意义上的甜(浪漫)和生理意义上的甜(甜食),浪漫的刺激会提升其对甜食的消费意愿(同化效应)。
- 对于习惯于具体思维的消费者,由于其更能够区分心理意义上的甜(浪漫)和生理意义上的甜(甜食),浪漫的刺激会降低其对甜食的消费意愿(对比效应)。

为了验证上述假设,Yang 等在 2019 年开展了一系列实验室实验。他们采用随机对照后测实验设计,使用模拟的情景,考察浪漫的刺激对消费者的影响。在此分享的是其中实验一和实验二的设计与结果。

实验一

该实验是 100 名本科生参与的 2(刺激:浪漫/非浪漫)×2(解释水平:抽象/具体)组间设计实验。

- 自变量的操控:让被试阅读 10 条浪漫或者不浪漫语句,例如"如果吻是雪花,我愿送你一场暴风雪"(浪漫)或者"成功始于兴趣"(不浪漫)。
- 解释水平操控:看城市地图,抽象组被要求注意整体,并回答有关城市总体形状的问题;而具体组被要求注意细节,回答有关地图的细节问题。
- 因变量测量:回答对 25 种食物的消费意愿,计算甜食类和非甜食类的平均得分(7 分制)。

结果显示,浪漫的刺激会显著提升抽象思维组甜食的消费意愿,但降低具体思维组甜食的消费意愿。

实验二

该实验用不同的解释水平操控和反映食物实际选择行为的因变量重复实验一的结果,是 243 名本科生参与的 2×2 组间设计实验。

- 自变量的操控:阅读一个浪漫或者不浪漫的故事。
- 解释水平测量:根据被试报告的婚恋状况(是,否),作者认为不处于婚恋状态的被试对浪漫的理解是抽象的,而处于婚恋状态的被试对浪漫的理解是具体的。
- 操控检验:用另外一个独立样本作为前测,对拟采用的两个不同故事的浪漫程度打分(7 级利克特量表),结果证实这两个故事的浪漫程度有显著差异。
- 因变量测量:作为参与实验的答谢,给被试两种不同甜度的饼干供其选择,然后计算选择较甜饼干的被试比例。

实验结果显示,浪漫的刺激虽然会提高不处于婚恋状态的被试选择更甜饼干的比例,但会降低处于婚恋状态的被试选择更甜饼干的比例(见图11-3)。

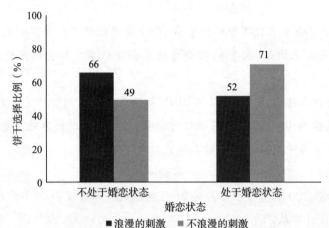

图 11-3 不同浪漫刺激下的实验结果

现在请想一想:

1. 上述结果提供了什么消费者洞察?
2. 这些洞察有什么市场营销意义?
3. 哪些因素可能影响上述结果的有效性?

资料来源:Yang X., et al.,"A Sweet Romance: Divergent Effects of Romantic Stimuli on the Consumption of Sweets", *Journal of Consumer Research*, 2019(6): 1213-1229。

小 结

实验法是用于验证因果关系的方法。经典的因果推断必须满足三个条件:①确认自变量 X 和因变量 Y 的相关关系;②明确变量发生的时间顺序,即 X 必须在 Y 之前;③排除其他因素的可能影响。实验就是在尽量控制有关外生变量影响的条件下,对自变量进行操纵并测量其对因变量的作用。

在设计实验时必须考虑内部效度和外部效度。内部效度指的是所观察到的因变量的变化是否真的由自变量所致,也就是能否排除其他因素对实验结果的干扰。影响实验内部效度的外生变量包括历史、成熟、测试效应、工具化、统计回归、选择偏差、死亡和模仿。外部效度是指实验所发现的因果关系是否具有普遍意义,即实验结果能否推论到现实世界。实验的外部效度主要取决于实验情景能否很好地反映现实情况,以及被试是否对目标人口具有代表性。为了保证实验的效度,必须控制外生变量的干扰,主要控制方法有随机化、匹配、统计控制和设计控制。

根据是否采用随机化程序、是否有对照组和测量时点,常用的实验设计可以分为预实验设计、真实验设计和准实验设计。预实验设计是没用随机化步骤控制外部因素的一类设计,其中包括单组后测设计、单组前后对比设计和静态组比较。真实验设计的特点是利用随机化和对照组,控制外生变量的干扰,其中最常用的是实验前后对照设计和实验后对照设计。准实验设计在控制测量的时间和对象的条件下进行,但缺乏对处理进程安排的控制,也无法随机分组。营销研究中常用的准实验设计包括时间序列设计和多重时间序列设计。

根据实验的环境可以将实验分为实验室实验和现场实验。实验室环境是在人工环境中向实验对象施加某些刺激,然后观察所产生的效果。现场实验是在自然的环境中对实验对象施加某些刺激,然后观察所产生的效果。在线现场实验兼具实验室实验的内部效度和现场实验的外部效度,而且可以在较短的时间内完成,因此在营销研究领域迅速推广开来。

市场测试也叫试销,是在选定的试销市场中进行的新产品推广实验,其目的是确定市场对产品的接受程度,探索合适的营销组合,评估营销计划的可行性。根据其控制程度可以将市场测试分为标准试销、控制试销和模拟试销。在进行市场测试时,需要考虑成本、时间和可控性。

进行实验研究时,常常要将人作为被试,由此可能引发一系列伦理道德问题,包括对被试的人身安全、知情权和隐私权的保护等问题。对于这些问题,必须给予足够的重视。

■ 重要术语 ‖

causality 因果关系

causal inference 因果推论

counterfactual model 反事实模型

correlation 相关关系

independent variables 自变量

dependent variables 因变量

extraneous variables 外生变量
experiment 实验
internal validity 内部效度
history 历史,历史事件
maturation 成熟
testing effect 测试效应
instrumentation 工具化
statistical regression 统计回归
selection bias 选择偏差
mortality 死亡,流失
contamination 模仿,混淆
external validity 外部效度
randomization 随机化
matching 匹配
statistical control 统计控制
design control 设计控制
experimental design 实验设计
pre-experimental design 预实验设计
one-group post-test design 单组后测设计
one-group pretest-posttest design 单组前后对比设计
static group comparison 静态组比较
true experimental design 真实验设计
pretest-posttest control group design 前后对照设计
posttest-only control group design 后对照设计
quasi-experimental design 准实验设计
time series design 时间序列设计
multiple time series design 多重时间序列设计
laboratory experiment 实验室实验
field experiment 现场实验
online field experiment 线上现场实验
test marketing 市场测试,试销
controlled test marketing 控制试销
simulated test marketing 模拟试销

复习思考题

1. 因果推论最常用的研究设计和数据收集方法是什么?
2. 确立因果关系的必要条件有哪些?
3. 什么是内部效度和外部效度? 它们之间有何联系和区别?
4. 影响实验内部效度的外生变量主要有哪些? 请举例说明外生变量是如何影响内部效度的。
5. 控制外生变量干扰的主要方法有哪些?
6. 真实验设计和预实验设计的最主要区别是什么?
7. 请用符号描述前后随机对照实验。外生变量的影响是如何控制的?
8. 什么是时间序列设计? 其主要用途有哪些?

9. 实验室实验、现场实验和线上现场实验各有何优缺点?

10. 市场测试的主要目的是什么?试销决策需要考虑哪几个方面的问题?

11. 标准试销与控制试销之间的最主要区别是什么?

12. 影响模拟试销效度的因素有哪些?如何才能提高其效度?

练习题

1. 寻找一个案例,说明实验法在营销研究中的应用,重点介绍:

(1) 该研究的主要目的。

(2) 实验中的因变量、自变量和控制变量(如果有的话)。

(3) 研究的主要结果及对营销决策的价值。

(4) 影响该研究内部效度和外部效度的因素有哪些?这些因素是如何控制的?

(5) 你有何改进建议?

2. 请问下面的实验各属于什么实验类型?

(1) 某洗发水品牌在一个一线城市通过常规渠道推出了一款新的包装,观察其销售情况,然后再决定是否在全国推广。

(2) 某手机厂家委托一家专业的调查公司进行三款手机新产品的测试。该调查公司从潜在顾客中招募参与者,将他们随机分为三组,让每组试用一款手机,然后做出评价,最后比较三款手机的接受程度。

(3) 某快消品厂家利用消费者固定样本组数据,连续观察广告投放前三个月、投放当月和投放后六个月的产品月销量变化,评估广告的效果。

(4) 某电商随机选取一些注册用户发送优惠券,然后记录这部分用户的访问和购买行为,评价优惠券的效果。

3. 请列举下面的实验设计适用的一种具体情景并说明理由:

(1) 前后对照设计。

(2) 后对照设计。

(3) 多重时间序列设计。

4. 请设计一项实验,评估个性化广告对顾客点击率、转化率和购买金额的短期及长期影响。

延伸阅读

1. Naresh K. Malhotra, Daniel Dunan, David F. Birks, *Marketing Research: An Applied Approach*, 5th edition, Chapter 11, Pearson, 2017.

2. 孙金云,《疯狂教授带队打了800多趟车,发现了什么秘密?》,"老孙漫话"微信公众号,2021-02-17。

3. Yang X., et al., "A Sweet Romance: Divergent Effects of Romantic Stimuli on the Consumption of Sweets", *Journal of Consumer Research*, 2019(6): 1213-1229.

第12章 现场执行的组织与管理

本章概要

现场执行组织与管理的好坏对数据收集的速度、质量和成本有着重要的影响。本章首先论述现场执行的基本原则和步骤;然后介绍现场执行的工作流程,包括制订执行计划、前期准备、人员招聘与培训、执行与督导、质控与复核、总结与评估;最后对现场执行的有关职业道德问题进行简要的讨论。

教学目的

阅读本章后,学生应当能够:
1. 理解现场执行应该遵守的基本原则和工作流程;
2. 了解如何制订执行计划和做好现场执行的前期准备工作;
3. 熟悉调查员招募与培训的相关工作;
4. 讨论现场执行所涉及的工作,包括现场督导、问卷管理和进度控制;
5. 了解复核的内容和基本方法;
6. 了解总结与评估的意义和主要内容;
7. 注意现场执行所涉及的职业道德问题。

开篇案例

道高一尺,魔高一丈

舞弊是长期以来困扰中国市场调查业的一个普遍问题。无论是入户调查、拦截访问还是专题组座谈,都可能面临由舞弊而导致数据质量不合格从而误导决策的问题。

以专题组座谈为例，因为专题组座谈通常对调查对象有比较具体、严格的要求，所以招募起来比较困难。因此，有些项目人员为了按期完成任务，会用一些"座谈专业户"（俗称"会虫"）来凑数。为了防止这类舞弊行为，专业公司能够采取的主要措施就是建立一个座谈对象数据库，存储所有参会人员的信息。如果某人短期内重复参会，那么在座谈对象审核过程中就能及时发现。但是，由于很多座谈采取匿名的方式（即使不匿名，座谈对象提供的个人信息也不一定准确），因此还是经常有"会虫"混进来。

臆答，即调查员并没有进行访问，而调查对象却编造出部分或全部答案，是问卷调查中非常严重的舞弊行为。许多专业公司为了杜绝这类舞弊行为，除了对调查员进行选拔、培训、督导与考核，还利用一些数字化手段进行监控。例如，在计算机辅助调查系统中加入录音功能，要求对访问过程全程录音；对每个问题的用时和无回答率进行监控，及时发现异常情况并采取纠正措施。除此之外，还可以通过事后电话复核、实地抽样复核等形式对访问质量进行控制。

尽管如此，调查员舞弊的行为还是时有发生。因此，一些专业的市场调查公司倡议建立黑名单制度。调查员一旦被发现有严重的舞弊行为，其姓名与身份证号将进入黑名单，终身不再被专业调查机构录用。

资料来源：作者根据个人经验和相关资料整理得到。

现场执行组织与管理的好坏对数据收集的速度、质量和成本有着重要的影响。如果现场工作出了问题，那么即便研究方案设计得再好，也无法得到准确有用的数据和真实深刻的市场洞察。

12.1 现场执行的基本原则

现场执行（field execution）是营销研究的一个重要环节，只有通过严谨、规范、高效的现场执行，才能保证按研究项目的要求获得准确有用的数据，达到预期的研究目的。目前，由激烈的价格竞争而导致的预算不足、不合理的进度要求、不足的人员培训和激励致使现场执行质量欠佳，这成了国内营销研究行业的薄弱环节。

为了保证以合理的成本获得高质量的数据，现场执行需要遵循以下原则：

- **科学性原则**。通过现场执行收集的数据应该是真实有效的,否则对于决策不但没有价值,还可能产生严重的误导。建立在不可靠数据基础上的营销研究结果,不仅不能帮助正确决策,而且可能误导决策者。
- **统筹性原则**。数据收集的现场工作是一项复杂的系统工程:涉及研究设计、数据收集工具开发、现场执行、质、控、设备管理与后勤保障等各方人员;包括制订执行计划、前期准备、人员招聘与培训、执行与督导、质控与复核、总结与评估等各个环节;工作进度和质量受许多因素的影响。因此,必须充分考虑现场执行的各个环节,统筹计划和组织现场执行工作。
- **经济性原则**。任何一个机构在开展营销研究时都面临资源约束,不能不考虑成本控制问题。对于需要收集原始数据的项目,现场执行环节通常在整个项目支出中占相当高的比重,因此要想方设法在不牺牲质量的前提下以尽可能低的成本获得所需要的数据。要在控制成本和保证数据质量之间保持一个适当的平衡,不可片面地强调一方,忽视另一方。目前,计算机辅助访问、计算机辅助观察、网络与移动终端调查、在线座谈与访问等技术的应用为提高效率和控制成本创造了良好的条件。
- **时效性原则**。在激烈的市场竞争中,企业必须根据不断变化的营销环境迅速决策,因此要求现场执行迅速及时,保证数据的时效性。

现场执行的基本类型因数据收集方法而异,包括定性研究、问卷调查和实验法。前面各章对不同的数据收集方法进行了比较详细的讨论,在此不再赘述。本章主要侧重于调查方法,重点以访问式问卷调查为例介绍现场执行过程与注意事项。值得注意的是,在线调查的不断推广大大提高了执行效率,减少了许多工作环节,节省了时间和成本。

12.2 现场执行的工作流程

访问式调查的现场执行工作流程一般包括制订执行计划、前期准备、人员招聘与培训、执行与督导、质控与复核、总结与评估六大步骤。图 12-1 显示了现场执行的一般工作流程,实际步骤视不同的数据收集方法而有所不同。例如,人员培训对于访问式调查非常重要,而邮寄问卷和电子邮件调查就不需要。

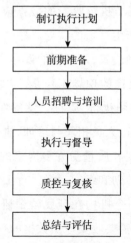

图 12-1　现场执行的工作流程

以下各节按图 12-1 所示的工作流程顺序，对各个步骤进行介绍和讨论。

12.3　制订执行计划与前期准备

无论项目大小，在现场执行工作开展之前，都要有一个明确、具体、可操作的书面执行计划和做一些必要的前期准备工作。

12.3.1　制订执行计划

执行计划(execution plan)是指导现场工作的指南，也是研究人员与委托方就现场执行的方式、要求和流程达成的共识，是评估现场执行工作是否合乎要求的依据。明确、具体且切实可行的计划对于保质保量地完成现场工作非常重要。

执行计划视项目的规模和复杂程度可长可短，一般包括以下几方面的内容：

• **目的与要求**。执行计划要尽可能明确、具体，使有关人员能够正确理解项目的目的和要求，并按执行计划的要求开展各项工作。对目标总体、抽样方法与有效样本量、执行方式和质控标准一定要有明确、具体的要求。

• **人员安排与分工**。要根据项目的规模、复杂程度和类型安排合适的项目负责人、督导、调查员和质控人员，做到责任明确、分工合理。例如，一项比较复杂的大型入户访问,应该配备有一定入户访问经验的现场督导和调查员,还需要专门的抽样督导和抽样员,同时还需要有经验和责任心的质量控制人员。而网络调查需要有经验的电子问卷开发和数据分析处理人员,不需要配备调查员和调查督导。

- **进度安排**。进度安排应当明确各项主要工作的起止时间,必须切实可行。委托方一般都希望在尽可能短的时间内启动和完成调研,执行方要根据实际情况安排进度,不要做出不切实际的承诺,以避免陷入不能按期提交结果或为了赶进度而牺牲数据质量的窘境。没有经验的研究人员通常对执行环节可能遇到的各种问题估计不足,低估现场执行所需要的时间。
- **项目预算**。预算必须合理,要避免漫天要价,也要避免不切实际的低预算。项目预算通常包括调查员的劳务费、差旅费、食宿补贴和市内交通费,样本费用(给调查对象的酬金或礼品等)、问卷、材料与设备费用,督导费用和复核费用等。

切实可行的计划对于现场工作的组织与协调非常重要,在现场执行环节切忌摸着石头过河,导致由于计划不周而耽误进度、影响数据质量或突破预算。

12.3.2 前期准备

制订好了执行计划,就要着手必要的准备工作,这对于现场工作有条不紊地开展非常重要。前期准备工作视项目的大小和复杂程度而异,一般包括以下几方面:

- **人员准备**。要组织有关人员召开预备会议,讨论项目执行计划,明确项目的要求、分工、进度安排、复核程序和评估办法,使有关负责人就项目实施的各个环节达成一定的共识并明确各自的责任。
- **文档准备**。准备好现场执行用的各种文档,包括问卷、调查员培训材料、督导/调查员指南、证件/介绍信、地图、胸卡等。印刷问卷的数量要有一定的富余,比实际样本量多 10%—20%;有关证件/介绍信要加盖公章并注明有效期。
- **物品准备**。准备好现场执行用的各种物品,包括礼品、工具、测试样品等。这部分准备工作因实施类型不同而有很大的差别。例如,入户访问要为访问员准备笔、文件夹、手袋、礼品等;电话调查所需的物品主要包括笔、便笺和计算机辅助电话访问设备;计算机辅助人员访问需要预装了通信、导航、电子问卷和数据传输系统的笔记本电脑或平板电脑。

- **场地准备**。专题组座谈和拦截访问需要准备场地。专题组座谈要有合适的会议室，除了桌椅还要准备些小零食和饮料。如果是专业调查公司，还应该有监控室和访谈对象接待处。拦截访问要选择靠近热闹街道、商场、写字楼的拦截点，以保证拦截量，同时又要有独立的不受干扰的场所以减少外界的干扰。一般来说，拦截点除了便携桌椅，最好能有用移动屏风隔出的访问间，以便调查对象在没有外界干扰的小环境下完成问卷填写工作。

例 12-1

图 12-2 是进行产品测试拦截访问场地的示意图。整个场地分为拦截（一次甄别）区、访问测试区和审卷区三大部分，这样的场地划分便于抽样、产品测试、问卷填写与审核等工作有条不紊地进行。

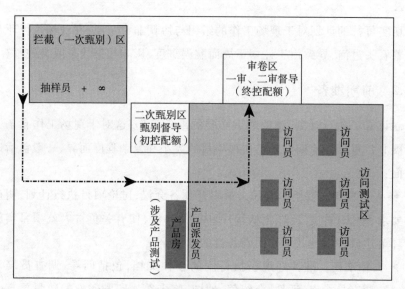

图 12-2 产品测试拦截访问场地示意图

12.4 人员招聘与培训

调查员、督导员、复核和质控人员对于依赖人员访问收集数据的项目质量影响很大，因此要注意人员的招聘、筛选和培训工作。

12.4.1 人员招聘

调查员招聘(interviewer recruiting)是建立一支高效的调查员队伍的第一步,主要包括以下具体步骤:

第一,准备项目说明与招聘需求,发布招聘广告;

第二,初筛与面试,录用合适人选;

第三,办理入职手续。

调查员的背景、理解能力、对工作的期望和态度都会影响调查质量。对调查员的要求包括良好的个人素质,即身体健康、善于沟通、诚实、有责任心、吃苦耐劳、耐心细致等。有一定调查经验的应聘者可以优先考虑。此外,调查员还要具备胜任特定工作所需的能力。例如,专题组座谈的主持人除了上述要求,还必须具备很强的表达能力、组织协调能力,最好还要比较风趣幽默,能够调节座谈的氛围,避免冷场和个别人主导座谈。电话调查的调查员必须吐字清晰,声音悦耳,反应迅速。

督导员需要由有一定调查工作经验的人员担任。除了熟悉现场执行工作,还需要有很强的责任心。此外,大规模的问卷调查还需要招聘合适的抽样、质控、复核、编码等相关工作人员。

由于计算机在调查中的普及,因此能够熟练地使用计算机和常用的相关软件也成了现场执行人员必须满足的基本要求。

12.4.2 基础知识培训

调查员培训(interviewer training)对于提高数据收集工作的质量非常重要。培训的目的在于让调查员与督导员了解项目要求和正确的操作方法,使所有的调查员和督导员都能按规范的要求及程序进行访问,保证数据的准确性和一致性。培训内容一般包括相关基础知识、问卷填写和模拟考核三大部分。

调查员需要掌握的基础知识可以分为两大类:有关行业的知识和有关调查方法方面的知识。

营销研究涉及许多行业,每个行业都有其专门的知识。一般的调查员不一定具备调查所涉及行业和产品的背景知识,因此应该进行适当的培训,这将有助于调查员正确理解每个问题的含义,同时也使他们能够有效地与调查对象沟通,理解调查对象的回答。这对于普通人不太熟悉的行业与产品,例如生物制药、高科技产品、新能源汽车等尤为重要。

调查员需要掌握有关调查方法与技巧,从而才能胜任所承担的访问工作。例如,问卷调查的调查员必备的专业知识包括:

- 如何与调查对象接触,以便得到调查对象的配合。
- 如何提问和追问,避免误导调查对象和拒答。
- 如何准确地记录答案,避免问卷填写错误。
- 如何结束访谈。

除此之外,计算机辅助访问的调查员和督导员还需要掌握有关访问系统操作、电子问卷调用与填写、数据存储和传输方面的知识与技能。

12.4.3 问卷填写培训

这部分内容主要包括问卷填写的一般要求和问卷内容两大部分。

调查员需要清楚地了解项目和问卷填写的一般要求,包括抽样方法、合格对象的甄别、问卷执行方法、回访要求、质控标准与要求等;同时还必须了解和接受调查员应当遵守的有关纪律,例如替委托方保密,尊重调查对象隐私,不得在调查期间进行产品的宣传推销活动等。

问卷内容讲解的目的是使调查对象正确理解每个问题的含义和问题之间的逻辑关系,使调查员能够按统一的口径和要求进行访问,确保调查结果的有效性和一致性。这部分内容是培训的核心,可按以下顺序安排:

第一,问卷的整体结构。概要地介绍问卷的主要组成部分及相互关系,使调查员对问卷有一个大致的了解。

第二,题目讲解。重点讲解那些容易引起不同理解的问题,澄清可能存在的歧义,统一某些关键特例的处理办法。

第三,逻辑关系。对前后相关联的问题,讲清其逻辑关系,并介绍现场逻辑检验的方法。

第四,工具的使用。对于需要用卡片和实物的调查,需要介绍这些调查工具的使用方法。

第五,总结。整份问卷完成后,对问卷的要点、难点和歧义点进行总结与归纳。

12.4.4 模拟与考核

课堂培训后,需要了解调查员是否正确理解了每个问题并能按统一的要求完成问卷,模拟是一种有效的检验方法,可以检验和锻炼调查员的应变能力。模拟效果的好坏取决于模拟情景是否逼真,以及担任模拟调查对象的人能否逼真地模仿出调查中可能遇到的各种情况。

调查员人数多、问卷相对简单时,模拟可以分小组进行。由一个有经验的督导员或调查员充当被访者,每个小组成员分别负责一部分问题,相互观摩学习。对于复杂的问卷,可以考虑一对一的模拟。

对于重要的调查,在调查员正式上岗前需要安排考试检查其是否掌握了必要的知识与技能。只有考试合格的调查员才能正式上岗。

除了调查员和督导员,大规模的调查还需要对其他现场执行人员,包括质控人员、复核人员、编码人员等进行必要的培训。

例 12-2

调查员和督导员的工作描述与职位要求

以下是某市场研究公司对调查员和督导员的工作描述与职位要求。

调查员的工作描述与职位要求

- 工作描述:根据公司的市场调研项目要求,保质保量完成相应的访问工作。
- 职位要求:(1)大专以上学历(应届毕业生优先);(2)具备较强的语言沟通和表达能力(包括听说读写),思维敏捷,反应快;(3)熟练操作计算机和 Office 软件;(4)工作责任心强,吃苦耐劳,耐心细致,诚实守信;(5)身体健康。

督导员的工作描述与职位要求

- 工作描述:(1)组织、实施并监控现场数据采集工作;(2)完成问卷初步审核与验收,负责对下属访员的管理及考核;(3)与项目组成员紧密配合,保证现场执行工作按项目的要求顺利实施。
- 职位要求:(1)大学本科以上学历;(2)良好的组织能力和语言表达能力;(3)熟练操作计算机和 Office 软件;(4)责任心强,能承受一定的工作压力;(5)有一年以上同行业同岗位工作经验者优先。

12.5 执行与督导

一旦各项准备工作就绪,就可以开始现场执行工作了。这一阶段要重点做好三方面的工作:现场督导、样本管理和进度控制。

12.5.1 现场督导

现场督导(field supervision)的目的是确保调查员严格按照项目的要求保质保量地完成工作,一般可以从抽样控制、质量控制和作弊控制三方面入手。聘用有责任心、经验丰富的督导并有效地调动其积极性,是现场督导工作能否有效的关键。

抽样控制(sampling control)的目的是确保调查员严格按照抽样计划进行调查,而不是随便选取样本。调查员通常倾向于避免那些难以接触到的住所或抽样单位,如果抽到的被访者本人不在家,调查员可能随意找一个替代样本,而不是进行回访。为了控制这些问题,督导员应该定期检查抽样名单、抽中样本的访问情况和完成情况。对于进度过慢和过快的调查员,要给予格外的关注,及时发现问题并给予必要的帮助和指导。为了防止只追求数量而忽视质量的倾向,必要时可以限制每天的名单发放量。

质量控制(quality control)的目的是确保现场工作按要求进行,需要和其他工作(抽样控制和样本管理)结合起来进行。督导员需要定期检查现场调查过程是否按规范的要求进行,及时发现问题并加以解决。为了及时掌握现场工作情况和了解调查员可能面临的困难,督导员应该亲自完成一些巡视或陪访工作,及时抽查回收的问卷。对于没有经验的访问员要通过陪访、问卷审核和补充培训进行重点指导。

作弊控制(cheating control)是通过明确的奖惩措施、现场督导和复核,及时发现、纠正作弊行为。最常见的作弊行为是篡改或伪造答案,使不完整或不合格问卷成为合格问卷,或者未按项目的要求抽样或选择补充样本,最恶劣的做法就是用不合格的调查对象冒充合格对象甚至虚构整个问卷。有效的培训、现场督导、问卷审核和明确的奖惩措施可以减少作弊行为的发生。

计算机辅助访问技术的采用使督导员可以远程进行样本调配与控制,质控人员能够及时对每个调查员的访问用时与数据质量进行监控,为保证数据质量和防止作弊行为提供了先进的技术支持。

12.5.2 样本管理

有效的样本管理对于控制现场执行的进度、及时发现和解决现场执行中的问题、保证数据质量具有一定的作用。**样本管理**(sample management)工作主要包括:及时、适量地发放样本;对回收的问卷进行及时、准确的审核;发现问卷中的问题并及时处理。

样本的发放。样本的发放要遵循适量的原则,既要保证正常的进度,也要防止因工作量过大而影响质量。完成问卷的回传时间要相对固定,以便养成调查员按时交卷的习惯,也便于及时对问卷进行审核。样本发放的数量要随项目的进程予以调整,遵循"少—多—少"的原则。项目初期,调查员有一个适应的过程,不要发放过多,以免给其过大的压力而影响质量,产生大量的无效问卷;项目后期,由于需要查漏补缺和进行一些收尾工作,发放量也应该适当减少。尤其注意不要将大量样本压在个别调查员手里,否则,不仅影响调查的进度,而且影响质量。项目收尾时可能还需要进行样本调剂,将一些未完成访问的问卷调剂给比较有经验的调查员。

问卷审核。问卷的审核主要是检查回收的问卷是否符合项目的要求,纸质问卷审核的主要内容包括受访者是否符合要求、字迹是否清楚、有无遗漏和逻辑错误、答案是否合理等。电子问卷审核的重点是受访者是否符合要求、各题的访问用时是否有异常、不同变量的缺失率是多少、是否有逻辑错误等。审核时每个调查员完成的问卷都应抽到,但要重点关注那些进度异常的调查员。

问卷处理。对于发现问题的问卷应及时处理,严重的问题要及时向所有调查员通报,以杜绝类似情况的发生。可以补救的问卷要及时退还给调查员进行补充访问,无法补救的按废卷处理,严重的要通报批评。

采用计算机辅助访问的项目不涉及纸质问卷的发放与回收,主要是通过样本发放、回传数据的及时审核,以及对访问用时的监控,控制访问的进度和质量。

12.5.3 进度控制

现场执行应当有计划、平稳地进行,并非越快越好,必须在速度和质量上保持一个合理的平衡。一般而言,在实施初期,由于调查员要熟悉问卷、掌握访问技巧,因此要适当掌握节奏,不宜太快。同时要密切注意可能出现的各类问题并及时加以解决和纠正。要注意避免过分强调进度而忽视质量的做法，否则可能导致大量不合格问卷的产生和返工，反而欲速则不达。

营销研究项目的客户经常会提出一些不合理的进度要求，调研公司为了拿到项目常常只能屈从，导致为赶进度而牺牲质量。因此，要注意与客户的沟通，避免不现实的承诺，不要因为贪一时之利而牺牲自身的信誉和长远利益。

例 12-3

中国家庭追踪调查：现场执行

现场执行与督导的难度因不同的调查而异。对于电话调查和网络调查等采取集中执行的项目，现场执行与督导工作相对简单，主要集中在样本控制和回收数据审核上。而对于大规模、跨地域的入户访问，现场执行与督导的工作非常复杂，需要很多部门与人员的通力合作。

图 12-3 为 2018 年中国家庭追踪调查的现场执行流程。该调查的现场执行环节需要调查督导、调查员、质控、信息技术、财务等多个部门和人员的密切配合与支持。

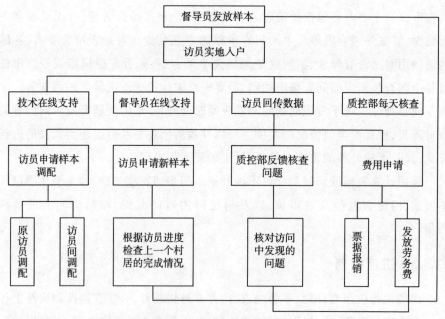

图 12-3　2018 年中国家庭追踪调查现场执行流程

12.6 质控与复核

为了保证数据质量,需要有效的质量控制标准与程序。目前最常用的质量控制手段是抽取一部分完成的问卷进行**复核(verification)**。复核比例视项目的要求和预算而定,通常为5%—20%,但应当涵盖每位参与项目的调查员所完成的问卷。由于国内调查员弄虚作假的问题相对比较普遍,而且作弊的技巧不断提高,使复核工作变得越来越具有挑战性。因此,问卷的复核工作变得越来越重要,负责问卷复核的复核督导和复核员要有丰富的现场调查经验,熟悉各种弄虚作假的方法。为了保证复核的客观性,大规模调查的复核督导和复核员应由未参加现场访问工作的人员担任。

复核的内容包括:

- 受访者身份确认。询问受访者的基本人口统计信息,确保受访者符合要求,并确实接受并完成了访问。
- 访问情况复核。核实受访者是否确实接受过访问,访问的时间、长度和方式,以及受访者对调查员的评价。目的是核实调查员是否按要求完成了访问。
- 重点问题复核。按问卷的措辞抽取重点问题重新询问,检查答案是否一致,判断完成问卷的可信度。

可以采取录音复核、电话复核和实地复核相结合的办法,具体比例视项目的实际情况而定。注意,进行复核时,要让受访对象感到是为了确保资料的准确而不是考核调查员的工作;要注意询问技巧,旁敲侧击,有针对性;要保留复核的原始记录。

对于计算机辅助人员访问或电话访问,可以利用现场录音、访问系统的自动记录等,通过录音复核、每题用时分析、无回答率和异常数据监测等方法,及时发现问题并采取纠正措施,保证数据的质量。其中,**录音复核(recording verification)** 和**每题用时(time in each question,TIEQ)**分析是核实调查员是否按要求准确读出每道问题的有效手段。

例 12-4

中国家庭追踪调查：质控与复核

对于一项大规模的全国性入户调查,质控与复核非常重要。如果不能及时发现现场执行环节的问题并采取有效行动,将会导致大量无效问卷的产生和返工,造成巨大的损失。中国家庭追踪调查实地调查流程中设置了多个质控和复核节点,以便及时发现问题并加以纠正,保证数据的质量。

对于一个全国性调查,现场督导和入户复核的成本非常高,因此该调查主要依靠以下手段进行质量控制：

- 录音复核。及时抽取一定比例的上传问卷进行录音回放,核实调查员是否按照要求完成了访问,每道问题是否按要求完整读出。
- 电话复核。抽取一定比例样本进行电话复核,核实调查对象是否合格,调查员是否按要求实际完成了访问。
- TIEQ 复核。分析每道问题所用的时间,对用时过短或过长的问题及问卷进行重点复查,找出问题的原因并加以纠正。
- 并行数据分析。对数据中的关键变量进行分析,及时发现异常情况,找出原因并采取纠正措施。

资料来源：北京大学中国社会科学调查中心内部资料。

12.7 总结与评估

现场工作完成之后,要及时进行总结与评估,为执行过程保留完整的记录,也为今后工作的改进打下良好的基础。要注意养成及时完成书面执行总结的良好习惯。评估内容一般包括工作流程评估、调查员表现评估和执行质量评估三大方面。

工作流程评估主要包括工作流程是否合理、人员配备是否恰当、分工和要求是否明确、现场督导是否到位、复核是否充分有效等方面的评估。要注意发现问题并提出改进建议。

调查员评估是整个评估工作的重点,评估结果应与奖惩挂钩,做到赏罚分明,以赏为主。及时对现场调查人员进行评估,对于了解调查员的工作表现,寻找并建立高质量的调查队伍十分重要。对调查员的评估标准应当事先公布,通常包括工作态度、工作效率和调查质量等。

执行质量评估主要包括执行进度、完成率、数据质量和成本控制等方面的评估。对于追踪调查,追踪率和样本流失率也是反映执行质量的重要指标。

一线的督导员在项目实施初期就要注意了解每个调查员的工作效率,包括访问成功率和每天完成的问卷数量。对效率过低和过高的调查员都应给予关注:对于效率过低的调查员要进行重点指导,必要时进行陪访或补充培训;对于进度过快的调查员,要注意其有无追求数量而忽视质量甚至弄虚作假的可能。调查质量的评估除了直接观察调查过程、考察调查员是否按规范的要求进行访问,主要依赖于问卷复核的结果。对于问卷完成好、误差率低的调查员应给予适当的奖励;而对于误差率过高的调查员则要给予必要的培训、批评教育和处罚。

12.8 现场执行的职业道德问题

现场执行过程中应该遵守基本的职业道德。调查员应该尽量使调查对象感到舒适,并在自愿的基础上参与调查;要尊重调查对象拒绝回答敏感问题甚至终止调查的权利,不要勉为其难;要尊重调查对象的隐私和感受,给其留下良好的印象,从而提高他们将来对类似活动的配合度;在任何情况下都不得以调查的名义进行推销活动。

现场工作的执行方要本着为委托方负责的态度,按规范的程序操作,并如实报告执行情况;要采取有效措施预防和制止调查中的舞弊行为;要严格遵守与委托方达成的保密协议。

小 结

现场执行是营销研究的一个重要环节。只有通过严谨、规范、高效的现场执行,才能获得及时、准确和有用的数据,达到预期的研究目的。现场执行需要遵循科学性、统筹性、经济性和时效性原则。

访问式调查的现场执行工作流程通常包括制订执行计划、前期准备、人员招聘与培训、执行与督导、质控与复核和总结与评估六大步骤。在项目执行前要制订一个明确、具体和可操作的执行计划,并做好人员、文档、物品、设备、场地等前期准备工作;人员招聘与培训对于保证现场工作的质量非常重要,培训内容一般包括相关基础知识培训、问卷讲解和模拟;现场执行阶段要重点做好现场督导、样本管理和进度控制;复核是保证数据质量的一个重要手段,主要包括访问完成情况复核和重点问题复核;现场工作完成后要及时对工作流程、调查人员和执行质量进行总结评估。

计算机和互联网的普及为现场执行提供了诸如在线实时监控、录音、访问过程自动记录、调查员定位、数据实时上传等数字化和网络化手段,为提高执行效率和数据质量、降低成本提供了有力的保障。

在现场执行过程中要注意遵守有关职业道德,尊重调查对象和委托方的基本权益,防止舞弊行为。

▪ 重要术语 ▪

field execution 现场执行,实地实施
execution plan 执行计划
interviewer 调查员,访员
interviewer recruiting 调查员招聘
interviewer training 调查员培训
execution 执行
field supervision 现场督导,实地督导
sampling control 抽样控制

quality control 质量控制
cheating control 作弊控制
sample management 样本管理
verification 复核
recording verification 录音复核
time in each question(TIEQ) 每题用时
interviewer evaluation 调查员评估

▪ 复习思考题 ▪

1. 请描述现场执行的基本原则和工作流程。
2. 为什么要制订书面的现场执行计划?该计划通常包括哪几个方面的内容?
3. 什么样的人适合担任调查员?什么样的人适合担任督导员?
4. 一般来讲,对调查员应当进行哪几个方面的培训?
5. 对于现场督导员来说,执行阶段通常涉及哪几个方面的工作?
6. 如何对回收的自填式问卷进行复核?
7. 如何能够有效地预防和制止调查员的舞弊行为?
8. 总结与评估的作用是什么?

9. 在现场执行环节，可以采用哪些先进的计算机和网络技术？请举例说明。

■ 练 习 题 ■

1. 请收集一份调查的执行计划或执行总结，并撰写评论。

2. 针对以下入户调查时发生的情况提出你的建议：

（1）有一个调查员的拒访率非常高；

（2）有一个调查员的进度很快，但不合格问卷的比例过高；

（3）在进行问卷复核时，调查对象声称她不记得是否接受过访问，但调查员坚称进行过访问。

3. 请在网上查找一个正在进行的调查项目，下载其问卷和相关资料，然后以小组为单位组织一次调查员培训并提交一份培训小结。

■ 延伸阅读 ■

1. Naresh K. Malhotra, DanielDunan, David F. Birks, *Marketing Research: An Applied Approach*, 5th edition, Chapter 16, Pearson, 2017.

第4篇

数据准备、分析与报告

第13章 数 据 准 备

本章概要

本章首先介绍数据准备的一般流程;然后按照数据准备过程依次讨论问卷审核与编辑、数据编码、数据录入、数据清理以及准备数据文件;接着探讨如何选择适当的数据分析方法;最后提醒读者在数据准备阶段应当注意的职业道德问题。

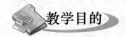教学目的

阅读本章后,学生应当能够:
1. 了解数据准备过程及其主要步骤;
2. 掌握问卷审核和不合格问卷的处理方法;
3. 理解编码的要求与原则,能够为封闭式问题和开放式问题编码;
4. 知道如何进行数据清理,包括发现错误、处理无效值和缺失值等;
5. 理解制作和保留有关数据文件的重要性;
6. 注意数据处理中的职业道德问题。

开篇案例

误差的叠加效应

表13-1是某顾客满意度问卷调查所产生的数据文件的一部分。每个数据点的产生包括询问、回答、记录、编码和输入5个步骤。如果每一步的误差率为3%,单独看似乎不是很高,但累积起来最终进入数据集的数据点没有错误的概率是86%($0.97^5=0.86$),有错误的概率为14%,平均而言,表中每7个数据点中就有1个是错的,这一误差率并不低。

表 13-1 顾客满意度调查数据（节选）

序号	@1	@2	@3	@4	@5	@6	@7	@8	@9	@10	@11	@12	@13	@14	@15	@16	@17
1	1	7	7	7	7	7	7	7	7	6	7	7	7	7	7	7	7
2	2	4	3	5	4	5	5	6	5	6	7	7	6	7	7	6	7
3	3	3	3	3	7	7	7	7	6	4	7	6	6	6	6	7	7
4	4	6	5	5	5	3	5	3	4	3	3	3	5	5	5	3	7
5	5	5	5	6	3	5	3	4	3	6	3	6	7	3	6	3	6
6	6	6	3	5	4	6	2	3	6	3	5	3	5	3	6	6	7
7	7	7	3	4	7	5	5	5	3	1	7	5	1	5	6	5	3
8	8	6	2	5	5	5	5	4	5	3	6	1	4	2	5	6	5
9	9	4	2	3	4	3	4	5	3	2	6	2	3	3	3	3	5
10	10	4	4	3	5	3	5	2	5	5	4	5	3	5	3	5	4
11	11	2	6	4	5	3	4	5	5	5	6	5	5	6	5	5	6
12	12	3	3	5	7	7	5	7	3	3	7	4	4	6	7	7	5
13	13	5	3	1	5	5	4	5	7	5	7	7	5	7	7	7	3
14	14	5	6	5	6	6	5	5	5	6	6	6	6	6	6	6	6
15	15	5	6	6	6	6	6	6	5	6	5	6	6	6	6	6	6
16	16	4	4	4	6	6	5	7	5	4	7	6	6	6	6	5	7
17	17	7	5	5	6	5	6	4	5	5	6	6	7	5	6	7	5
18	18	6	5	5	4	4	5	4	5	3	6	6	5	6	6	5	6
19	19	5	7	6	5	4	6	6	5	6	6	4	6	5	6	5	6
20	20	5	5	7	6	5	6	5	7	5	6	6	6	6	7	6	6
21	21	6	3	6	6	6	5	6	5	6	5	6	5	6	6	6	6
22	22	5	5	6	6	7	6	5	7	6	7	6	7	6	6	6	6
23	23	6	5	5	7	7	7	6	4	4	7	7	7	7	5	5	6
24	24	7	5	5	7	7	7	4	4	7	7	7	7	7	5	5	7
25	25	3	5	5	7	7	7	7	4	6	7	7	7	7	7	7	6

调查中收集的原始资料在用于分析之前，必须被转化成适合分析的形式，这也意味着，最终用于分析的数据质量不仅取决于数据收集过程的质量控制，还与数据准备过程密切相关。正如上面这个简单的例子所示，必须对数据收集和准备的每一步都设定严格的误差控制标准，才能保证所生成数据的质量。

13.1 数据准备过程

传统上，主要数据准备工作都依靠人工完成。现代化的数据采集一般都是高度数字化和自动化的，大部分的数据准备工作都是应用相应的计算机软件自动完成，并且很多都是实时完成的。这大大缩短了数据准备时间，减少或者完全避免了编码和录入误差。

数据准备过程一般包括问卷审核与编辑、数据编码、数据录入、数据清理、准备数据文件等步骤（见图 13-1）。

第一步是检查问卷是否合格并对问卷进行必要的编辑；第二步和第三步是按设定的规则对数据进行编码及转录；第四步是对录入的数据进行必要的清理、编辑和转换，形成可供分析用的数据集；第五步是制作数据字典等必要的数据文件，以方便数据的使用和结果的解释。

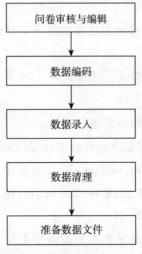

图 13-1 数据准备过程

13.2 问卷审核与编辑

问卷审核(questionnaire check)主要是指检查问卷填写的完整性和质量,以发现和纠正问卷填写中的错误。这项工作应该在现场调查实施过程中尽早开始,以便在现场工作结束之前及时发现和纠正一些错误。如果现场调查是委托第三方进行的,研究人员应该在现场工作结束后再进行独立的抽查,以确保所回收问卷的质量。

进行问卷审核时,要注意以下几方面:

- 合规性。受访对象是否符合要求。例如调查对象是否符合抽样要求、样本构成是否符合配额的要求等。
- 规范性。问卷是否填写清楚、统一和完整,是否遵循了规定的跳转规则。
- 严肃性。调查对象是否认真回答了问题。如果出现许多不合理的或有明显逻辑错误的答案,就表明调查对象回答问题不认真。
- 真实性。调查对象是否如实回答了问题。如果调查对象报告的收入普遍偏低,与其支出不相符、分布不合理等,则其答案的真实性可能有问题。
- 详细程度。开放式问题的回答是否过于简略或干脆跳过。

对于计算机辅助调查和网络调查,除了最后一项,上述工作大多由调查软件在问卷填写时实时完成。

除了桌面审核,专业公司通常还要抽取一定比例的问卷进行复核(实地或电话复核),以便确认:

- 调查对象是否真的接受了调查。
- 调查对象是否符合条件。
- 调查是否按照要求的方式进行。
- 其他:调查员是否按要求佩戴标志和发放礼品、调查员的态度等。

问卷编辑(questionnaire editing)是对问卷中存在的错误进行必要的纠正。如果发现不正确的答案,通常可以给出估计值、设为缺失值或放弃整份问卷,必要时可以将问卷退回给调查员返工。

- 给出估计值。当发现答案不正确或缺失时,可以想办法根据已有的信息给出一个合理的估计值。例如,当问卷显示受访者曾经购买某一品牌,但受访者在回答"知道或听说过哪些品牌"时却没有在该品牌上打钩,这时可以假设该受访者应该知道或听说过其曾经购买过的品牌。在没有更可靠的办法时,也可以采用样本均值或中位数作为估算值,或用其他相关变量进行回归,求出估算值。
- 设为缺失值。如果无法给出一个合理的估计值,可以考虑将有问题或空缺的答案设为缺失,这种方法适用于含缺失值的问卷较少或者有缺失值的变量不是关键变量的情况。
- 放弃整份问卷。如果问卷中不合格答案占较大比例或者关键变量值缺失,但又无法退回给调查员返工,则可以考虑放弃整份问卷。但是,需要事先确定判断标准,保证放弃的问卷和保留的问卷之间在关键特征方面无显著差异,并如实记录和报告不合格问卷的数量。
- 返回现场调查。当原始样本量较小,或者不合格问卷的比例较大时,需要将不合格问卷退还给调查员返工,同时加强对调查员的现场督导,确保重新访问的质量和成功率。

例 13-1

你能发现答案中的错误吗?

以下是某项手机用户调查完成问卷的一部分,你觉得这些答案的可信度如何?可能有哪些错误?

请根据你的真实情况,回答下列相关的陈述与你使用手机的符合程度。
(请在 1—7 中选择,1 = 很不符合,7 = 很符合,并在数字上打钩)

1. 手机的键盘符合我的使用习惯	1	2	3	4	5	6√	7
2. 手机的电池待机时间长	1	2	3	4	5	6√	7
3. 手机屏幕分辨率高	1	2	3	4	5	6√	7
4. 手机通话时音质清晰、音量合适	1	2	3	4	5	6√	7
5. 手机摄像头像素高	1	2	3	4	5	6√	7
6. 手机存储容量大	1	2	3	4	5	6√	7
7. 手机电池容量小	1	2	3	4	5	6√	7
8. 手机坚固耐用、不易损坏	1	2	3	4	5	6√	7
9. 手机 CPU/内存配置高	1	2	3	4	5	6√	7
10. 手机输入法使用方便	1	2	3	4	5	6√	7
11. 手机使用反应速度快	1	2	3	4	5√	6	7
12. 手机用起来稳定,不易死机	1	2	3	4	5	6√	7
13. 很容易就能掌握新手机的使用方法	1	2	3	4	5	6√	7
14. 可以用手机流畅地上网	1	2	3	4	5	6√	7
15. 手机下载速度很慢	1	2	3	4	5	6√	7

此例中各项得分过于接近,缺少必要的波动,表示被调查对象可能没有认真逐项地回答问题;陈述 2 和 7、陈述 14 和 15 的答案相互矛盾,说明这些答案的可信度很低。

13.3 数据编码

数据编码(coding)是根据问卷中所含信息及预先设计好的编码规则,对每个观察变量赋予相应的数值或符号的过程。例如,对调查对象的性别进行编码时,可以将男设为 1 或 m,女设为 2 或 f。不过,现在编码一般都习惯于用数字而不是字母,因为这样便于录入和分析。

13.3.1 编码规则

清晰的编码规则对于数据编码和分析非常重要。在进行数据编码时,必须遵循以下基本规则:

- 不重叠。每个答案对应的编码应当是唯一的,不能有重叠的情况。例如,如果将购买频次的编码设为 1=每月 0—1 次,2=每月 1—4 次,3=每月 4 次以上,则编码 1 和 2 之间有部分重叠。

- 不遗漏。编码方案应该涵盖所有可能的情况,不应当有任何遗漏。无法列出所有可能情况时,可以设为"其他",但该组在样本中的比例不应过高(原则上不超过 10%)。

- 一致性。每个编码的含义对所有的问卷都是一致的。例如,不能在一部分问卷中用 1 代表男性,而在另一部分问卷中用 1 代表女性。

- 符合常识。编码应符合一般常识,这样不容易导致误解。例如,对于受教育水平、购买频次、品牌忠诚度等,应当用大的数字表示受教育程度高、购买频次多和品牌忠诚度高的组别,而不是倒过来。

- 详略适宜。应当根据研究的需要确定编码的详细程度。过细将不便于汇总和分析,而过粗又导致大量信息丢失,无法满足分析的需要。没有把握的情况下,宜细不宜粗,因为如果分组偏细,可以进行合并;而如果分组过粗,不能满足分析的需要,就很难补救了。

封闭式问题的编码实际上在设计问卷时就已经完成,而开放式问题的编码则经常要在问卷回收之后根据回答的情况决定。

13.3.2 开放式问题的编码

开放式问题的编码比较复杂,其编码方案的设计通常有两种思路:理论指导下的演绎性编码和基于样本分布的归纳性编码。

演绎性编码(deductive coding) 是根据现有的理论或以往的研究设定编码方案,然后对开放式问题的答案进行归类。例如,根据有关消费者购买行为的理论和经验,可以将消费者购买某一产品时考虑的主要因素分为质量、价格、服务、形象、便利性五大类,然后对有关购买因素的具体答案进行归类和编码。

归纳性编码(inductive coding) 是根据回收问卷中开放式问题答案的样本

分布情况进行适当的分类,确定编码方案。在没有很好的理论作为演绎性编码的依据时,可以采用这一方法。

例 13-2

洗发水的最主要购买因素编码

假如对于开放式问题"你选购洗发水时考虑的最主要因素有哪些",得到如下的回答(括号中是出现的频次,总样本量为100):

1. 使用效果好(31);
2. 不损伤头发(19);
3. 价格合理(16);
4. 不含有害化学成分(10);
5. 经常打广告(9);
6. 购买方便(8);
7. 有促销活动(3);
8. 品牌知名度高(2);
9. 朋友推荐(1);
10. 其他(1)。

根据上述分布,可以将各购买因素合并为以下编码方案(括号中为原序号):

1. 使用效果(1);
2. 健康因素(2、4);
3. 价格因素(3、7);
4. 品牌因素(5、8、9);
5. 渠道因素(6);
6. 其他(10)。

以上只是一个简化的例子,实际上开放式问题的答案可能五花八门,整理归纳起来要复杂得多,不过都可以通过下列步骤进行归纳性编码:

第一,列出所有不同答案——浏览问卷,列出某一开放式问题的全部不同答案。

第二,合并答案——将意思相近的答案归类。

第三,分配编码——将归类后的类别列出,给每个类别分配一个代码。

当样本很大时，可以先抽取一部分问卷，考察其答案的分布情况，确定编码规则，然后再对全部问卷进行编码。

有些开放式问题的答案含义可能不够清晰，或者有多重含义，不太容易让人做出准确判断。为了减少由于编码员主观判断错误造成的编码误差，对于重要或复杂的问题，需要同时由两个编码员分别独立进行编码，然后比较编码的一致性。对于不一致的样本，需经讨论达成一致，或请第三者做出裁决后确定最终的编码。这一过程叫**双重编码**(double coding)。

在样本量大、开放式问题多的情况下，人工编码速度慢，效率低，经常需要借助文本分析软件进行计算机编码，这样可以大大加快编码的速度。

13.3.3 多选题的编码

如果问题是多选式的，则每个备选答案都应该单独记录。这类问题可能涉及品牌认知、品牌购买与使用、媒体接触情况、信息来源等。例如：

你用过哪些品牌的牙膏？（在适当的方格上画"×"，可多选）

1. 佳洁士　　☐
2. 高露洁　　☐
3. 中华　　　☐
4. 两面针　　☐
5. 黑妹　　　☐
6. 田七　　　☐
7. 美加净　　☐
8. 其他　　　☐

在这种情况下，无法用1—8作为这个问题答案的编码，因为当受访者用过一个以上品牌时，无法确定应该选哪个数字。常规的解决办法是为每个备选答案设一个变量，例如B1—B8，每个变量代表所对应品牌的使用状况，有两个可能的取值，1=用过，0=未用过。假如某个受访者只用过佳洁士和美加净，则B1和B7等于1，其余6个变量均为0。

13.3.4 编码字典

编码字典(code book)是描述数据集中每个变量及其编码规则的文件，通常包括每个变量的序号、名称、位置、对应的问题号和编码说明。编码字典的作用是指导编码和录入人员按正确的规则进行数据编码和录入工作;帮助分析人员了解数据的结构,每个变量在数据集中的位置、含义和取值范围,从而正确使用和分析数据。

例 13-3

汽车拥有状况调查的编码字典

表 13-2 是某项家庭汽车拥有状况调查所用的编码字典的例子。

表 13-2　汽车拥有状况调查的编码字典

序号	变量名称	列数	编码说明
1	ID	1—4	家庭序列号,用实际值
2	Income	6—10	家庭年收入(千元)
3	Member	11—12	家庭成员数,用实际值
4	Educat	13—14	户主的受教育年限,用报告的数字作为编码
5	Region	15	家庭常住地
			1=城镇
			2=农村
6	Income	16	家庭年收入
			1=低于 20 000 元
			2=20 000—39 999 元
			3=40 000—59 999 元
			4=60 000—79 999 元
			5=80 000—99 999 元
			6=10 万元或以上
			9=不详
7	Cars	17	拥有汽车数,用实际值
8	Finance	18	是否贷款购车?
			1=是
			2=否
9	Fcar	19	是否拥有进口车?
			1=是
			2=否

(续表)

序号	变量名称	列数	编码说明
10	Van	20	是否拥有面包车？ 1=是 2=否
11	SUV	21	是否拥有越野车？ 1=是 2=否

13.3.5 编码错误的控制

为了控制编码错误，提高编码的可靠性，可以从以下几方面入手：

• 借助问卷和编码字典。设计良好的问卷和编码字典，可以提供清晰的编码规则，减少编码误差。

• 有效的培训。对编码员进行有效的培训，可以确保他们在开始工作前熟练掌握编码规则及注意事项，减少编码错误和返工的可能。

• 遵循编码的惯例。遵循编码惯例不仅可以减少编码错误，还可以避免数据处理和分析时不必要的麻烦与错误。

• 双重编码。双重编码是提高编码可靠性的有效手段，经费和实际情况允许时应鼓励采用。

• 计算机化。采用计算机自动编码，尽量将人为误差最小化。

13.4 数据录入

数据录入（data entry）是将编码数据从问卷通过键盘或其他设备录入计算机，形成电子数据集。CATI、CAPI或网络调查的数据录入在调查对象填写问卷时就自动完成了，而其他问卷调查的数据录入通常要由专人来完成。除了通过键盘录入，数据录入还可以通过机读卡、光学扫描等手段完成。

如果想提高数据录入速度并减少录入误差，需要做好以下几方面的工作：

• 选择正确的数据输入软件。少量的数据可以用常规的统计分析软件（例如 SPSS）或电子表格（例如 Excel）进行录入，大量的数据应该用专门的数据录入软件录入,要尽量避免用文字编辑程序录入数据,否则不仅速度慢,而且容易出错。

- 人员培训。在正式录入前,要对数据录入人员进行必要的培训,并让他们试录入一些问卷,以便其熟悉问卷和编码。对于试录的问卷必须进行核查,达到要求后再分配正式的录入任务。
- 作业管理。问卷的分配和回收要有准确的记录,要采取适当的进度控制措施,并对数据录入的质量定期进行抽查,奖罚分明。
- 质量监控。为了保证数据录入的质量,有必要对录入的数据进行复核。数据复核通常通过二次录入进行,复核的比例视时间和经费而定,通常为5%—25%。对于重要的数据,或者当数据量很小时,可以对全部数据进行二次录入。

13.5 数据清理

数据清理(data cleaning) 是指发现并纠正数据文件中可识别的错误的最后一道程序,包括错误识别与分级、无效值和缺失值的处理等。数据清理一般是由计算机而不是人工完成的。

13.5.1 错误识别与分级

错误识别是指根据每个变量的合理取值范围和相互关系,检查数据是否合乎要求,发现超出正常范围、逻辑上不合理或者相互矛盾的数据。例如,用1—7级量表测量的变量出现了0值、收入出现了负数等,都应视为超出正常值域范围。常用的统计软件都能够根据定义的取值范围自动识别每个超出范围的变量值。逻辑上不一致的答案可能以多种形式出现。例如,有些调查对象说自己开车上班,后又报告称自己没有汽车;或者调查对象报告称自己是某品牌的重度购买者和使用者,但同时又在熟悉程度量表上给了其很低的分值。

发现错误时,要列出问卷序号、记录序号、变量名称、错误类别等,以便进一步核对和纠正。需要根据错误的性质对数据中的错误进行分级:

- 一级是必须修正的错误;
- 二级是基本上需要修正的错误;
- 三级是有确凿证据证明其错误时才需要修正的错误。

例 13-4

消费者问卷调查常见错误举例

对消费者问卷调查进行数据清理时，经常可以遇到一些明显甚至可笑的错误，例如：

1. 父亲的性别为女，母亲的性别为男。
2. 用过某个产品，但在产品认知部分却回答说从未听说过该产品。
3. 所报的收入远远低于其支出。
4. 各分项消费支出之和超过总消费支出。

……

1 和 2 属于一级错误，必须修正，但处理方式很简单，将父亲的性别设为男，母亲的性别设为女，将使用过的产品设为听说过即可。3 属于三级错误，这种情况对于个别家庭而言是可能发生的，不需要处理；但若是普遍现象则表示数据有问题，需要修正。4 属于二级错误，如果总消费支出大于或等于各分项消费支出之和则不好修正，但若总支出小于分项支出之和则可以基于各分项支出之和加以修正。

13.5.2 无效值和缺失值的处理

由于调查、编码和录入误差，数据中可能存在一些无效值和缺失值，需要进行适当的处理。常用的处理方法有估算、整例删除、变量删除和成对删除。

估算（estimation）最简单的办法就是用某个变量的样本均值、中位数或众数代替无效值和缺失值。这种办法简单，但没有充分考虑数据中已有的信息，误差可能较大。另一种办法就是根据调查对象对其他问题的答案，通过变量之间的相关分析或逻辑推论进行估计。例如，某一产品的拥有情况可能与家庭收入有关，由此可以根据调查对象的家庭收入推算其拥有这一产品的可能性。

整例删除（casewise deletion）是剔除含有缺失值的样本。由于很多问卷都可能存在缺失值，这种做法的结果可能导致有效样本量大大减少，无法充分利用已经收集的数据。因此，整例删除只适合关键变量缺失，或者含有无效值或缺失值的样本比重很小的情况。

变量删除(variable deletion)是指如果某一变量的无效值和缺失值很多，而且该变量对于所研究的问题并不是特别重要，则可以考虑将该变量删除。这种做法减少了供分析用的变量数目，但没有改变样本量。

成对删除(pairwise deletion)是用一个特殊码(通常是9、99、999等)代表无效值和缺失值，同时保留数据集中的全部变量和样本。但是，在具体计算时只采用有完整答案的样本。因为不同的分析所涉及的变量不同，故实际使用的有效样本量也会有所不同。这是一种保守的处理方法，最大限度地保留了数据集中的可用信息。

采用不同的处理方法可能对分析结果产生不同的影响，尤其是当缺失值的出现并非随机且与重要的变量明显相关时。因此，在调查中应当尽量避免出现无效值和缺失值，保证数据的完整性。

13.6 准备数据文件

在产生数据集时应养成准备必要的数据文件的良好习惯，便于数据分析和结果的解释。以下数据文件通常应与数据集一起提供：

- 数据字典(data dictionary)。数据字典是详细描述数据内容和格式的文件，和编码字典相似，这是数据分析所必需的。
- 测量工具。为了使数据分析人员能够准确理解每个变量的含义和可能的误差，应当保留数据收集所用的工具，包括问卷、观察表、访谈提纲等，供有关人员查阅参考。
- 执行报告。目的是使数据使用者了解数据收集过程，包括执行方法、回答率、初始样本量、有效样本量、可能的误差来源等。
- 背景信息。有关研究项目和目标总体的背景信息。
- 其他。例如，数据收集和发布单位的基本信息、联系人、联系方式等，供有关人员需要时查询。

13.7 选择数据分析方法

数据分析方法的选择通常在数据准备之前就要考虑，以便确定数据的内容和格式。数据分析方法的选择取决于研究目的与设计、数据的类别与特征、各种分析方法的特点与适用范围,以及研究人员自身的专业背景和习惯等。数据分析方法的选择一般都是以研究设计中的数据分析计划为出发点,再根据最终调查获得的数据进行相应调整。

数据的测量尺度对选择何种分析方法有很大的影响(见第6章)。研究设计也会对分析方法的选择有一定的影响。例如,方差分析常用于分析用实验法收集的数据,而描述性研究的数据常用一些描述性统计分析的方法(频数分布、列联表等)进行分析。分析方法的选择还需要考虑不同统计方法本身的特点和适用范围,尤其要注意其隐含的基本假设。例如,有些统计方法(如两组 t 检验、配对 t 检验、z 检验等)适用于分析各组之间的差异,一些统计分析方法(如方差分析、相关回归分析、判别分析等)适用于评估变量之间的关系。之后有关数据分析的各章将对最常用的统计方法的用途、特点和基本假设做进一步的讨论。

研究分析人员的背景、习惯和特长也会影响数据分析方法的选择。受过良好统计训练的人员可能会使用很复杂的统计分析方法,慎重地对待不同方法的基本假设和对数据的要求。有经济学背景的研究人员倾向于采用计量经济学的方法和模型分析数据。方差分析则在心理学和消费者行为研究中应用得很广泛。

13.8　数据准备的职业道德问题

数据准备过程中最常遇到的职业道德问题就是为了得到预期的结果而有选择性地删除或篡改数据。为了避免这些问题,剔除不合格问卷和变量的标准应当事先确定,尽量避免在数据分析后又对数据进行"调整";对整个数据的处理过程应当透明,有翔实、准确的记录。

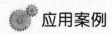
应用案例

百分点:大数据处理流水线

北京百分点信息科技有限公司(以下简称"百分点")成立于2009年,是企业级大数据技术与应用的践行者,该公司专注于满足市场对海量异构数据的融合与分析需求,使企业用户能够高效、便捷地进行大数据管理,实现价值。该公司的核心产品之一就是企业级的大数据管理平台。

对于一个企业级的大数据管理平台而言,需要建立一套标准化、规范化的数据处理流程,例如:如何采集企业内部和外部数据、结构化和非结构化数据;如何清洗采集来的脏数据和无效数据;如何打通不同来源的数据;如何对非结构化的数据进行结构化加工;如何在结构化数据的基础上进行商业建模和数据挖掘;等等。

百分点大数据管理平台在一条数据总线上构建了一条完整的大数据处理流水线。这条流水线从数据的采集、清洗到加工处理,把原始杂乱无章的数据加工成结构化的数据组件,供上层的大数据应用来拼装调用,让企业拥有创造数据资产的能力(见图13-2)。

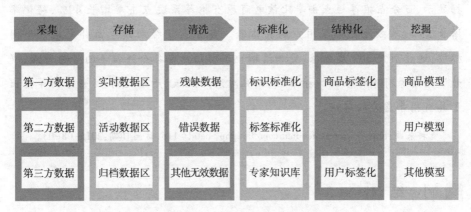

图13-2 大数据处理流水线

百分点大数据管理平台支持采集不同来源、不同类型的数据,既可以采集企业内部第一方的数据,例如业务数据和网站日志数据;也可以采集来自企业外部第二方和第三方的数据,例如通过cookie(访问者在访问网站后留下的信息片段)可以采集到用户网上行为数据,通过爬虫技术可以采集到互联网公开数据。

对于采集来的数据,按照处理类型和读取频率的不同,将其分别存储在三个不同的数据区域:实时数据区、活动数据区和归档数据区。然后对数据进行清洗处理,包括清洗残缺不全的数据、错误数据以及其他一些无效的数据。在清洗完的数据基础上,可以进行数据的标准化工作,比如对不同来源的用户ID

标识进行归一化和标准化处理，对不同来源的标签进行标准化处理和分类。然后在标准化的数据基础上进行数据结构化工作，即建立商品的360度全景画像和用户的360度全景画像。最后，在结构化的数据基础上，根据不同业务需求和应用场景，建立不同的商业模型来进行大数据挖掘。

以百分点针对某综合超市电商的实际需求提供的企业级大数据解决方案为例。该方案包括：①根据收集和处理的用户偏好数据，提供精准个性化推荐服务；②运用因子分析、聚类分析、社会网络分析、生存分析等模型，分析用户生命周期、购买周期，筛选临近购买用户，识别影响消费者选择的变量，进行流失预警等；③根据用户全网标签，进行内容偏好和消费偏好分析，提升推荐系统的精准度和转化率。

百分点大数据解决方案团队帮助该综合超市电商达到了良好的效果。数据显示，百分点推荐栏点击率比该电商原有推荐系统点击率增长49%，转化率增长33%，有效地优化了用户购物体验。百分点还帮助该电商补充用户全网标签，通过用户360度画像，更加清晰地了解用户在各个终端下的行为特点，提升了网站原有推荐系统的精准性，而且对网站改版、产品规划、运营方向等提出了具有指导意义的建议。

资料来源：http://www.baifendian.com/list.php?catid=115，访问日期：2015-08-03。

小 结

数据准备过程一般包括问卷审核、数据编码、数据录入、数据清理、准备数据文件等步骤。首先是检查问卷是否合格并对问卷进行必要的编辑；接着是按设定的规则对数据进行编码和录入；然后是对录入的数据进行必要的清理、编辑和转换，形成可供分析用的数据集；最后是准备数据字典等必要的数据文件，以便于数据的使用和结果的解释。

问卷审核是检查问卷填写的完整性和质量，应该在现场调查实施过程中就尽早开始，以便及时发现和纠正问卷填写中的错误。如果发现不正确的答案，通常可以给出一个估计值、设为缺失值、放弃整份问卷，必要时可以将问卷退回给调查员返工。

编码是根据问卷中所含信息及预先设计好的规则对每个观察变量赋予相

应的数值或符号的过程。进行编码时必须做到不重叠、不遗漏、保持一致性和符合常识。对于开放式问题,可以采取理论指导下的演绎式编码和基于样本分布的归纳式编码。CATI、CAPI 或网络调查的数据录入在调查对象填写问卷时就自动完成了,而其他问卷调查的数据录入通常要由专人来完成。除了通过键盘录入,数据录入还可以通过机读卡、光学扫描等手段完成。数据清理是发现并纠正数据文件中可识别的错误的最后一道程序,包括错误识别与分类、处理无效值和缺失值等。

数据分析方法的选择通常在数据准备之前就要考虑,以便确定数据的内容和格式。数据分析方法的选择通常取决于研究目的与设计、数据的类别与特征、各种分析方法的特点与适用范围,以及研究人员自身的专业背景和习惯等。

■ 重要术语 ■

questionnaire check 问卷审核
questionnaire editing 问卷编辑
coding 编码
deductive coding 演绎式编码
inductive coding 归纳式编码
double coding 双重编码
code book 编码字典
data entry 数据录入

data cleaning 数据清理
consistency check 一致性检查
estimation 估算
casewise deletion 整例删除
variable deletion 变量删除
pairwise deletion 成对删除
data dictionary 数据字典

■ 复习思考题 ■

1. 请描述数据准备过程。
2. 问卷审核通常涉及哪些内容?
3. 发现不合格问卷通常应当如何处理?
4. 演绎式编码和归纳式编码有什么不同?请举例说明。
5. 请举例说明开放式问题编码的主要步骤。
6. 如何能减少数据编码错误,提高编码质量?
7. 请举例说明如何发现数据中的错误并加以纠正。
8. 有哪些处理无效值和缺失值的办法?各自的优缺点是什么?

9. 选择数据分析方法时通常要考虑哪几方面的因素?

10. 大数据处理的基本流程包括哪几个主要步骤?举例说明如何进行大数据挖掘。

练习题

1. 为一项手机用户调查设计下列变量的编码方案,假设调查对象是中国高校的在校大学生:

(1) 年龄;

(2) 学历;

(3) 家庭收入;

(4) 最喜欢的品牌(单选);

(5) 曾经使用过的品牌(可以多选);

(6) 每月的话费支出。

2. 请为下列问题制订编码方案:

(1) 如果你想购买手机,你会考虑去哪里购买?(可多选)

a. 手机专卖店

b. 淘宝

c. 天猫

d. 京东

e. 电器大卖场(国美、苏宁等)

f. 移动通信运营商营业厅

g. 商场、超市中的手机专柜

h. 其他(请说明)_____

(2) 在选购手机时,请为以下功能的重要性排序(请将顺序号填在相应的横线上):

a. 拍照功能 _____

b. 刷脸解锁 _____

c. Wi-Fi(无线网络通信技术)功能 _____

d. 蓝牙功能 _____

e. 防水功能 _____

f. 无线充电 _____

g. 游戏功能 _____

h. 双卡功能 _____

3. 下面有关个人支出的记录中有一个数据点缺失,请给出你的处理方案。

编号	总支出	食品	服装	居住	耐用品	医疗	通信	交通	文娱	其他
2	4 375	950	175	1 390	0		750	80	180	60

■ 延伸阅读 ■

1. Naresh K. Malhotra, Daniel Dunan, David F. Birks, *Marketing Research: An Applied Approach*, 5th edition, Chapter 19, Pearson, 2017.

第14章 描述性统计分析

本章概要

本章讲述营销研究中最常用和最基础的统计分析方法——频数分布和列联表分析。首先介绍频数分布及其用途,以及有关频数分布集中趋势、差异性和分布形状的统计量;然后介绍列联表、与列联表有关的显著性检验和关系强度测量指标;最后简要介绍进行描述性分析常用的软件。

教学目的

阅读本章后,学生应当能够:
1. 认识频数分布的重要性和用途;
2. 理解描述频数分布集中趋势、差异性和分布形状的指标及其应用;
3. 掌握列联表分析方法及其应用;
4. 对列联表中变量之间联系的显著性和强度进行检验;
5. 应用本章所讲述的描述性统计分析方法分析实际数据。

开篇案例

并非每个用户都一样

随着竞争的加剧,许多企业都由过去跑马圈地的运作方式向对市场的精耕细作转变,客户管理与客户价值分析越来越受到重视。通过定期分析企业的客户构成,可以及时了解客户数量和质量的变化,识别高价值客户,采取有效的针对性措施满足客户需求,使客户尤其是高价值客户保持较高的满意度和忠诚度,从而实现企业健康持续发展的目标。

对于网上平台,还可以基于用户的特征与行为进行分类,分析不同类型用户对平台的价值与贡献。

以用户生成内容平台(知乎、抖音、下厨房等)为例,可以根据用户的特征和站内行为,将用户分为:

① 名人。拥有很高的知名度和众多的粉丝,但很少贡献内容,访问频次也不高,主要起到一个"招牌"的作用。

② 专业用户。拥有特定领域的专业知识,贡献高质量的内容或为其他用户贡献的内容背书,帮助维护平台内容的专业性和权威性。

③ 活跃用户。贡献大量的内容并与其他用户互动,保持平台的活跃度和吸引力。

④ 普通用户。经常访问平台并浏览内容,很少发帖和评论,主要为平台贡献流量。

⑤ 睡眠用户。很少访问平台的注册用户,只起到一个凑人数的作用。

平台需要连续分析各类用户构成的变化,合理分配营销资源,优化用户构成,获得一个良性循环。

数据准备好之后,通常首先进行的是**描述性统计**(descriptive statistics),其中频数分布是描述性统计的基础。

14.1 频数分布

频数分布(frequency distribution)考察的是单个变量的取值范围和分布情况,将某一变量的取值与其对应的样本绝对数、相对数和累积频率按顺序列表,就构成了该变量的频数分布。

在营销研究中,常用频数对有关变量进行描述,回答一些营销经理感兴趣的问题,例如:

- 谁是我们的主要顾客?
- 网店的访问量、订单数和购买金额有何规律?
- 顾客的购买量和购买频率如何?
- 高价值顾客在全体顾客中占多大比例?

对变量的频数分布进行分析会产生频数、百分比、有效百分比和累计百分比等系列数据,如表 14-1 所示。

表 14-1 学生总体满意度的频数分布

满意度	变量值	频数(N)	百分比(%)	有效百分比(%)	累计百分比(%)
非常不满意	1	7	3.5	3.6	3.6
比较不满意	2	36	18.0	18.8	22.4
一般	3	81	40.5	42.2	64.6
比较满意	4	59	29.5	30.7	95.3
非常满意	5	9	4.5	4.7	100.0
	缺失值	8	4.0		
	合计	200	100.0	100.0	

表 14-1 列出了某学院学生总体满意度的频数分布,其中第 1 列是满意度各个类别的标签;第 2 列是该变量的取值;第 3 列是选择每个取值的学生数;第 4 列显示选择每个取值的学生比例;第 5 列显示剔除缺失值后每个变量取值在有效样本中所占的比例;最后一列为有效的累计百分比,即有效样本中满意度等于或低于某一取值的学生所占的比例。从该表的第 4 列可以看出:相当多的学生(40.5%)对学院的满意度一般;非常不满意和非常满意的学生很少,分别为 3.5% 和 4.5%;还有少数学生(4.0%)没有做出评价。总的说来,学生对学院的总体满意度不是很高,认为比较满意和非常满意的只有 35.4%(30.7%+4.7%)。

此外,考察有关变量的频数分布有助于了解变量分布的基本特征、缺失值和无效值的情况,为评估数据质量和在进一步的分析中选择合适的统计方法提供依据。例如,上例中的满意度采用的是 5 分制,有效的取值范围是 1—5,任何小于 1 或大于 5 的值都是无效值。

变量的频数分布还可以用直方图表示,这样可以对其分布的形状有一个更加直观的了解(见图 14-1),并判断所观察到的分布与假设的分布形状是否一致。

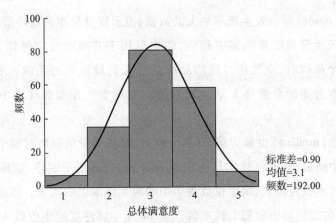

图 14-1　总体满意度的频数分布直方图

14.2　与频数分布有关的统计指标

虽然频数分布可以很直观地描述变量取值的分布情况并提供一些非常有用的信息,但这些信息往往过于冗长,尤其在变量取值范围很大时,因此需要用描述性统计指标进行概括。概括变量分布特征的统计指标包括集中趋势指标、差异性指标和分布形状指标。

14.2.1　集中趋势指标

集中趋势指标(measures of central tendency)用于描述变量分布的中心,常用的指标包括均值、众数和中位数。

均值(mean)是集中趋势指标中最常用的一个统计量,一般用来度量定距或定比变量的集中趋势。例如,人均购买量、人均购买频次、人均拥有量等都属于反映消费者平均购买或拥有状况的指标。

某一变量 X 的均值 $\bar{X}$ 可用下式计算:

$$\bar{X} = \sum_{i=1}^{n} X_i / n$$

式中,X_i=变量 X 的第 i 个观察值;n=样本量。

表 14-1 中总体满意度的均值为 3.1,表示总的说来,学生的满意度一般。但是,严格地讲,学生满意度是定序变量,因此不适合用均值描述变量分布的中心。

众数(mode)是指发生概率最大的数值,表示变量分布最高峰所在的位置,适合用来表示分类变量的集中趋势,但也可用于其他变量。例如,当问人们最喜欢哪个品牌时,众数所对应的品牌就是人们最喜欢的品牌。表 14-1 中满意度频数分布的众数是 3,表明满意度一般的学生在有效样本中占的比例最大。

中位数(median)也称为第 50 百分位数,是按变量的取值对整个样本排序后得到的中间值,该值将样本从正中间一分为二,适用于定序、定距和定比变量。如果样本数为偶数,则中位数为居中的两个样本值的均值;如果样本数为奇数,则中位数为居中的那个样本值。表 14-1 中满意度的中位数为 3,与众数重合。

在表 14-1 中,因为数据分布是基本对称的,所以三个集中趋势指标基本重合。实际上,同一变量的三个集中趋势指标可以不同。那么到底哪个指标能够准确地反映变量的集中趋势呢?这取决于变量的测量尺度和分布的形状。定类变量应该使用众数;定序变量适合用中位数;定距或定比变量可考虑用中位数或均值。中位数的优点是不受个别极大值或极小值的影响,缺点是不能充分利用全部已知信息;而均值则正好相反,能够利用所有已知信息,但对极大或极小的数值很敏感。如果数据中存在极端值,均值就不是一个很好的集中趋势指标,这时用中位数就比较合适。

以家庭的平均收入为例。如果有 10 户人家,其中一家年收入为 100 万元,而其他家庭的年收入只有 10 万元,那么家庭年收入的平均值为 19 万元,而中位数是 10 万元。显而易见,在这种情况下中位数能更好地反映大多数家庭的生活水平。

14.2.2 差异性指标

差异性指标(measures of variability)也叫**离散度指标**(measures of dispersion),用于度量定距或定比变量分布的分散程度,包括全距、方差、标准差和变异系数。

全距(range)是样本中最大值与最小值之差,完全取决于位于频数分布两端的值,代表了变量的取值区间。例如,可以用某门考试成绩的全距(最高分-最低分)表示学习成绩的差异化程度;用最富和最穷家庭的收入差值表示收入的两极分化程度。

方差(variance)是表示变量的观察值与均值之间差异大小的一个指标。当变量的观察值集中在均值周围时,方差很小;反之,方差很大。方差 S_X^2 的计算公式如下:

$$S_X^2 = \sum_{i=1}^{n} \frac{(X_i - \overline{X})^2}{n-1}$$

标准差(standard deviation)就是方差的平方根。标准差 S_X 的计算公式如下:

$$S_X = \sqrt{\sum_{i=1}^{n} \frac{(X_i - \overline{X})^2}{n-1}}$$

变异系数(coefficient of variation)是标准差与样本均值之比。变异系数 CV 的计算公式为:

$$CV = S_X / \overline{X}$$

14.2.3 分布形状指标

概括变量分布形状特征的常用指标是偏度和峰度。

偏度(skewness)是衡量变量的分布是否对称的一个指标。对称性分布的偏度值为 0;负偏(左偏,也就是小于均值一侧的尾巴比较长)时,其值小于 0;正偏(右偏,也就是大于均值一侧的尾巴比较长)时,其值大于 0。

峰度(kurtosis)用于衡量频数分布曲线与正态分布相比是更扁平还是更凸出。正态分布的峰度应该为 0。如果峰度为正,说明曲线分布比正态分布凸出;如果峰度为负,则说明曲线分布比正态分布扁平。

例 14-1

2018 年中国家庭的年收入

改革开放以来,中国家庭的收入不断增长,但收入差距也在拉大。表 14-2 显示,2018 年中国家庭户均收入的平均值是 86 278 元,但中位数却只有 55 000 元,两者相差约 31 278 元。这是因为少数高收入家庭将平均值拉高了,导致一个极端右偏的收入分布(偏度=23.627)。各项差异度指标显示,中国家庭之间收入的差异很大,标准差为 193 549 元,1/4 的家庭收入在 3 万元以下。最高和最低收入家庭之间相差 9 158 800 元,家庭收入很可能明显低报,因为每年收入 0 元的家庭是绝对不可能存在的!

表 14-2 2018 年中国家庭的年收入 （单位:元）

均值	86 278	中位数	55 000
标准差	193 549	变异系数	2.243
偏度	23.627	偏度的标准误	0.021
峰度	824.635	峰度的标准误	0.041
全距	9 158 800	第 25 百分位数	30 000
极小值	0	第 50 百分位数	55 000
极大值	9 158 800	第 75 百分位数	100 000

资料来源:作者根据 2018 年中国家庭追踪调查数据计算得到。

由于家庭收入分布明显右偏,平均值明显高于中位数,因此多数家庭的收入未达到平均值水平。

由此可见,当变量呈显著的偏态分布时,平均值不是一个合适的概括性指标,很容易误导人们,应该用中位数。但是,如果变量的分布非常离散,任何一个集中趋势指标都不能很好地反映变量的中心。

14.3 列联表

我们前面讨论的是单个变量的频数分布,但在营销研究中常常需要同时考虑两个甚至多个变量的联合分布情况,进一步研究变量之间的关系,回答诸如此类的问题:

- 品牌忠诚度与消费者的性别和收入有何关系?
- 消费者对新产品的态度与其年龄、文化程度之间有何关系?
- 家庭规模和收入与购买汽车的种类、档次之间有何关系?
- 推荐方法与点击率和转化率之间有何关系?

列联表(cross tabulations) 是用来描述两个或两个以上变量的联合分布的

统计表,常用于描述一个变量与另一个变量之间的关系,在营销研究中最常用的是双变量列联表(二维表)。

14.3.1 频数表

前面以学生的满意度为例,讨论了满意度的频数分布。假如希望进一步了解学生的满意度是否与学生的性别、年级和类型(本科生、普通硕士生和MBA学员)有关,可以将学生按性别、年级和类型分组,然后列出不同组别学生满意度的频数分布,产生**双变量列联表(bivariate cross tabulations)**。

让我们以性别与满意度的关系为例,看看列联表的用途。首先将满意度分为不满意(满意度=1或2)、一般(满意度=3)和满意(满意度=4或5)三组,然后和性别进行交叉列表,结果如表14-3所示。为了便于观察,在此只用了100名普通硕士生的样本。

表 14-3　普通硕士生的性别和满意度(频数)

满意度分组	性别		合计
	男性	女性	
不满意	19	8	27
一般	23	21	44
满意	12	17	29
合计	54	46	100

表14-3显示男生的满意度似乎低于女生。男生中满意的人数少于不满意的人数,而女生则正好相反。但是,对于这种性别差异是否具有显著性,要用后面介绍的统计方法加以检验。

14.3.2 相对频数表

由于男、女生人数不同,满意度的频数分布不便于直接比较,因此最好比较其百分比,即男、女生中不同满意度水平学生在各自的样本中所占的比例。所以表中需要显示的是每列的相对频数,即表14-3里各单元格中的频数除以其所在列的样本总数(见表14-4)。

表 14-4　普通硕士生的性别和满意度(相对频数)　　　　(单位:%)

满意度分组	性别		合计
	男性	女性	
不满意	35.2	17.4	27.0
一般	42.6	45.7	44.0
满意	22.2	37.0	29.0
样本数	54	46	100.0

表 14-3 更加清楚地显示男生的满意度低于女生。男生中不满意的有 35.2%,而女生仅为 17.4%;男生中满意的仅有 22.2%,而女生达 37.0%。在不分性别的总样本中,不满意和满意的学生比例分别是 27% 和 29%,满意的学生比例略高于不满意的学生;其余 44% 学生的满意度属于一般。

注意,表 14-3 的相对频数分布是按列计算的。在这个例子中可以把满意度作为因变量,性别作为自变量。制作相对频数表时,一般都是按自变量(这里是性别)分组,然后计算因变量(满意度)在每组中的相对频数分布。

例 14-2

车主的满意度与推荐、重购意愿

人们通常认为满意的顾客更有可能再次购买同一品牌的产品,也更有可能向他人推荐。实际情况到底是否真的如此呢?某汽车厂家开展了一项用户问卷调查。

图 14-2 给出了根据对车主的抽样调查数据计算的、按不同满意度分组的调查对象中有推荐意愿(空心圆)和重购意愿(实心圆)的比例。当顾客满意度很低时(满意度评分<2),没有人会有再次购买该品牌汽车或向别人推荐的意愿;随着满意度的上升,车主中愿意再次购买或向别人推荐的比例不断升高,但有推荐意向的比例明显高于有重购意向的比例;当满意度为满分(10)时,几乎所有的车主都有向别人推荐该品牌的意愿,但只有 60% 多的车主有重购意愿。

这组数据说明,使顾客满意不仅可能带来回头客,而且有可能产生良好的口碑,带来新的顾客。但是,即使在非常满意的顾客中,也有一部分人虽然会向别人推荐,自己却不会再次购买。

这是为什么呢?这对汽车厂家有何启示?

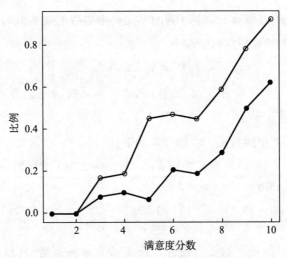

图 14-2　不同满意度车主的推荐与重购意愿

资料来源:金英,《满意度阈与推荐阈的联合估计》,北京大学博士学位论文,2009。

14.4　与列联表有关的统计量

列联表只是直观地列出两个变量之间的联合分布,但并没有准确地显示所观察到的关系在统计学意义上是否显著,以及这种关系的强度。因此,还需要借助衡量列联表中变量关系强度和显著性的统计量做出判断。通常只有在变量之间的联系具有显著性时,才有必要测量其强度。

14.4.1　显著性检验

卡方统计量(χ^2)(chi-square statistic) 是检验列联表中观察到的相关关系显著性的最常用指标。这一指标可以帮助判断两个变量之间所观察到的相关关系是否具有统计学意义上的显著性。

进行卡方检验时,首先假设变量之间没有联系,然后计算在这一假设条件下列联表中各单元频数的预期值 F_{ij},并与列联表中实际观察到的频数 f_{ij} 比较,计算出 χ^2。频数的预期值与观察值差异越大,这个统计量的值就越大。

χ^2 值的计算公式如下：

$$\chi^2 = \sum_i \sum_j (f_{ij} - F_{ij})^2 / F_{ij}$$

式中，f_{ij} 和 F_{ij} 是位于第 i 行和第 j 列的单元格中频数的观察值与预期值。

在假设两个变量独立的情况下，

$$F_{ij} = n_i \cdot n_j / n$$

式中，n_i 是第 i 行的样本总数，n_j 是第 j 列的样本总数，n 是总样本数。

χ^2 的自由度 $df=(r-1)(c-1)$，其中，r 和 c 分别代表列联表的行数和列数。

对于表 14-2 中的数据，χ^2 值计算如下：

$$\chi^2 = \frac{(19-14.6)^2}{14.6} + \frac{(8-12.4)^2}{12.4} + \frac{(23-23.8)^2}{23.8} + \frac{(21-20.2)^2}{20.2}$$

$$+ \frac{(12-15.7)^2}{15.7} + \frac{(17-13.3)^2}{13.3} = 4.825$$

当计算的 χ^2 值大于相应自由度下的卡方分布临界值时，拒绝两个变量之间没有联系的假设。表 14-2 的自由度为 $(3-1)\times(2-1)=2$，χ^2 值为 4.825，在 0.05 显著水平上的临界值为 5.991，因此不能拒绝满意度与性别无关的假设，说明性别与满意度的联系在 0.05 的显著水平上没有统计上的显著性。

卡方检验的潜在假设为观察值都是独立的，要求列联表中每个单元格的预期频数不小于 5。当表中有单元格的预期频数小于 5 时，不宜进行卡方分析。

14.4.2 关系强度分析

卡方检验可以帮助判断列联表中所观察到的变量之间的关系是否在统计学上显著，但并没有说明这种关系的强度如何，因此还需要进行关系强度分析。常用的衡量列联表中变量之间关系强度的统计量有 ϕ 系数、列联系数 C、非对称性 λ 系数等。

ϕ 系数(phi coefficient)是用于测量 2×2 表格中变量之间联系强度的统计量，其计算公式如下：

$$\phi = \sqrt{\frac{\chi^2}{n}}$$

式中，n 是样本量。从上式可以看出，ϕ 系数取决于 χ^2 值和样本量之比。当变量之间没有联系时，χ^2 值为 0，ϕ 值也等于 0；当变量之间完全相关时，χ^2 值等于样本量，ϕ 值为 1。需要注意的是，ϕ 系数只能用于 2×2 表格。

列联系数 C（contingency coefficient C）可用于衡量任意大小的列联表中变量关系的强度，其计算公式为：

$$C = \sqrt{\frac{\chi^2}{\chi^2 + n}}$$

该系数也取决于 χ^2 值和样本量，取值范围在 0 和 1 之间，但永远无法达到最大值 1。当变量之间没有关系时，χ^2 值为 0，列联系数 C 等于 0；C 的最大值取决于列联表的行数和列数，因此不同大小表格之间的 C 值不具有可比性。表 14-2 的列联系数为：

$$C = \sqrt{\frac{4.825}{4.825 + 100}} = 0.215$$

说明满意度和性别之间的关系比较弱。实际上，当显著检验的结果说明变量之间的关系没有统计学上的显著性时，没有必要再进行关系强度分析。

非对称性 λ（asymmetric λ）系数是指用自变量信息对因变量进行预测，与没有利用自变量信息进行的预测相比，预测误差减少的百分比，取值在 0 和 1 之间。λ 取值为 0 表示预测没有改进；取值为 1 表示一旦知道了自变量，对因变量做出的预测就没有误差。值得注意的是，$\lambda = 0$ 表示自变量信息对提高预测准确率并没有帮助，并不一定表示自变量与因变量之间无关。

当列联表中的两个变量没有明确的自变量和因变量之分时，可以依次以其中的一个变量作为因变量，计算其相应的非对称性 λ 系数，然后求两个非对称性 λ 系数的平均值，这就是**对称性 λ（symmetric λ）系数**。

表 14-2 中把满意度作为因变量时，非对称性 λ 系数为 0，说明知道调查对象的性别对减小满意度的预测误差没有影响。需要再次强调的是，$\lambda = 0$ 本身并不一定说明满意度与性别无关，还要参考其他的统计量进行判断。

14.4.3　其他衡量关系强度的统计量

卡方和上述衡量关系强度的统计量都是将变量当作定类尺度测量的，当列联表中的变量为定序变量时，上述统计量并没有充分利用数据中所包含的全部信息。因此，当列联表中的两个变量都是定序变量时，可以考虑其他能够利用变量中所含的排序信息的统计量。

Kendall's τ_b 和 τ_c 测量两个定序变量之间关系的强度。τ_b 最适用于行数与列数相等的方形表格,其取值在 1 和 -1 之间,由此不仅可以判断关系强度,还可以判断关系的方向(是正向还是负向)。τ_c 适合行数与列数不等的表格,取值也在 1 和 -1 之间。

g(gamma)可以用于任意大小的表格,取值在 1 和 -1 之间。

14.5　常用的统计分析软件

目前流行的统计软件包(SPSS、SAS、Stata 等)都有很好的描述性统计分析功能。用于频数分布的主要程序有 FREQUENCIES(SPSS)和 UNIVARIATE(SAS);Excel 的 Tools>Data Analysis 功能可以计算描述性统计量。主要的列联表分析程序包括 CROSSTABS(SPSS)和 FREQ(SAS);Excel 的 Data>Pivot Table 功能也能进行列联表分析。

SPSS 是目前最常用的集数据管理、统计分析、统计绘图和报告撰写于一体的多功能、综合性软件,被广泛地应用于包括营销研究和数据挖掘在内的许多领域。本节以 SPSS 为例,简单介绍进行变量的频数分布和列联表分析的程序。

SPSS 中用于描述性统计分析的主要程序是 FREQUENCIES、DESCRIPTIVES 和 CROSSTABS。

FREQUENCIES 能产生包括每个变量的频数、百分比、有效百分比和累计百分比的列表,同时给出一系列描述频数分布的集中趋势、离散趋势和形状的概括性统计指标。该程序还可以绘出描述每个变量频数分布的直方图、条图或饼图。若要进行频数分析,在 SPSS 窗口点击 Analyze>Descriptive Statistics>Frequencies。

如果只需要概括性统计量,不想列出冗长的频数分布表,可以用 DESCRIPTIVES 程序,在 SPSS 窗口点击 Analyze>Descriptive Statistics>Descriptives。

还有一个 MEANS 程序,可以根据自变量将样本分组,然后计算与比较各组因变量的均值和标准差。

列联表分析的主要程序是 CROSSTABS。该程序可以生成列联表,提供每个单元格绝对频数的观察值和预期值,也可以提供由相对频数构成的列联表。百分比的计算可以以总样本、列合计或行合计为基数,由用户自行选择。

CROSSTABS 还可以提供前面讨论的所有显著性检验和测量相关强度的统计量。用户也可以选择省略列联表，只要与列联表有关的显著性检验和关系强度测量的结果。

若要进行列联表分析，在 SPSS 窗口中点击 Analyze>Descriptive Statistics>Crosstabs。

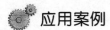 **应用案例**

用户画像中的用户分析与行为定向

用户画像是有关用户兴趣、偏好与行为的概括性描述，这一描述根据观察或报告的用户行为与属性构建。营销研究的一项基础工作就是及时构建和更新用户画像，并用于诸如市场细分、个性化定制、个性化广告与促销等众多领域。

目前构建用户画像的数据主要来自研究公司的在线固定样本组数据（客户端数据）、目标企业内部的客户行为与特征数据、搜索引擎收集的搜索与随后的网页访问数据，以及广告平台的广告主用户访问数据。

尽管市场营销需要完整的用户画像，但除了客户端数据，各种来源的用户画像都不完整，这就是所谓的用户画像的碎片化。

Trusov 等在 2016 年的研究显示，对于美国消费者对网站的访问行为而言，最大的广告平台数据只能覆盖其 19% 的访问量，而最大的搜索引擎谷歌也仅覆盖了 12% 的访问量。因此，他们提出了一个能够在有限信息条件下利用用户在线浏览行为揭开用户画像的模型，并将该模型用于顾客群分析和展示广告竞标。

该研究的实证分析构建了便于解释的行为画像并描述了其分布；此外还显示了即使拥有海量信息的线上企业，若仅仅基于其内部数据对用户行为进行预测，也会产生有偏差的结果。该研究还发现，尽管搜索引擎的访问量少于广告网络，但其数据质量更高，因此搜索引擎可以依据更少的信息构建用户的行为画像。个体层面追踪的局限所导致的数据缺失对不同线上企业的影响不同，而该研究所提出的模型对于这类缺失数据尤其有效。通过模拟，该研究还显示该模型用于个体定向广告时能够显著提升广告收益。

现在请想一想:
1. 对于电商平台而言,哪些变量可以反映消费者的兴趣、爱好与行为?
2. 描绘不同用户群的画像时,可以考虑用哪些概括性的描述性统计指标?

资料来源:Michael Trusov, Liye Ma, Zainab Jamal, "Crumbs of the Cookie: User Profiling in Customer-Base Analysis and Behavioral Targeting", *Marketing Science*, 2016(3): 405-426。

小 结

描述性统计分析是营销研究中最常用的统计分析方法,也是对数据进行进一步分析的基础。描述性统计分析的第一步是分析数据中每个变量的频数分布,描述该变量的分布状况及其特点,发现可能存在的缺失值和无效值。某个变量的分布特点可以用频数分布表和直方图加以描述,并用与频数分布有关的集中趋势指标(均值、中位数、众数等)、差异性指标(全距、标准差、变异系数等)和形状指标(偏度和峰度)加以概括。

列联表是用来描述两个或两个以上变量的联合分布的统计表,常用于描述一个变量与另一个变量之间的关系。本章介绍了在营销研究中最常用的双变量列联表。列联表中变量之间关系的显著性可以根据卡方统计量及其相应的显著概率加以判断,关系的强度视列联表的类型用 ϕ 系数、列联系数 C、非对称性 λ 系数等统计量加以测量。

目前流行的统计软件包都具有很好的描述性统计分析功能。SPSS 中用于描述性统计分析的主要程序是 DESCRIPTIVES、FREQUENCIES 和 CROSSTABS。

重要术语

descriptive statistics 描述性统计
frequency distribution 频数分布
measures of central tendency 集中趋势指标
mean 均值
mode 众数
median 中位数
measures of variability 差异性指标

measures of dispersion 离散度指标
range 全距
variance 方差
standard deviation 标准差
coefficient of variation 变异系数
skewness 偏度
kurtosis 峰度
cross tabulations 列联表

bivariate cross tabulations 双变量列联表
chi-square statistic 卡方统计量
phi coefficient ϕ 系数
contingency coefficient C 列联系数 C
asymmetric λ 非对称性 λ
symmetric λ 对称性 λ

▌复习思考题▐

1. 请举例说明频数分析的步骤及其在市场营销中的用途。

2. 常用的集中趋势指标各有什么特点？在使用时应当注意什么问题？

3. 为什么在频数分析时需要考虑差异性指标？请举例说明。

4. 何谓列联表？请举例说明列联表在营销研究中的用途和局限。

5. 如果列联表中的变量都是定序变量，则应当用什么统计量测量变量之间关系的强度？

6. 什么是用户画像？在构建用户画像时可能用到哪些描述性统计指标？

▌练 习 题▐

1. 某银行采用抽样的方法对 1 000 名个人客户进行电话调查，用 5 级量表（1＝非常不满意，5＝非常满意）测量客户对该银行的品牌形象、服务质量、收费标准、服务环境、人员素质和总体满意度的评价，请针对下列具体问题，选择合适的描述性统计分析方法：

（1）了解客户对该银行的品牌形象、服务质量、收费标准、服务环境、人员素质的评价，发现需要重点改进的领域；

（2）发现该银行在客户心目中的强项与不足；

（3）比较普通客户与 VIP 客户之间在总体满意度方面是否有显著差异。

2. 下表是对 200 名大学生每天平均上网时间的虚拟调查结果。

（单位：小时）

上网时间	性别		合计
	男	女	
<2 小时/天	10	45	55
2—4 小时/天	46	34	80
>4 小时/天	44	21	65
合计	100	100	200

请根据表中的数据，

（1）描述性别与上网时间的关系；

（2）对两者之间的关系进行显著性检验；

（3）判断两者关系的强度。

延伸阅读

1. Naresh K. Malhotra, Daniel Dunan, David F. Birks, *Marketing Research: An Applied Approach*, 5th edition, Chapter 20, Pearson, 2017.

2. Michael Trusov, Liye Ma, Zainab Jamal, "Crumbs of the Cookie: User Profiling in Customer-Base Analysis and Behavioral Targeting", *Marketing Science*, 2016(3): 405-426.

第15章 方差与协方差分析

本章概要

考察两组或两组以上均值差异的方法统称为方差和协方差分析。本章首先介绍单因子方差分析;然后介绍多因子方差分析、协方差分析和结果的解读;最后简要介绍重复测量方差分析和多元方差分析等相关问题。

教学目的

阅读本章后,学生应当能够:

1. 理解有关方差分析的基本概念及其在市场营销中的应用;
2. 掌握单因子方差分析的方法与步骤,包括总方差分解、效果测量、显著性检验和结果解释;
3. 掌握多因子方差分析的方法与步骤,包括总效应、交互效应和主效应的显著性检验;
4. 理解协方差分析的原理与用途;
5. 初步了解重复测量方差分析和多元方差分析。

开篇案例

名副其实的"首堵"

图15-1是通过招募在校学生作为调研员,以实际打车的方式收集的上海、北京、深圳、成都和重庆5个城市打车的平均响应时长(点击确认呼叫后至司机确认接单的时间)。该研究按早高峰、日间非高峰、晚高峰和夜间非高峰4个时段分层抽样,获得了5个城市4个时段的打车响应时长数据,共计821个有效样本。

从图中可以看出，不同城市之间呼叫网约车的平均响应时长有明显的差异，尤其是在早、晚高峰时段。北京早高峰时段的平均响应时间最长，是名副其实的"首堵"，而重庆晚高峰时段的平均响应时间最长，其余城市不同时段之间的差异并没有那么明显。

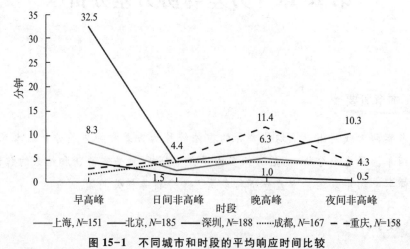

图 15-1　不同城市和时段的平均响应时间比较

资料来源：孙金云，《疯狂教授带队打了 800 多趟车，发现了什么秘密？》，"老孙漫话"微信公众号，2021-02-17。

那么，上述差异是不是抽样误差所致的样本均值的波动？不同时段间的差异和城市间的差异哪个更显著？要想回答这样的问题，就需要用本章介绍的方差分析方法。

考察两组或两组以上均值差异的方法统称为方差和协方差分析。**方差分析**（analysis of variance，ANOVA）一般用于检验两组或两组以上均值的差异。最简单的方差分析必须有一个定量（定距或定比）的因变量、一个或多个定类自变量。方差分析的自变量又称为因子（factor），必须是定类变量。一个因子水平或类别的特定组合被称为一种**处理**（treatment）。**单因子方差分析**（one-way analysis of variance）用于检验单个因子取不同水平时因变量的均值是否有显著差异，只涉及一个因子。若涉及两个或两个以上因子则称为**多因子方差分析**（n-way analysis of variance）。例如，除了性别，如果研究者还想比较不同职业和学历的消费者在支付意愿方面的差异，就可以进行多因子方差分析。

如果自变量中既包含定类变量也包含定量变量，这种分析就称为**协方差分**

析(analysis of covariance, ANCOVA)。例如,在考虑收入的前提下,比较不同性别、职业和学历在支付意愿上的差别,就要采用协方差分析。这时定类自变量(性别、职业和学历)仍然作为因子,定量的自变量(收入)作为**协变量(covariate)**。

用于方差分析的数据需要满足下列条件:

第一,自变量的类别是固定的。这种情况被称为固定效应模型;如果样本随机分布于不同的类别和处理组,则需用随机效应模型;如果处理因子是固定的,其他因素是随机的,则需用混合效应模型。

第二,正态性与方差齐性。因变量的误差呈正态分布,与 X 的类别无关,各组间具有相同的方差。

第三,误差之间无关。如果误差是相关的,则 F 比值可能被严重扭曲。

15.1 单因子方差分析

如上所述,单因子方差分析只涉及一个定类变量或单一因子。营销研究人员经常需要考察因变量在单一因子的各种状态下均值是否有显著差异,例如:

- 男女消费者在品牌忠诚度上有显著差异吗?
- 各个细分市场的人均产品消费量有显著差异吗?
- 顾客对商店的熟悉程度(高、中、低)对购买意愿有什么影响?
- 不同的标价方式对购买意愿和购买量是否有显著影响?

可以通过单因子方差分析来回答上述问题。

进行单因子方差分析的过程包括定义问题、总变差分解、测量作用、显著性检验和解释结果(见图15-2)。

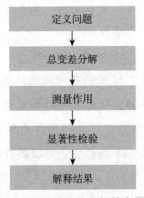

图 15-2　单因子方差分析的主要步骤

15.1.1 定义问题

定义问题主要涉及如何根据研究目的确定合适的因变量和自变量。例如，假如我们想知道促销水平对商店销售额的影响，那么此时因变量是商店销售额（定量变量），自变量是促销水平（分为高、中、低三组的定类变量）。

方差分析中的因变量以 Y 表示，自变量以 X 表示。X 是定类变量，共有 c 类，在 X 的每个类别中有 n 个 Y 的观测值。如下面的单因子方差分析的变差分解所示，X 的每个类别中的样本规模为 n，总样本规模为 $N=n\times c$。为了简单起见，在此假设 X 各类别中的样本量相等，但这并不是必需的。

$$
\underbrace{\begin{matrix} & \text{自变量 } X \text{ 类别} & & \text{总样本} \\ X_1 & X_2 & X_3 & \cdots & X_c \\ Y_1 & Y_1 & Y_1 & & Y_1 & Y_1 \\ Y_2 & Y_2 & Y_2 & & Y_2 & Y_2 \\ \vdots & & & & \vdots \\ Y_n & Y_n & Y_n & & Y_n & Y_n \\ \bar{Y}_1 & \bar{Y}_2 & \bar{Y}_3 & \cdots & \bar{Y}_c & \bar{Y} \end{matrix}}
$$

组内变差 = SS_{within}，组间变差 = $SS_{between}$，总变差 = SS_Y，组均值

15.1.2 总变差分解

单因子方差分析需要对因变量的观察值进行**总变差分解**（decomposition of the total variation）。Y 的总变差是每个观察值与总样本均值之差的平方和，表示为 SS_Y，可以分解为两部分：

$$SS_Y = SS_{between} + SS_{within}$$

式中，$SS_{between}$ 是 Y 的总变差中与 X 的各组均值之间的差异有关的部分，代表 Y 在 X 各组之间的差异，即 Y 的总变差中与因子 X 有关的部分，故 $SS_{between}$ 也可表示为 SS_X。SS_{within} 是 Y 的总变差中与 X 各组内差异有关的部分，不是由 X 引起的，因此也称为 SS_{error} 或残差。Y 的总变差可以被分解为：

$$SS_Y = SS_X + SS_{error}$$

$$SS_Y = \sum_{i=1}^{N} (Y_i - \overline{Y})^2$$

$$SS_X = \sum_{j=1}^{c} n(\overline{Y}_j - \overline{Y})^2$$

$$SS_{error} = \sum_{j=1}^{c} \sum_{i=1}^{n} (Y_{ij} - \overline{Y}_j)^2$$

式中,Y_i 为总样本中第 i 个观测值,Y_{ij} 为第 j 组的第 i 个观测值,$\overline{Y}_j$ 为第 j 组的均值,$\overline{Y}$ 为总样本均值。

15.1.3 测量作用

X 对 Y 的作用可以用 SS_X 来测量。X 对 Y 的作用强度可以用以下公式计算:

$$\eta^2 = \frac{SS_X}{SS_Y} = \frac{(SS_Y - SS_{error})}{SS_Y}$$

η^2 的值在 0 和 1 之间变动。组均值相等时其值为 0,表示 X 对 Y 无作用;当 Y 在每组内无差异而组间有差异时,η^2 的值为 1。因此,η^2 是由自变量 X 解释的 Y 的总变差的比例。

15.1.4 显著性检验

单因子方差分析的零假设为不同因子水平组的因变量均值相等,即:

$$H_0: \mu_1 = \mu_2 = \mu_3 = \cdots = \mu_c$$

在零假设下,Y 的总体方差可以根据组间变差也可以根据组内变差估计,即 Y 总体方差的估计值可以是:

$$S_Y^2 = \frac{SS_X}{(c-1)} = 归因于 X 的均方 = MS_X$$

或

$$S_Y^2 = \frac{SS_{error}}{(N-c)} = 归因于误差的均方 = MS_{error}$$

上述两个估计量的比值为 F 统计量:

$$F = \frac{SS_X/(c-1)}{SS_{error}/(N-c)} = \frac{MS_X}{MS_{error}}$$

这个统计量呈 F 分布,分子和分母的自由度分别为 $(c-1)$ 和 $(N-c)$。

15.1.5 解释结果

如果自变量的作用显著,则归因于 X 的均方要大于归因于误差的均方,当 F 值大于某一置信水平上的临界值时,则拒绝各组均值相等的零假设,接受自变量对因变量有显著作用的被择假设;否则就不拒绝各组均值相等的零假设,承认自变量的作用并不显著。

进一步比较各组均值能够显示自变量 X 对因变量 Y 作用的特点。

例 15-1

店内促销对销售额的影响

某连锁商店为了考察不同促销水平对销售额的影响开展了一项研究:随机将 30 家分店分为三组,然后开展三种不同强度(高、中、低)的促销活动,同时对每家店的销售额进行为期 1 个月的追踪。

表 15-1 为三组商店的平均销售额数据。

表 15-1 不同促销组的平均月销售额

促销水平	商店数(家)	月均销售额(万元)
高	10	830
中	10	620
低	10	370
合计	30	606

表 15-1 显示,促销强度大的组,销售额也高。促销强度对销售额的作用是否在统计上显著可以通过单因子方差分析来回答,方差分析的结果如表 15-2 所示。

表 15-2 月均销售额的方差分析

方差分解	SS	df	MS	F 值	显著概率
SS_X	1 060 670	2	530 335	17.943	0.000
SS_{error}	798 000	27	29 556		
SS_Y	1 858 670	29	64 092		

表 15-2 显示：

$$SS_Y = SS_X + SS_{error} = 1\ 060\ 670 + 798\ 000 = 1\ 858\ 670$$
$$MS_X = 1\ 060\ 670/2 = 530\ 335$$
$$MS_{error} = 798\ 000/27 \approx 29\ 556$$

X 对 Y 作用的强度测量如下：

$$\eta^2 = \frac{SS_X}{SS_Y} = 1\ 060\ 670/1\ 858\ 670 \approx 0.571$$

即销售额（Y）的总变差中可以归因于促销强度（X）的部分相对较大，为 57.1%，说明促销作用较大。

促销作用的显著性可以根据 F 检验的结果判断：

$$F = \frac{SS_X/(c-1)}{SS_{error}/(N-c)} = \frac{MS_X}{MS_{error}} = 530\ 335/29\ 556 \approx 17.943$$

当分子和分母的自由度分别为 2 和 27 时，$\alpha = 0.05$ 的 F 临界值为 3.35。由于 F 值远远大于临界值，故拒绝各组均值相等的假设。因此可以得出结论，不同促销水平的分店在月均销售额上有显著差异。这三组均值的相对大小表明，高的促销水平导致显著高的销售额，所以应该重视店内促销工作。

15.2 多因子方差与协方差分析

单因子方差分析只有一个定类的自变量。但是，在营销研究中经常碰到多个定类或定量的自变量，这时需要进行多因子方差分析或协方差分析。

15.2.1 多因子方差分析

在市场营销研究中经常需要同时考察一个以上的因子对因变量的影响，例如：

- 广告水平和价格水平的相互作用如何影响商品销售？
- 不同学历、职业和年龄的消费者对品牌的态度是否有显著差异？
- 不同性别的被试对不同类型（功能型和情感型）广告诉求的反应是否有显著差别？

为了回答上述问题，可以使用多因子方差分析，考察各因子对因变量的作用及其交互作用。**交互作用(interactions)**是指一个因子对因变量的作用与另一个因子的水平(类别)有关。进行多因子方差分析的过程与单因子方差分析类似。现以两个因子 X_1 和 X_2 的情况为例加以说明。

假设 X_1 和 X_2 分别有 c_1 和 c_2 个类别,总变差可以表示如下:

$$SS_Y = SS_{X_1} + SS_{X_2} + SS_{X_1X_2} + SS_{error}$$

式中,SS_{X_1} 和 SS_{X_2} 为归因于 X_1 和 X_2 的主效应的变差,$SS_{X_1X_2}$ 为归因于 X_1 和 X_2 交互效应的变差,SS_{error} 为残差。

Y 在 X_1 各组之间的均值差异越大,SS_{X_1} 越大,表示 X_1 的作用越大;X_2 也是如此;$SS_{X_1X_2}$ 越大,表示 X_1 和 X_2 的交互作用越大。如果 X_1 和 X_2 的作用是相互独立的,则 $SS_{X_1X_2}$ 将接近于 0。

两个因子的联合作用强度被称为总效应(overall effect),或多重 η^2,其计算公式如下:

$$\text{多重}\eta^2 = \frac{(SS_{X_1} + SS_{X_2} + SS_{X_1X_2})}{SS_Y}$$

总效应的显著性可以用 F 检验来检验,其计算公式如下:

$$F = \frac{(SS_{X_1} + SS_{X_2} + SS_{X_1X_2})/df_n}{SS_{error}/df_d} = \frac{SS_{X_1,X_2,X_1X_2}/df_n}{SS_{error}/df_d} = \frac{MS_{X_1,X_2,X_1X_2}}{MS_{error}}$$

$$df_n = \text{分子自由度} = (c_1 - 1) + (c_2 - 1) + (c_1 - 1)(c_2 - 1)$$

$$df_d = \text{分母自由度} = N - c_1c_2$$

$$MS = \text{均方}$$

当总效应显著时,需进一步检验**交互效应(interaction effect)**的显著性,其相应的 F 统计量为:

$$F = \frac{SS_{X_1X_2}/df_n}{SS_{error}/df_d} = \frac{MS_{X_1X_2}}{MS_{error}}$$

$$df_n = (c_1 - 1)(c_2 - 1)$$

$$df_d = N - c_1c_2$$

如果交互效应显著,则 X_1 的效应取决于 X_2,X_2 的效应也取决于 X_1。如果交互效应不显著,那么检验因子的**主效应(main effect)**就很有必要。

以 X_1 为例,其主效应的显著性检验如下:

$$F = \frac{SS_{X_1}/df_n}{SS_{error}/df_d} = \frac{MS_{X_1}}{MS_{error}}$$

$$\mathrm{df}_n = c_1 - 1$$
$$\mathrm{df}_d = N - c_1 c_2$$

15.2.2 协方差分析

考察某个(组)特定自变量对因变量的作用时,通常需要控制其他相关变量的影响。例如:

- 比较不同性别、年龄组消费者购买某产品的数量时,需要考虑收入的影响。
- 比较不同广告诉求对品牌评价的影响时,有必要控制被试对该品牌的已有态度。
- 研究不同收入水平如何影响食品的消费量时,考虑家庭规模也很重要。

协方差分析(analysis of covariance) 可以帮助我们控制其他相关变量对因变量的作用,更准确地估计特定自变量的影响。该方法要求至少有一个定类的自变量(称为因子)和一个定量的自变量(称为协变量)。因为主要关心的是因子的作用,所以需要去除由协变量产生的因变量变差,然后对调整后的数据进行方差分析。可以用 F 检验来检验单个协变量的作用及其联合效应是否显著,根据协变量的系数判断协变量对因变量的作用。

15.3 方差分析结果的解读

在解读方差分析结果时需要注意的问题很多,在此只是重点讨论交互效应、因子的相对重要性和多重比较这三个主要问题。

15.3.1 交互效应

对两个或两个以上因子进行方差分析时,可能产生不同类型的交互效应(见图15-3)。

方差分析可能显示变量间的交互效应不显著(例1)或交互效应显著。当自变量之间的交互效应显著时,交互效应可能是同序的(例2),也可能是非同序的。**同序交互效应(ordinal interaction)** 中一个因子发生作用的方向不随另一个因子而变化。**非同序交互效应(disordinal interaction)** 中一个因子发生作用的方向因另一个因子的不同而发生变化。交互效应是非同序时,既可能是非交叉的(例3),也可能是交叉的(例4)。

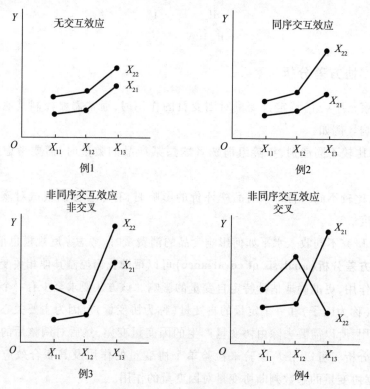

图 15-3 交互效应的形式

15.3.2 因子的相对重要性

通过计算每个因子能够解释的因变量的变差,就可以清楚地确定其相对重要性。方差分析中最常用的指标是 ω^2,这个指标表示因变量变差中有多少比例与特定自变量或因子相关。因子 X 的相对贡献计算如下:

$$\omega^2 = \frac{SS_X - (df_X \times MS_{error})}{SS_{total} + MS_{error}}$$

ω^2 大于 0.15 表示作用很强,0.06 左右表示中等作用,0.01 则表示作用很小。当然,判断因子作用大小的前提是该因子通过了显著性检验。[1]对于不显著的因子,则没必要估算 ω^2。

---

[1] 纳雷希·马尔霍特拉著,熊伟改编,《营销调研:应用导向》(英文版·第 6 版),中国人民大学出版社,2014:420。

15.3.3 多重比较

F 检验只能检验均值的总体差异。拒绝均值相等的零假设只是确定并非所有组的均值都相等。如果需要考察特定组均值之间的差异,就要应用适当的**多重对比检验(multiple comparison test)**,获得各处理组均值配对对比的置信水平。比较常用的检验包括最小显著差异、Student-Newman-Keuls 检验、Tukey's 交替过程、真实显著差异,以及 Scheffe's 检验。有关细节请参阅统计学参考书。

例 15-2

权利感、受助对象身份对亲社会行为的影响

理解不同地位的人的亲社会行为动机并鼓励这种行为,对于促进慈善公益事业的发展很有意义。Jin 等在 2020 年开展了一项有关权利感和受助对象身份对捐助意愿影响的研究。图 15-4 是其中一项实验的结果。

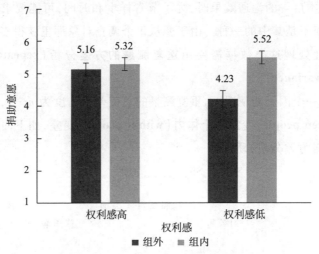

图 15-4　权利感、受助者身份对捐赠意愿的影响

该实验的因变量是捐助意愿,自变量是权利感(高,低)和受助对象身份(组内,组外)。双因子方差分析显示,权利感和组别的交互作用显著($F_{1,220} = 7.57$, $p<0.01$),组别的主效应显著($F_{1,220} = 12.38$, $p<0.01$),但权利感的主效应并不显著($F_{1,220} = 3.22$, $p>0.05$)。多重比较结果显示,受助对象身份对高权利感被试的捐赠意愿并无显著影响,但对低权利感被试的捐助意愿则有显著影响。

那么，上述亲社会行为差异背后的机制是什么呢？该研究显示，高权利感的人帮助他人主要出于自我提升动机，所以受助对象是否属于同一群体对捐助意愿并没有显著的影响；而低权利感的人帮助他人主要出于互惠动机，因此倾向于帮助与自己属于同一群体的人（同胞、同乡或校友等）。

资料来源：Fei Jin, Huawei Zhu, Ping Tu,"How Recipient Group Membership Affects the Effect of Power States on Prosocial Behaviors", *Journal of Business Research*, 2020(108)：307-315。

15.4 重复测量的方差分析和多元方差分析

15.4.1 重复测量的方差分析

上述的方差分析都假设每个研究对象只接受一种实验刺激，但实际上有时研究对象可能接受一系列的刺激，这时就要使用重复测量的方差分析。例如，考察不同版本广告的沟通效果时，为了节省样本和时间，可能要求被试评估所有的广告，而不是其中的一种。由于要从每个调查对象那里获得多个重复的评价指标，因此处理这类数据需要用**重复测量的方差分析**（repeated measures analysis of variance）。

在只有一个因子的情况下，重复测量的总变差自由度为 $nc-1$，可以分为**个体间**（between people）变差和**个体内**（within people）变差，如下面的总变差分解（重复测量方差分析）所示。

$$SS_{total} = SS_{between\ people} + SS_{within\ people}$$

自变量 X 类别

对象号　　　　　　　　　　　　　总样本

个体间变差 = $SS_{between\ people}$ $\begin{cases} & X_1 & X_2 & X_3 & \cdots & X_c \\ 1 & Y_{11} & Y_{12} & Y_{13} & & Y_{1c} & Y_1 \\ 2 & Y_{21} & Y_{22} & Y_{23} & & Y_{2c} & Y_2 \\ & \vdots & \vdots & & & & \\ n & Y_{n1} & Y_{n2} & Y_{n3} & & Y_{nc} & Y_n \end{cases}$ $\Big\} SS_{total}$

组均值　　$\underbrace{\overline{Y}_1\ \ \overline{Y}_2\ \ \overline{Y}_3\ \ \cdots\ \ \overline{Y}_c}\ \ \overline{Y}$

　　　　　　　个体内变差 = $SS_{within\ people}$

与个体间均值之间的差异有关的变差为个体间变差,自由度为 $n-1$,个体内变差的自由度为 $n(c-1)$。个体内变差可以进一步分为两个来源:一个来源与处理间均值差异有关,另一个由残差或误差变差构成。处理变差的自由度为 $c-1$,残差变差的自由度为 $(c-1)(n-1)$。因此,

$$SS_{within\ people} = SS_X + SS_{error}$$

组均值相等的零假设的检验方法如下:

$$F = \frac{SS_X/(c-1)}{SS_{error}/(n-1)(c-1)} = \frac{MS_X}{MS_{error}}$$

该 F 值的自由度为 $c-1$, $(c-1)(n-1)$。

15.4.2 多元方差分析

多元方差分析(multivariate analysis of variance,MANOVA)也叫多因变量方差分析,与方差分析类似,只不过有两个或两个以上定量的因变量,其目的是同步检验多个因变量的组间差异。多元方差分析适用于存在两个或两个以上相关因变量的情况,如果各个因变量是不相关的,则对每个因变量进行方差分析比进行多元方差分析更合适。

假设有三组被试,让每组分别观看不同的苹果笔记本电脑广告。看完广告后要求被试对其所看的广告、苹果笔记本电脑和苹果品牌做出评价。由于存在三个相互关联的因变量,因此需要采用多变量方差分析来考察哪个广告最有效(对三个指标给出最好评价的广告)。

15.5 常用的统计分析软件

常用的统计软件包,例如 SPSS、SAS 和 Stata 都可以进行方差和协方差分析,Excel 也有一些方差分析功能。现以 SPSS 为例简单介绍方差分析和协方差分析的有关程序。

可以用 COMPARE MEANS 中的 ONE-WAY ANOVA 进行单因子方差分析,还可以检验事前和事后对照。如果需要进行多因子方差分析,则可以使用 ANOVA 程序。要进行全面的方差和协方差分析,包括重复测量的方差分析和多元方差分析,可以用 MANOVA 程序。对于非定量方差分析,应使用 NPAR TESTS 程序。

若要用 COMPARE MEANS 中的 ONE-WAY ANOVA 进行单因子方差分析，则在 SPSS 窗口点击 Analyze>Compare Means>One-Way ANOVA…

若要进行多因子方差分析、协方差分析、多元方差分析和重复测量的方差分析，则在 SPSS 窗口分别点击：

Analyze>General Linear Models>Univariate…（多因子方差分析和协方差分析）

Analyze>General Linear Models>Multivariate…（多元方差分析）

Analyze>General Linear Models>Repeated Measures…（重复测量的方差分析）

小 结

方差与协方差分析是检验定量的因变量的均值在根据定类自变量划分的各组间有无显著差异的统计方法。方差与协方差分析的因变量都必须是定量变量。

单因子方差分析只涉及一个定类的自变量，目的是检验单一因子各组均值相等的假设是否成立。因变量的总变差可以分解为两个部分：与自变量有关的变差和与误差有关的变差。组均值相等的零假设用 F 统计量检验，该统计量是与自变量有关的均方和与误差有关的均方之比。

多因子方差分析同时考察两个或两个以上定类自变量对因变量影响的主效应和交互效应。总效应、交互效应、单个因子的主效应显著性可以用相应的 F 检验来检验。协方差分析包括至少一个定类的自变量和至少一个定量的自变量（协变量）。协方差分析通常用来控制协变量的影响，考察定类的自变量对因变量的作用。

当对两个或两个以上的因子进行方差分析时，可能产生交互效应。交互效应是指一个自变量对因变量的作用随着另一个自变量类别或水平的变化而发生变化。交互效应可能是同序的，也可能是非同序的，后者又可以分为交叉的和非交叉的。每个因子的相对重要性可以用 ω^2 来测量。多重比较可以用于检验特定组均值之间的差异。

重复测量的方差分析适用于对被试进行多次测量的数据。多元方差分析则是用于对两个或两个以上相关的定量因变量进行的方差分析。

■ 重要术语 ■

analysis of variance（ANOVA）方差分析
factor 因子
treatment 处理
one-way analysis of variance 单因子方差分析
n-way analysis of variance 多因子方差分析
analysis of covariance（ANCOVA）协方差分析
covariates 协变量
F statistic F 统计量
mean square 均方
$SS_{between}$（SS_X）组间平方和
SS_{within}（SS_{error}）组内平方和
SS_Y 总平方和
decomposition of the total variation 总变差分解
interactions 交互作用
the overall effect 总效应
the interaction effect 交互效应
the main effect 主效应
ordinal interaction 同序交互效应
disordinal interaction 非同序交互效应
contrasts 对照
multiple comparison test 多重比较检验
repeated measures analysis of variance 重复测量的方差分析
nonmetric analysis of variance 非定量方差分析
multivariate analysis of variance（MANOVA）多元方差分析

■ 复习思考题 ■

1. 方差分析和协方差分析有何异同？
2. 什么是总变差？如何对其进行分解？
3. 用于检验单因子方差分析零假设的基本统计量是什么？如何计算？
4. 多因子方差分析与单因子方差分析有何联系及区别？
5. 协方差分析中的协变量有何特点？为什么要考虑协变量的影响？
6. 举例说明什么是交互效应。
7. 如何判断因子的相对重要性？
8. 方差和协方差分析可以帮助回答哪些市场营销问题？请举例说明。
9. 在什么情况下需要用重复测量的方差分析？如何对重复测量的方差分析中的变差进行分解？
10. 什么情况下应当用多元方差分析？
11. SPSS 软件包中用于方差分析的程序有哪些？

练习题

1. 某品牌决定重新设计产品包装,设计公司提供了三款不同的设计。为了从中选出最受顾客欢迎的设计,该品牌招募了 90 名目标顾客,并随机分为三组。每组对其中的一款设计用 10 级量表打分(1 = 非常不喜欢,10 = 非常喜欢)。请回答下列问题:

(1)你将用什么指标来判断每款设计的优劣?

(2)如何检验顾客对这三款设计的喜爱程度是否有显著差异?

(3)如果是请一组专家对三款设计都给出评价,应当用什么分析方法?

2. 为了比较三个一线城市消费者对某品牌的认知度是否有差异,研究人员随机在每个城市抽取 300 名消费者进行了调查,其方差分析结果如下:

来源	自由度	平方和	均方	F 值	显著概率
组间	2	71.212	35.606	1.535	>0.1
组内	897	20 812.416	23.202		

(1)从表中能得出什么结论?

(2)这组数据的总平方和 SS_y 是多少?如何估计总体的方差?

3. 为了测试推荐算法(基于站内数据,基于全网数据,基于热销数据)和顾客类型(新注册顾客,老顾客)对购买意愿的影响,研究人员进行了一项 3×2 的实验,购买意向用 9 点量表测量,实验的部分结果如下:

变差来源	平方和	自由度	均方	F 值	显著概率	ω^2
顾客类型	278.96	1				
推荐算法	80.18	2				
交互效应	65.25	2				
残差	165.00	114				

(1)计算与各行对应的均方、F 值、显著概率和 ω^2,完成此表。

(2)哪个因素对购买意向的影响更大?

(3)顾客类型与推荐算法的交互效应显著吗?

延伸阅读

1. Naresh K. Malhotra, Daniel Dunan, David F. Birks, *Marketing Research: An Applied Approach*, 5th edition, Chapter 21, Pearson, 2017.

2. Fei Jin, Huawei Zhu, Ping Tu, "How Recipient Group Membership Affects the Effect of Power States on Prosocial Behaviors", *Journal of Business Research*, 2020(108): 307-315.

第16章 相关回归分析

本章概要

本章主要介绍相关回归分析方法在营销研究中的应用。首先介绍的是测量两个变量之间线性关系的相关分析；然后对回归分析的基本前提假设进行扼要的讨论；接着介绍简单线性回归和多元线性回归，讨论进行回归分析时需要注意的几个常见问题；最后介绍用回归分析方法预测红酒价格的案例。

教学目的

阅读本章后，学生应当能够：
1. 理解相关分析的基本概念及其在营销中的应用；
2. 了解回归分析的基本前提假设；
3. 掌握简单线性回归模型的特点、用途和分析步骤；
4. 掌握多元回归模型的特点、用途和分析步骤；
5. 正确处理回归分析时常见的多重共线性、变量的取舍和交叉验证问题；
6. 正确运用相关回归方法分析数据，并为决策提供参考意见。

开篇案例

知足者常乐？

主观幸福感的研究目前在中国很受关注。吴琼和谢宇在 2014 年运用相关回归分析方法，根据 2012 年中国家庭追踪调查数据，对中国居民主观生活满意度及其相关因素进行了分析。结果表明：第一，自我生活满意度与个人客观收入的相关性很弱，其 Spearman 秩相关系数仅为 0.06，但与个人主观收入水平呈显著的正相关,其相关系数为 0.26($p<0.001$,见图 16-1);第二,多元回归分析结果表明,家庭客观收入对自我生活满意度的影响比个人客观收入的影响更显著,但个人主观收入对自我生活满意度有显著的正面影响,身体健康、有房有车、有工作、有配偶的人的满意度比较高,女性的满意度高于男性。

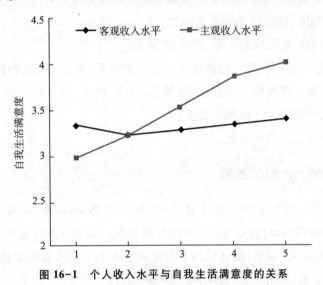

图 16-1　个人收入水平与自我生活满意度的关系

由此看来,避免向上攀比,经常想想处境不如自己的人,是提升幸福感最简单有效的办法。"有房有车有人疼"可以提升幸福感,但要做到这些恐怕没有那么容易。

知足者常乐,此话再次得到验证。这也解释了为什么改革开放以来,人民的生活水平普遍提高,但仍然有很多人感到不满意,不公平感的存在是影响幸福感提升的一个重要因素。

资料来源:吴琼、谢宇,《经济地位与主观幸福感》,载《中国民生发展报告 2014》,谢宇等主编,北京大学出版社,2014。

上一章介绍的列联表方法主要用于考察两个定性变量之间的关系,而在实际工作中常常需要了解定量变量之间的关系,例如,消费者的年龄、受教育年限、收入与产品的接受程度和购买量之间的关系,价格、广告、促销投入等营销组合变量与销量和市场份额之间的关系,等等。本章介绍的是分析定量变量之间关系的最常用方法,即相关回归分析。

16.1 相关分析

相关分析(correlation analysis) 是用于测量两个变量之间关系的强度及方向的最常用的方法。在营销研究中,通常需要对两个定量变量之间关系的强度和方向做出判断,回答诸如此类的问题:

- 价格与销量之间的关系,即价格弹性;
- 促销力度、广告支出与销售收入之间的关系,即营销支出的投资回报;
- 关键词广告价格与广告效果(展示、点击、购买量)之间的关系;
- 不同产品购买之间的关联度;
- 消费者之间的相似性。

16.1.1 Pearson 相关系数

当两个变量均为定距或定比变量时,可以用 **Pearson 相关系数(Pearson correlation coefficient)** 测量变量之间的线性关系。该相关系数最早由卡尔·皮尔逊(Karl Pearson)提出,是概括两个定量变量 X 和 Y 的线性关系的统计量,也叫**简单相关系数(simple correlation coefficient)**。

设样本数 $=n$,变量为 X 和 Y,Pearson 相关系数 r 的计算公式为:

$$r = \frac{\sum_{i=1}^{n}(X_i - \bar{X})(Y_i - \bar{Y})}{\sqrt{\sum_{i=1}^{n}(X_i - \bar{X})^2 \sum_{i=1}^{n}(Y_i - \bar{Y})^2}}$$

$$= \frac{\text{Cov}_{xy}}{S_X S_Y}$$

式中,$\bar{X}$ 和 $\bar{Y}$ 为变量 X 和 Y 的样本均值;S_X 和 S_Y 为 X 和 Y 的标准差;Cov_{xy} 为 X 和 Y 的协方差(covariance)。r 的取值在 ± 1 之间。当 X 与 Y 呈正相关时,r_{xy} 是正的;反之则是负的。

Pearson 相关系数的平方 r^2 代表 Y 的总方差中能被 X 解释的比例,即:

$$r^2 = \frac{\text{被 } X \text{ 解释的 } Y \text{ 的方差}}{Y \text{ 的总方差}} = \frac{\text{SS}_X}{\text{SS}_Y}$$

式中,SS_X 是能被 X 解释的 Y 的离均差平方和,SS_Y 是 Y 的总离均差平方和。因此,r^2 测量的是一个变量能被另一个变量解释的比例。

16.1.2 简单相关系数的特点

简单相关系数具有以下特点:
- r 和 r^2 是对称的,即 $r_{xy}=r_{yx}$;
- 简单相关系数只能测量线性关系,而不能测量非线性关系,因此 $r=0$ 只能说明 X 和 Y 不存在线性相关,而不是 X 和 Y 不相关。

r 所测量的两个变量之间的关系是否显著可以用检验统计量 t 来检验:

$$t = r\left[\frac{n-2}{1-r^2}\right]^{1/2}$$

该统计量服从 t 分布,自由度为 $n-2$。对于大样本,t 接近标准正态分布。

除了可以借助 r 判断两个变量之间相关关系的强度、方向和显著性,每对变量之间的简单相关系数对进一步的分析,例如在回归分析时选择合适的自变量很有帮助。

16.1.3 非定量变量的相关分析

Pearson 相关系数测量两个定量变量之间的线性相关关系。但是,在市场营销研究中,很多变量是用定类或定序尺度测量的。这些非定量变量不具有定距或定比的特征,也不符合正态分布,因此简单相关系数并不适用。

如果非定量变量是定序的,则可以计算 Spearman's ρ 和 Kendall's τ。这两个指标测量的是变量的相对序次而非绝对值之间的相关性,取值在 ±1 之间。当数据包含大量并列值时,Kendall's τ 更合适。这些相关系数的计算可以用统计软件轻松完成,有兴趣的读者可以参考有关统计学的参考书,在此不再赘述。定类变量之间的相关分析见第 14 章列联表部分。

例 16-1

如何才能让学生满意?

某学院对 200 名硕士生进行了匿名的自填式问卷调查,部分变量的相关系数矩阵如表 16-1 所示。

表 16-1 相关系数矩阵

	$Q1$	$Q2$	$Q3$	$Q4$	$Q5$	$Q6$	$Q7$	$Q8$	$Q9$	S
$Q1$	1.000									
$Q2$	0.402	1.000								
$Q3$	0.468	0.271	1.000							
$Q4$	0.268	0.173	0.290	1.000						
$Q5$	0.126	0.151	0.183	0.253	1.000					
$Q6$	0.097	0.025	0.336	0.281	0.446	1.000				
$Q7$	0.229	0.149	0.149	0.395	0.485	0.425	1.000			
$Q8$	0.015	0.111	0.007	0.213	0.442	0.359	0.446	1.000		
$Q9$	0.337	0.280	0.301	0.332	0.168	0.352	0.403	0.234	1.000	
S	0.362	0.243	0.465	0.204	0.267	0.264	0.317	0.097	0.435	1.000

表中 $Q1$—$Q9$ 分别表示调查对象对以下各项的评价（1＝非常不好，5＝非常好）：(1)本院教师授课水平；(2)客座教授授课水平；(3)课程设置合理性；(4)教务人员服务水平；(5)机房计算机数量；(6)计算机上网速度；(7)本院资料室资源；(8)教室设施；(9)职业介绍服务。S 是模拟的总体满意度（1＝非常不满意，5＝非常满意）。由于部分样本存在缺失值，所以相关系数是根据 187 个有效样本计算的。[①]

表 16-1 中的斜对角线显示的是每个变量与自己的相关系数，所以均为 1。由于相关系数的对称性，右上三角形中的系数和左下三角形是对称的，因此省略了。相关系数矩阵显示学生对不同项目的评价之间具有一定的正相关性，其中机房计算机数量（$Q5$）和本院资料室资源（$Q7$）之间的相关系数最大，本院教师授课水平（$Q1$）与课程设置合理性（$Q3$）之间的相关系数也很大。最后一行显示和总体满意度 S 相关性较高的变量有：本院教师授课水平（$Q1$）、课程设置合理性（$Q3$）、本院资料室资源（$Q7$）和职业介绍服务（$Q9$），其中课程设置合理

---

① 严格地讲，这类评分属于定序变量，需要用适合定序变量的相关分析方法。但是，在实际应用研究中它们常常被当作定距变量。

性和职业介绍服务与总体满意度之间的相关系数排在前两位。

对于单个相关系数的显著性可以用前面介绍的 t 检验进行检验。以总体满意度(S)与本院教师授课水平($Q1$)的相关系数为例：

$$t = 0.362 \left[\frac{187 - 2}{1 - 0.362^2} \right]^{1/2} = 5.282$$

由于样本较大,本例中的 t 接近标准正态分布,r 是高度显著的($p<0.001$)。

这些结果初步提示,改进课程设置和就业服务可能是提高学生满意度的最有效手段。在实际工作中,除了与总体满意度的相关度,还要考虑各个变量的均值大小(进一步提升的潜力),来确定重点改进领域。

16.2　回归分析的基本概念

线性回归分析(linear regression analysis)可以广义地定义为对一个因变量与一个或多个自变量之间线性关系的分析。回归分析是营销研究中最常用的统计分析方法之一。

16.2.1　目的与用途

线性回归分析的目的包括：
- 确定因变量与自变量之间是否存在关系；
- 判断因变量与自变量之间关系的强度与方向；
- 根据有关自变量的信息对因变量进行预测；
- 在控制其他相关自变量的条件下,评估某一变量的独立作用。

在营销研究中,回归分析主要用于：
- 估计各种营销变量对目标变量的影响,例如广告、价格、促销活动等对销量、市场份额和品牌形象的影响。
- 研究影响购买者知识、态度与行为的主要因素,例如消费者满意度和忠诚度的影响因素分析。
- 选址研究,例如根据商圈的人口规模、收入水平、交通流量和商业成熟度等估计预期销售收入与利润,对候选地址进行评估。

- 市场预测,例如根据不同地区的人口规模、结构、经济发展水平和自然环境状况对产品的市场容量进行预测。

16.2.2 基本假设

为了能够正确使用线性回归分析方法,必须了解其基本前提假设:

- 线性——自变量 X 与因变量 Y 之间的关系为线性关系;
- 独立——因变量 Y 的误差项之间是相互独立的;
- 正态——当 X 取某一固定值时,因变量 Y 为正态分布;
- 等方差——无论自变量 X 为何值,因变量 Y 的方差保持不变。

实际上,许多用于回归分析的数据并不一定满足上述假设,这会导致回归系数的估计和显著性检验产生偏差。当数据与上述基本假设不符时,可以通过下列方法加以解决:

- 线性化——将非线性函数转化为线性函数,例如对因变量 Y 进行对数转换。
- 对称化——对偏态分布进行处理,例如可以对正偏的变量取对数,对负偏的变量取平方。
- 稳定方差——例如当因变量的方差与其均值成正比时对因变量取平方根或对数。

需要注意的是,回归分析中因变量和自变量的选择是根据研究的需要和变量之间的数学关系人为决定的,并不一定代表变量之间的实际因果关系。回归分析考察的是变量之间关系的强度及特点,但其本身并不足以证明二者之间存在因果关系。

例 16-2

应该把广告投到哪?

近年来在线广告发展非常迅速,越来越受到广告主、广告代理公司和媒体的关注,并对传统媒体提出了巨大的挑战。为了实现不同的营销目标,在哪个广告平台投放广告效果最佳?影响在线广告效果的因素都有哪些?这是投放在线广告时需要考虑的基本问题。

为了回答上述问题,曾有学者根据广告投放与监测数据进行多元回归分析。回归分析的因变量是各种衡量广告效果的变量,包括展露次数、点击次数、购买人次、购买金额等。自变量是各种可能影响广告效果的变量,包括广告类型(展示、定向和搜索广告)、广告形式(文本、图像和 flash 广告)、广告大小(长度、宽度和高度)、投放平台(谷歌、百度和 Ad exchange)等。

回归分析结果显示:不同渠道投放的广告能够有效达成的目标各不相同;展示广告的效果在转换漏斗的各个环节都优于搜索引擎广告和实时竞价广告;搜索引擎广告在产生点击方面优于实时竞价广告,而实时竞价广告在促进购买方面优于搜索引擎广告。

资料来源:杜晓梦,《互联网多渠道有效性分析:从消费者转化漏斗的角度》,北京大学博士学位论文,2014。

16.3 简单回归分析

简单回归(simple regression)也叫二元回归(bivariate regression),是只涉及一个因变量和一个自变量的回归。

16.3.1 简单回归模型

简单回归模型可以用下式表达:

$$Y = \beta_0 + \beta_1 X + e$$

式中,Y 是因变量,X 是自变量(也叫预测变量或解释变量),e 为 Y 的随机误差项;β_0 和 β_1 分别为回归方程的截距和斜率。

通常用 $\hat{Y}$ 表示 Y 的估计值,其计算公式为:

$$\hat{Y} = a + bx$$

式中,a 和 b 分别为 β_0 和 β_1 的估计值,可以用下列公式估算:

$$b = \mathrm{Cov}_{xy}/S_X^2 = r_{xy}S_Y/S_X$$

$$a = \bar{Y} - b\bar{X}$$

式中,Cov_{xy} 是 X 和 Y 的协方差,r_{xy} 是 X 和 Y 的相关系数,S_Y 是 Y 的标准差,S_X 是 X 的标准差,$\bar{X}$ 和 $\bar{Y}$ 分别为 X 和 Y 的样本均值。

16.3.2 分析步骤

进行简单回归分析时,一般遵循以下步骤:
① 绘制 X 和 Y 的散点图;
② 对有关变量进行初步检查;
③ 确定模型的形式;
④ 估计模型的参数;
⑤ 进行显著性检验;
⑥ 评价模型的拟合优度;
⑦ 检查有关基本假设是否成立。

现在以模拟的某银行 200 名员工的年薪与受教育年限为例,说明简单线性回归的步骤。

① **绘制 X 和 Y 的散点图**。散点图是根据两个变量的观察值,以因变量为纵轴、自变量为横轴而绘成的图,对于初步判断变量之间的关系以及是否存在异常的数据点很有帮助。图 16-2 是年薪(Salary)与受教育年限(Educ)的散点图。从图中可以看出:随着受教育年限的增加,年薪也不断增加,两者之间的关系基本上是线性的;员工中学历最低的受教育年限为 12 年(高中),最高的达 21 年(估计是博士);教育程度相同的员工之间的年薪差别也较大;高学历员工的工资似乎低于预期水平。

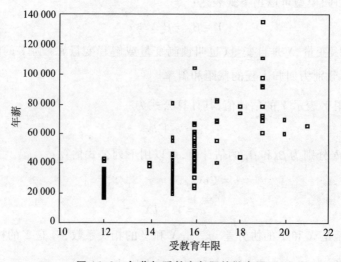

图 16-2　年薪与受教育年限的散点图

② **对有关变量进行初步检查**。初步检查的结果表明,因变量 Salary 严重右偏,不满足正态分布的假设(见图 16-3)。因此,需要对该变量进行对数转换,使之更加接近正态分布。

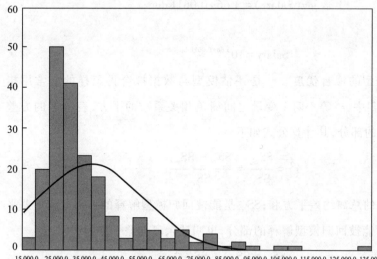

图 16-3 年薪的频数分布

③ **确定模型的形式**。根据前面的分析,将回归模型确定为:

$$Y = a + bX$$

式中,$Y = \log(\text{Salary})$,是经过对数转换后的年薪;X = 受教育年限。

④ **估计模型的参数**。本例线性回归方程的截距 a 和斜率 b 可以用前面介绍的公式估算:

$$b = r_{xy}S_Y/S_X = 0.761 \times (0.177/2.213) = 0.061$$

$$a = \overline{Y} - b\overline{X} = 4.53 - 0.061 \times (14.29) = 3.66$$

⑤ **进行显著性检验**。可以用 t 检验对 X 和 Y 之间的线性关系进行显著性检验。当零假设是 X 与 Y 之间不存在线性关系,即 $\beta_1 = 0$ 时,t 统计量的计算公式为:

$$t = b/S_b$$

式中,S_b 是回归系数 b 的标准误,t 的自由度 $= n-2$。由于本例的样本量较大,t 分布接近正态分布。本例中 $b = 0.061$,$S_b = 0.004$,$t = 15.25$,远远大于显著水平为 0.05 的临界值 1.98(双尾检验),因此拒绝年薪的对数与受教育年限不存在线性关系的假设。

根据线性回归的结果,年薪的对数 log(Salary) 和受教育年限(Educ)的回归方程为:

$$\log(\text{Salary}) = 3.66 + 0.061 \text{Educ}$$

即:

$$\text{Salary} = 10^{3.66 + 0.061 \text{Educ}}$$

⑥ **评价模型的拟合优度**。r^2 是评估模型与数据拟合得怎样的最常用指标。在简单回归中,r^2 等于两个变量之间简单相关系数的平方,表示 Y 的方差中能被 X 解释的部分,其计算公式如下:

$$r^2 = \frac{SS_{reg}}{SS_Y} = \frac{SS_Y - SS_{res}}{SS_Y}$$

式中,SS_Y 是 Y 的总离均差平方和;SS_{reg} 是能被回归模型解释的那部分离均差平方和;SS_{res} 是不能被回归模型解释的部分,也叫残余离均差平方和。

$$SS_Y = SS_{reg} + SS_{res}$$

此例中的 $r^2 = 0.579$,说明受教育年限的不同可以解释近六成职工年薪的个体差异。

⑦ **检查有关基本假设是否成立**。进行回归分析时,仅依赖 r^2 判断模型的拟合优度是不够的,还需要认真检验回归模型的基本假设是否成立。残差分析可以帮助做出判断。

16.3.3 残差分析

残差(residuals) 是观察值 Y_i 与回归方程预测值 $\hat{Y}_i$ 之间的差。残差分析最直观的办法就是正态概率图和残差散点图。

图 16-4 以残差的累计比例观察值为横坐标,以在正态分布假设下的累计比例预期值为纵坐标。当残差呈正态分布时,数据点是一条直线。该图显示,经过对数转换的职工年薪 log(Salary) 的残差基本符合正态分布。

图 16-5 是以标准化的预测值为横坐标,以标准化的残差为纵坐标。当回归的基本假设得到满足时,95%的数据点应当在±2 之间随机分布,99%的数据点应当在±3 之间随机分布。该图也显示模型的拟合情况比较好。

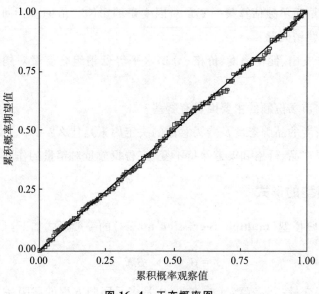

图 16-4 正态概率图

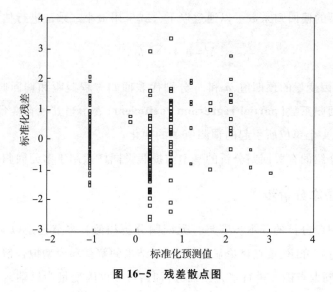

图 16-5 残差散点图

16.4 多元回归分析

多元回归(multiple regression)涉及一个因变量、两个或多个自变量,是简单回归的拓展。多元回归可用于同时估算多个自变量对因变量的影响,或控制其他相关变量而单独估算某一变量对因变量的影响。借助多元回归可以回答诸如此类的营销问题：

- 广告支出、促销力度、价格、分销水平等营销组合变量对销售额的影响各有多大？
- 影响市场份额的主要因素有哪些？
- 消费者的品牌态度及购买意愿的决定因素是什么？
- 如果产品、价格和渠道保持不变，广告投放量对销量的作用有多大？

16.4.1 模型的形式

多元回归模型（multiple regression model）的一般形式如下：

$$Y = \beta_0 + \sum_{j=1}^{k} \beta_j X_j + e$$

式中，Y 是因变量；X_j 是第 j 个自变量；β_0 是多元回归方程的截距；β_j 是第 j 个自变量的偏回归系数；k 是模型中自变量的个数；e 是随机误差项。

该模型的偏回归系数可以通过以下公式采用最小二乘法进行估计：

$$\hat{Y} = a + \sum_{j=1}^{k} b_j X_j$$

式中，$\hat{Y}$ 是因变量的预期值，a 和 b_j 分别代表回归方程截距和偏回归系数的估计值。**偏回归系数**（partial regression coefficient）表示当其他自变量保持不变时，X_j 变化 1 个单位所引起的预测值 $\hat{Y}$ 的变化。

前面介绍的有关回归分析的基本前提假设同样适用于多元回归。

16.4.2 基本分析步骤

多元回归分析的基本步骤与二元回归分析相似。本节还是以某银行员工年薪为例进行介绍，重点讨论显著性检验、结果的解释和模型拟合情况的评估。

① **绘制散点图**。进行多元回归分析时，可以以因变量为纵轴，每个自变量为横轴，分别绘制散点图，对变量之间的关系以及是否存在异常的数据点做出初步的判断（略）。

② **对有关变量进行初步检查**。由于因变量 Salary 严重右偏，不满足正态分布的假设（见图 16-1），因此对该变量进行对数转换，将转换后的变量 Y = log(Salary) 作为因变量。自变量除了受教育年限（Educ），还增加了年龄（Age）

和在本银行的工龄(Work),其中工龄是以月为单位计算的。

表 16-2 的简单相关系数矩阵表明,年薪与受教育年限呈显著正相关,与年龄呈显著负相关;而工龄与年龄呈显著正相关,与受教育程度呈显著负相关。因此,图 16-2 显示的高学历员工的年薪低于预期,可能是由于他们的年龄较小、工龄较短,简单回归由于没有考虑这些因素,有可能低估学历的作用。

表 16-2 简单相关系数矩阵

	Age	Educ	Work	Log(Salary)
Age	1.000			
Educ	−0.087	1.000		
Work	0.794*	−0.140*	1.000	
Log(Salary)	−0.171*	0.761*	0.116	1.000

注:* 表示相关系数在 $\alpha = 0.05$ 水平上显著。

③ **确定模型的形式**。将年薪的对数 $Y = \log(\text{Salary})$ 作为因变量,选择可能影响年薪的受教育年限(Educ)、工龄(Work)、年龄(Age)和性别(Sex)作为自变量。其回归方程为:

$$Y = a + b_1 \text{Educ} + b_2 \text{Work} + b_3 \text{Age} + b_4 \text{Sex}$$

注意,Sex 是个虚拟变量,男 = 1,女 = 0;工龄是以月为单位计算的。

④ **估计模型的参数**。偏回归系数的估算结果如表 16-3 所示。

表 16-3 回归分析结果

	非标准化系数		标准化系数	t	Sig.
	B	Std. Error	Beta		
Constant	3.765	0.058		64.406	0.000
Educ	5.438E−02	0.004	0.681	14.217	0.000
Work	1.171E−04	0.000	0.059	0.757	0.450
Age	−2.211E−03	0.001	−0.128	−1.647	0.101
Sex	7.890E−02	0.018	0.218	4.274	0.000

注:$R^2 = 0.638$。

⑤ **显著性检验**。在解读多元回归结果之前,首先要进行显著性检验,包括总体方程的显著性检验和特定偏回归系数的显著性检验。

总体检验的零假设是因变量与模型中所包括的自变量没有线性关系,即:
$$H_0: \beta_1 = \beta_2 = \beta_3 = \beta_4 = 0$$

所用的 F 统计量的计算公式为:

$$F = \frac{SS_{reg}/k}{SS_{res}/(n-k-1)}$$

$$= \frac{r^2/k}{(1-r^2)/(n-k-1)}$$

式中,SS_{reg} 是模型能够解释的离均差平方和,SS_{res} 是残留的离均差平方和。F 统计量服从 F 分布,自由度为 k 和 $(n-k-1)$。本例的 F 检验结果如表 16-4 所示。

表 16-4 方差分析结果

	Sum of Squares	df	Mean Square	F	Sig
Regression	3.970	4	0.993	85.950	0.000
Residual	2.252	195	0.012		
Total	6.222	199			

其中,$F = (3.970/4)/(2.252/195) = 86.304$,其对应的显著概率远远小于 0.05,因此拒绝 Y 与受教育年限、工龄、年龄和性别无关的假设。

如果拒绝了总体零假设,还需要用与二元回归中类似的 t 检验对单个偏回归系数进行检验。$t = b_j/S_{bj}$,服从 t 分布,自由度为 $n-k-1$。本例中各偏回归系数的 t 值和显著概率如表 16-3 所示。检验结果显示受教育年限和性别的偏回归系数是显著的,而年龄和工龄则并不显著。

⑥ **结果的解释**。根据上述结果,$\log(Salary)$ 的回归方程为:

$$\log(Salary) = 3.765 + 0.0544 Educ + 0.0789 Sex$$

即:

$$Salary = 10^{3.765 + 0.0544 Educ + 0.0789 Sex}$$

由此可见,当性别相同时,受教育年限增加 1 年,年薪预期增加 13.3%($10^{0.0544} - 1$);受教育年限相同时,男性的年薪显著高于女性的,约为女性的 1.2 倍($10^{0.0789} = 1.2$)。

由于各变量的测量单位不同,各变量的偏回归系数不具备可比性,因此为了便于比较,需要计算标准化回归系数 β_j。**标准化回归系数(standardized regression coefficient)** 相当于在估计回归方程之前,将所有变量($Y, X_1, X_2, \cdots X_k$)

标准化为均值为 0、方差为 1 的变量后的偏回归系数。

标准化系数也可以根据未标准化的回归系数直接计算：
$$\beta_j = b_j(S_j/S_Y)$$

表 16-3 中的标准化回归系数显示，受教育年限对年薪的影响最大。

⑦ **模型拟合情况的评估**。回归方程的拟合情况可以用**多元可决系数**(coefficient of multiple determination)来测量。

$$r^2 = \frac{SS_{reg}}{SS_Y}$$

向回归方程中引入新的自变量只能使 R^2 增大而不会使它减小，即使这些新增自变量的贡献并不大，因此，可以根据自变量的数量和样本规模对 R^2 进行调整：

$$调整后的 R^2 = R^2 - \frac{k(1-R^2)}{n-k-1}$$

表 16-3 中回归结果的 R^2 的值为 0.638，调整后为 0.631，略高于二元回归的 0.579，说明在考虑受教育年限后引入新的变量对解释年薪做出了一些贡献，但并不大。

如果 R^2 的值比较大且偏回归系数显著，则回归模型的效果还需要进一步通过残差分析来评估。

16.4.3 残差分析

残差分析有助于了解数据与回归模型的基本前提假设的吻合程度。正态性假设可以通过残差直方图或正态概率图进行检验。图 16-6 中残差的累计分布与正态分布假设下预期的非常接近，基本上呈一条直线，表示残差的分布与正态分布吻合。

均方差假设可以通过残差与因变量预测值的散点图进行检验，该图也能够表示线性模型是否恰当。如果上述假设成立，99%的标准化残差应该随机地散落在±3 之间。如果散点图表明残差不是随机的，就说明误差的方差并非固定。如果表现出正向或负向的分布趋势，则表明线性的假设没有得到满足。图 16-7 显示的残差未见明显异常。

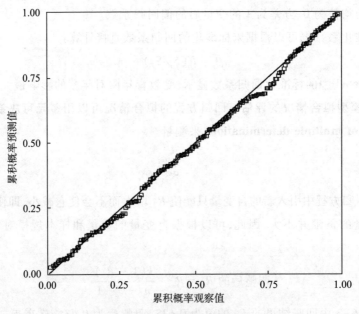

图 16-6 残差的正态概率图

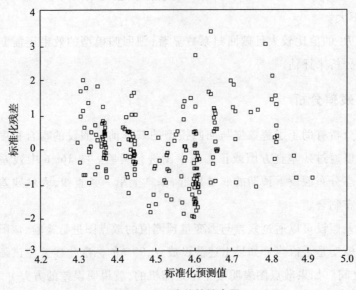

图 16-7 残差的散点图

对误差项相互独立的假设,可根据 Durbin-Watson 值进行检验。Durbin-Watson 值的波动范围是 0 和 4 之间,接近 2 表示误差项之间互不相关,小于 2 表示相邻的误差项之间呈正相关,大于 2 表示负相关。

16.5 回归分析的应用

在实际应用回归分析时还有许多需要注意的问题,这里重点讨论多重共线性、变量的取舍和如何对模型进行交叉验证。

16.5.1 多重共线性

多重共线性(multicollinearity) 指的是自变量之间高度相关,从而导致偏回归系数估计不准,而且估计值随不同的样本而有差异,缺乏一致性和稳定性。此外,由于自变量之间高度相关,难以准确评估每个自变量对因变量影响的相对重要性。

对于多重共线性的处理,最简单的办法就是从高度相关的变量中只选取一个进入回归方程,或者通过主成分分析等方法将自变量转化为相互独立的因子,然后用这些因子取代原始变量作为预测变量。例如在本章所用的职工年薪的例子中,年龄和工龄的相关性比较高,相关系数达 0.794(见表 16-2),因此在进行回归分析时,可以考虑只取其中的一个。

在营销研究中,常常需要确定自变量的相对重要性,即每个自变量在解释因变量时有多重要。在一般情况下,可以通过考察每个变量的偏回归系数的显著性、部分相关系数平方和标准化回归系数的大小进行判断。但是,如果存在多重共线性,那么仅凭其中的一项指标就不够全面,或者会得出相互不一致的判断,这时就需要同时使用所有的指标,做出综合判断。

16.5.2 变量的取舍

进行多元回归时常会遇到很多自变量的情况。变量的选择可以根据理论和经验事先确定。如果没有合适的理论和充分的经验来确定自变量,那么可以借助统计学方法。最简单的办法就是考察简单相关系数矩阵,从中选取与因变量高度相关的变量作为回归模型的自变量。但是,当自变量之间也高度相关时,这就不是很有效。

另一种常用的方法就是逐步回归。**逐步回归(stepwise regression)** 是通过比较每次在回归模型中引入或删除一个自变量时模型对因变量解释能力的变化决定变量的取舍,其目的是从很多预测变量中选出对因变量的影响最显著的一组变量。进行逐步回归时,每次向回归方程引入或删除一个预测变量。当引

入的变量符合 F 比例的特定标准时才保留,而模型中的变量如果达不到标准就会被删除。

逐步回归的方法并不一定能保证得出最佳的回归方程。但是,当没有充分的理论或经验基础确定自变量时,逐步回归法是一个常用的方法。

16.5.3　交叉验证

回归分析和其他多元分析模型的参数是根据特定观察数据估算的,对于建模数据过于依赖。用所建模型对建模数据进行拟合常常会高估模型的拟合优度。因此,需要用交叉验证方法解决这一问题。

交叉验证(cross-validation) 的目的是考察根据某一特定数据建立的回归方程是否适用于其他数据。交叉验证的步骤如下:

① 将现有数据分为**估计样本和验证样本**两部分,估计样本通常占总体样本的 2/3 左右。

② 单独使用估计样本数据估计回归模型的参数。

③ 将所建立的回归方程应用于验证样本数据,根据自变量的观察值计算因变量的预测值 $\hat{Y}$。

④ 比较验证样本的观察值和预测值,计算有关拟合优度指标 R^2,并与估计样本的 R^2 进行比较。

16.6　常用的统计分析软件

常用的统计分析软件包 SPSS、SAS、Stata 等都可以进行相关回归分析。具体来说,上述统计分析软件包都可以进行回归分析、计算相关统计量、进行显著性检验并画出残差图。现以 SPSS 为例加以简要说明。

SPSS 的 CORRELATE 程序可以计算 Pearson 相关系数、秩相关系数和偏相关系数。若要运行 SPSS for Windows 的相关分析程序,点击 Analyze>Correlate>Bivariate⋯

SPSS 中用于回归分析的主要程序为 REGRESSION。若要运行 SPSS for Windows 的线性回归程序,点击 Analyze>Regression>Linear⋯

然后在相应的窗口定义因变量、自变量等即可。

应用案例

波尔多葡萄酒价格预测

数百年来,波尔多葡萄酒的酿制方法基本没有变化,但不同年份出产的葡萄酒质量及价格却波动非常大,同一酒庄相邻年份的葡萄酒价格可以相差 5 倍以上!到底是哪些因素造成了波尔多葡萄酒价格如此巨大的波动?美国普林斯顿大学的经济学家阿申费尔特(Ashenfelter)(同时也是一位葡萄酒爱好者)对历年波尔多葡萄酒的市场拍卖价格数据进行回归分析,为我们揭开了谜底。

Ashenfelter 教授首先以收获季降雨量为纵坐标、夏天平均气温为横坐标,绘制了一幅各葡萄收获年份的散点图(见图 16-8)。结果发现夏天平均气温偏高但收获季降雨量偏低的年份出产的葡萄酒价格(右上象限)普遍高于平均水平(用黑点表示的年份),而夏天平均气温偏低但收获季降雨量偏高的年份出产的葡萄酒价格(左下象限)普遍低于平均水平(用小方框表示的年份)。

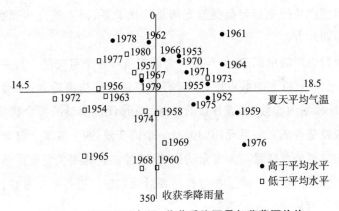

图 16-8　夏天平均气温、收获季降雨量与葡萄酒价格

用某一年份葡萄酒价格的对数作为因变量,用酒龄及当年的各种气候因素作为自变量进行多元回归,可以估计各种气候变量对价格的影响。结果表明:酒龄对价格有正面影响,但当其他因素不变时,每保存一年价格提高不到 3%;生长季的平均气温、上一年 10 月至收获年 3 月的平均降雨量对葡萄酒价格有显著的正面影响;葡萄收获季的降雨量对价格有显著的负面影响;上述几个基本的气候变量可以解释不同年份出产的波尔多葡萄酒价格差异的 83% ($R^2 = 0.828$)。

由此可见,尽管不同年份波尔多葡萄酒的价格波动很大,但是只要掌握了当年的基本气候数据,就可以比较准确地预测其价格及走势。即使你对葡萄酒一窍不通,但如果掌握了多元回归方法和基本的气候数据,还是可以比品酒大师更准确地预测波尔多葡萄酒的价格(质量)!

资料来源:Orley Ashenfelter,"Predicting the Quality and Prices of Bordeaux Wine",*The Economic Journal*,2008(118):F174-F184。

小 结

相关分析是用于测量两个变量之间线性关系强度及方向的最常用的方法。当两个变量均为定量变量时,可以用 Pearson 相关系数测量变量之间的线性关系,该相关系数也叫简单相关系数。如果是定序变量,则可以用 Spearman's ρ 和 Kendall's τ 测量变量之间的相关关系。

回归分析可以广义地定义为对不同变量之间关系的分析。线性回归模型的基本前提假设是因变量和自变量之间是线性关系,误差项是相互独立的、遵循正态分布和均方差。

二元回归也叫简单回归,仅涉及一个因变量和一个自变量。其主要分析步骤包括:①绘制 X 和 Y 的散点图;②对有关变量进行初步检查;③确定模型的形式;④估计模型的参数;⑤进行显著性检验;⑥评价模型的拟合优度;⑦检查有关基本假设是否成立。多元回归涉及一个因变量、两个或多个自变量。它可用于同时估算多个自变量对因变量的影响,或控制其他相关变量而单独估算某一变量对因变量的影响。除了在分析前要对回归矩阵进行初步考察,多元回归的分析步骤和简单回归非常类似。

在实际应用回归分析时需要注意多重共线性、变量的取舍和如何对模型进行交叉验证等问题。

重要术语

correlation analysis 相关分析
Pearson correlation coefficient Pearson 相关系数
simple correlation coefficient 简单相关系数
covariance 协方差
linear regression analysis 线性回归分析
simple regression 简单回归

bivariate regression 二元回归
residual 残差
multiple regression model 多元回归模型
partial regression coefficient 偏回归系数
standardized regression coefficient 标准化回归系数
coefficient of multiple determination 多元可决系数
F test F 检验
multicollinearity 多重共线性
stepwise regression 逐步回归
cross-validation 交叉验证

复习思考题

1. 举例说明相关分析在营销研究领域的主要用途。
2. 为什么说两个变量之间的简单相关系数为 0 并不一定说明二者互不相关？
3. 线性回归分析的主要前提假设是什么？如何判断这些假设是否成立？
4. 简单线性回归与相关分析有何异同？如何测量两个变量之间关系的强度及方向？
5. 多元回归在营销研究中有哪些用途？请举一个具体的例子加以说明。
6. 请解释偏回归系数和标准化回归系数的含义。
7. 残差分析的作用是什么？
8. 在什么情况下用逐步回归对预测变量进行取舍？
9. 什么是多重共线性？为什么进行多元回归时要注意多重共线性问题？
10. 在多元回归中用于评估预测变量相对重要性的指标有哪些？
11. 为什么要进行交叉验证？进行交叉验证的主要步骤有哪些？

练习题

1. 某连锁超市欲知道促销力度对销售额的影响，其收集了 30 个分店的相对促销力度（平均值＝100）和相对销售额数据（平均值＝100），请根据下表中的数据回答问题：

分店编号	促销力度	销售额	分店编号	促销力度	销售额
1	94	97	16	95	99
2	92	95	17	93	96
3	104	110	18	103	112

（续表）

分店编号	促销力度	销售额	分店编号	促销力度	销售额
4	115	124	19	117	129
5	78	82	20	77	85
6	79	85	21	79	89
7	105	113	22	103	112
8	94	97	23	93	99
9	84	93	24	85	96
10	100	106	25	101	109
11	106	115	26	105	114
12	119	130	27	118	130
13	118	130	28	119	129
14	75	80	29	74	79
15	97	105	30	98	105

（1）绘制相对销售额和相对促销力度的散点图，并解释其含义。

（2）如何判断二者之间是否存在关系？

（3）对相对销售额和相对促销力度进行二元回归分析。

（4）如何判断促销力度对销售额的影响是否显著？

（5）如何评估模型的拟合情况？

2. 上述分析对于准确判断促销力度对销售额的影响有哪些局限？克服这些局限需要做哪些工作？（提示：还有哪些因素可能干扰上述相关回归分析的结果？如何有效控制这些因素的作用？）

延伸阅读

1. Naresh K. Malhotra, Daniel Dunan, David F. Birks, *Marketing Research: An Applied Approach*, 5th edition, Chapter 22, Pearson, 2017.

2. Orley Ashenfelter, "Predicting the Quality and Prices of Bordeaux Wine", *The Economic Journal*, 2008 (118): F174-F184.

第 17 章 Logistic 回归

本章概要

本章介绍当因变量为二分变量时常用的 Logistic 回归分析方法。本章首先介绍 Logistic 回归的基本概念及其主要步骤,并通过具体实例说明 Logistic 回归的应用;然后简单介绍多项 Logistic 回归及其应用;最后介绍 Logistic 回归模型在客户流失预警与管理方面的应用案例。

教学目的

阅读本章后,学生应当能够:

1. 理解 Logistic 回归的基本概念及其在营销研究中的应用;
2. 了解 Logistic 回归分析对所用数据的要求;
3. 掌握 Logistic 回归模型的特点、用途和分析步骤;
4. 了解多项 Logistic 回归模型的特点及用途;
5. 能够正确运用 Logistic 回归方法分析数据,并为营销决策提供参考意见。

开篇案例

如何提高电话销售的效率?

电话销售是针对中小企业客户的常用营销方法。但是由于潜在客户名单鱼龙混杂、质量不高等,电话销售常常目标选择不准、针对性差、回应率很低,并常常引起目标客户的反感。

某电脑集团根据过去一年间与江苏省中小型企业客户的接触及其购买交易记录,进行了客户响应和客户价值分析,建立了目标客户筛选和价值分析模型。分析人员首先从数据库中随机抽取一部分客户,对客户特征、接触和响应记录进行了 Logistic 回归分析,建立了根据客户所在地区、行业、规模和个人电脑拥有量筛选目标客户的 Logistic 回归模型;然后用验证样本对模型的预测能力进行了评估和调试;最后将 Logistic 回归模型用于潜在客户响应可能性的预测,并按预测的响应概率对潜在客户进行排序,确定电话销售的目标。

实践证明,通过对潜在客户基本情况进行 Logistic 回归分析,然后对响应可能性大的客户进行电话销售,排名前 20% 的客户贡献了近 80% 的销售额,这样可以节省大量的时间,降低成本,提高效率。

资料来源:陈惠名,《中小企业客户筛选与价值分析》,北京大学硕士学位论文,2011。

如开篇案例所示,营销管理人员经常需要预测营销对象对营销刺激的可能反应,以便选择合适的目标市场和有效的营销组合策略,降低成本和提升业绩。Logistic 回归是预测营销对象的可能反应的常用方法。

17.1 Logistic 回归的基本概念

营销研究中常常遇到取有限值的定性因变量,其中只有两个可取值的因变量(购买或不购买、喜欢或不喜欢、点击或不点击)称为**二分变量**(binary variable)。当因变量是二分变量时,出于以下原因普通线性回归的主要假设并不能得到满足:

• 二分变量的误差项不呈正态分布,因此不能满足线性回归要求的正态分布的假设;

• 普通线性回归模型的预测值不能保证在 0 和 1 之间,因此不能解释为某事件发生的概率。

这时可以用**二项 Logistic 回归**(binary Logistic regression),简称 Logistic 回归(Logistic regression),分析自变量对二分因变量的影响并进行预测。

17.1.1 目的与用途

Logistic 回归分析在营销研究领域主要用于:

• 估计各种营销变量对二分目标变量的影响,例如广告、价格、促销和推荐对点击、购买或向他人推荐的影响。

• 分析影响消费者行为的主要因素,例如点击、购买、推荐、离网、违约等行为的影响因素分析。

• 消费者反应预测,例如根据有关消费者的特征信息、关系或行为数据,预测其对某一营销刺激的响应概率,筛选高响应率的目标顾客。

17.1.2 Logistic 回归模型

假设某一事件 Y 有两种可能的结果:发生($Y=1$)和不发生($Y=0$),该事件发生的概率 $P=\Pr(Y=1)$ 可以用 Logistic 模型表示为:

$$\ln(P/(1-P)) = \beta_0 + \beta_1 X_1 + \beta_2 X_2 + \cdots + \beta_k X_k$$

式中,β_0 为截距;X_j 和 $\beta_j (j=1, 2, \cdots, k)$ 是第 j 个自变量和该变量的逻辑回归系数。

由上式可以得出

$$P = 1/(1 + \exp(-(\beta_0 + \beta_1 X_1 + \beta_2 X_2 + \cdots + \beta_k X_k)))$$

回归系数的正负和大小可以揭示不同自变量与发生概率之间的关系。回归系数大于零表示该变量与事件的发生概率正相关,小于零表示该变量与事件的发生概率负相关,等于零表示该变量与事件的发生概率无显著的线性关系。

例 17-1

新产品扩散中的社会传染作用

人际互动对复杂的新产品扩散是否有显著影响?其作用机理是什么?Iyengar 等在 2015 年根据某款新药的处方数据和医生之间的互动信息,应用 Logistic 回归方法,对新药首次开方和重复开方行为进行了分析。该研究的因变量是首次使用和重复使用;自变量为医生的地位、自信程度、意见领袖的处方量、同事的处方量。

研究发现:

• 不仅新产品的首次采用受**社会传染(social contagion)**的影响,重复使用也是如此。

• 谁的影响力大因情景而异,意见领袖对首次采用的影响力大,而同事对重复使用的影响力大。

- 谁容易受影响也因情景而异,首次采用时缺乏自信的医生容易受影响;而重复使用时地位中等的医生容易受影响。
- 意见领袖主要通过减小感知风险影响首次采用行为,而同事主要通过**从众压力**(social conformity)影响重复使用行为。

该研究对于理解复杂产品扩散中不同阶段意见领袖和同事的影响,从而确定合适的推广目标和策略具有一定的价值。

资料来源:Raghuram Iyengar, et al., "Social Contagion in New Product Trial and Repeat", *Marketing Science*, 2015(3): 408-429。

17.2 分析步骤

Logistic 回归分析的主要步骤包括定义问题、估计回归系数、显著性检验、结果解读和模型评估。

17.2.1 定义问题

定义问题主要是根据分析目的确定因变量和自变量。与市场营销有关的因变量包括购买、点击、入网、离网、投诉、开户、违约等营销经理关心的事件,当这些事件发生时,因变量取值1,否则取值0。自变量也叫预测变量、协变量,是那些对因变量有影响的变量。自变量的确定主要是根据文献和经验。开篇案例中的因变量是客户是否响应,自变量是客户所在地区、行业、规模和个人电脑拥有量。例17-1中的因变量是客户首次采用和重复使用,自变量是医生的地位、自信程度、意见领袖的处方量、同事的处方量。目前除了产品属性和消费者的特征信息,关系信息作为预测变量的价值越来越受到重视。

17.2.2 估计回归系数

上一章讨论的线性回归系数是用最小二乘法估计,该方法估计的系数使预测误差平方和最小。Logistic 回归系数一般由**极大似然法**(maximum likelihood method)估算,使 P 的估计值当 $Y=0$ 时接近 0,$Y=1$ 时接近 1。这样就可以使观测到实际数据的概率最大化。

自变量的取舍通常根据极大似然比(MLR)或协方差近似估计(ACE),以逐步回归的方式进行。通常从数据中选取60%—70%的样本作为估计回归系数用的建模样本,其余的作为评估拟合情况的验证样本。

17.2.3 显著性检验

当回归系数不是很大时,可以用**沃氏检验(Wald's test)**检验其显著水平。该统计量建立在极大似然法估计的近似正态分布基础上,可用下式估算:

$$W = (\beta_j / \text{s.e.}(\beta_j))^2$$

式中,β_j是某个预测变量的Logistic回归系数估计值,$\text{s.e.}(\beta_j)$是该系数的标准误差。Wald统计量呈卡方分布,如果预测变量是定量变量,其自由度为1;如果预测变量是分类变量,其自由度为类别数减1。

实际上,也可以用参数估计值除以其标准误计算t值来检验回归系数的显著性:

$$t = \beta_j / \text{s.e.}(\beta_j), \text{自由度} = n - k$$

当回归系数大时,Wald检验的误差比较大,这时宜用似然比检验,详情请查看有关的统计学教科书。

17.2.4 结果解读

对Logistic回归系数的解读与多元线性回归相似,当然因变量的性质不同。截距β_0决定假设所有变量取值为0时事件发生的概率,即基准概率。回归系数β_j表示事件发生概率与X_j之间的关系。$\beta_j > 0$表示X_j与事件发生概率正相关,$\beta_j < 0$表示负相关,$\beta_j = 0$表示X_j与事件发生概率无对数线性关系。由于Logistic回归中$\ln(P/(1-P))$是估计参数的线性函数,故当其他变量保持不变时,每当X_j增加一个单位,$\ln(P/(1-P))$会变化β_j个单位,而相对风险$P/(1-P)$变化e^{β_j}个单位。

17.2.5 模型评估

Logistic回归模型的拟合情况可以用拟合优度卡方(goodness of fit χ^2)来衡量,该指标可用下式计算:

$$\chi^2 = \sum (Y_i - p_i)^2 / (p_i(1 - p_i))$$

式中,Y_i是二分因变量的观察值,p_i是事件发生概率的估计值。该统计量的自由度=所有自变量的组合数减去自变量的个数。

在实际的应用研究中,评估拟合情况的常用方法是考察预测正确的比例(hit rate)。如果预测的概率大于0.5,则预测$Y=1$,否则$Y=0$。将Y的预测值和实际值相比较,就可以算出预测正确的百分比。将变量的预测值和观察值交叉列表,就可以得到**分类表(classification table)**,用于比较预期结果和实际结果的一致性。

受者反应特征曲线(receiver operating characteristic,ROC)也是一个很有用的工具(见图17-1)。该图的横轴是总样本的累计百分比(名单渗透率),纵轴是检出样本(有回应的样本)的累计百分比(顾客渗透率)。当模型拟合得很好时,该曲线会明显偏离45度直线;而当模型拟合得不好时,会很接近45度直线。

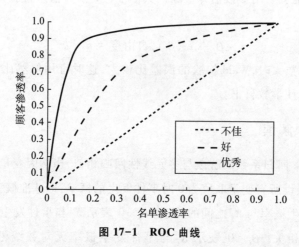

图17-1　ROC曲线

将所建模型回代到建模样本通常会高估模型的拟合情况,因此通常都要保留一部分样本专供模型评估用。用验证样本对模型的拟合情况进行评估称为交叉验证。

17.3　分析实例:大学生公寓的目标市场识别

上节介绍了Logistic回归分析的基本步骤,现在让我们用大学生公寓需求调查的数据来加以说明。

17.3.1 定义问题

该分析的主要问题是：对于一家在中关村地区经营普通大学生公寓的公司而言，谁是主要的目标市场？为了回答这一问题，需要识别影响学生在校外租房的主要因素，并根据这些因素估算不同类别学生在校外租房的概率，从而确定其重点目标市场。

该分析的因变量为是否在校外租房，是一个二分变量，自变量是可能影响租房需求的有关因素（见表17-1）。

表 17-1 中关村地区大学生公寓需求调查的主要变量（节选）

序号	变量名	定义
1	ID	样本序号
2	RENTAL	是否租住过校外房子（0=否,1=是）
3	AGE	调查对象的年龄（周岁）
4	SEX	调查对象的性别（1=男,2=女）
5	SCHOOL	调查对象所在的学校（1—6 代表 6 所不同的学校）
6	EDUCAT	学生类别[1=专科,2=本科,3=硕士（不含 MBA）,4=MBA,5=博士]
7	GRADE	被调查对象的年级（1—4）
8	INCOME	被调查对象的月可支配收入（元/月）

17.3.2 估计和检验 Logistic 回归系数

将 500 个样本的数据集随机分为建模数据和验证数据，其样本量分别为 292 和 208，用建模数据估计 Logistic 回归系数并进行显著性检验。

表 17-2 Logistic 回归结果

变量	β	S.E.	Wald	d.f.	Sig.	Exp(β)
AGE	0.202	0.133	2.232	1	0.127	1.224
SEX*	−0.691	0.339	4.143	1	0.042	0.501
SCHOOL**			13.990	5	0.016	

（续表）

变量	β	S.E.	Wald	d.f.	Sig.	Exp(β)
SCHOOL(1)	0.032	0.552	0.003	1	0.954	1.032
SCHOOL(2)	1.336	0.660	4.095	1	0.043	3.803
SCHOOL(3)	0.314	0.669	0.221	1	0.638	1.369
SCHOOL(4)	0.890	0.612	2.119	1	0.145	2.436
SCHOOL(5)	3.810	1.207	9.972	1	0.002	45.164
EDUCAT***			0.381	4	0.984	
EDUCAT(1)	−0.189	0.441	0.183	1	0.669	0.828
EDUCAT(2)	−0.292	0.840	0.121	1	0.728	0.747
EDUCAT(3)	−21.384	40 192.970	0.000	1	1.000	0.000
EDUCAT(4)	−0.778	1.435	0.294	1	0.588	0.459
GRADE	−0.039	0.223	0.030	1	0.862	1.039
INCOME	0.000	0.000	0.107	1	0.744	1.000
CONSTANT	−4.828	2.735	3.115	1	0.078	0.008

注：* 男性为对照组，** 学校 1 为对照组；*** 专科为参照组。

Logistic 回归的结果如表 17-2 所示。值得注意的是，性别、学校、学生类别是分类变量，SPSS 软件会自动生成一系列虚拟变量来代表不同组别，缺省的对照组是各变量的第一组。

由于采用了强制进入方法而不是逐步回归，回归结果列出了所有自变量的回归系数，而不是仅限于显著的变量的系数。如果只想在模型中保留显著的变量，可以采用逐步回归的方法。

17.3.3 结果解读

从表 17-2 可以看出，性别和就读学校对是否在校外租房有显著影响，Wald 检验的显著概率小于 0.05，其他自变量的影响并不显著。其中，女生在校外租房的概率显著小于男生；所属学校对学生在校外租房的概率有显著影响，不同学校在校外租房的概率相差很大。由此可见，中关村地区大学生公寓的主要目标市场是学校 2 和学校 5 的学生，尤其是男生。

17.3.4 模型评估

当分界点选为 0.50(将预测概率大于 0.5 的样本归为租房组,小于 0.5 的归为不租房组)时,该模型用于验证样本(因为有较多的缺失值,实际有效样本为173)的分类结果如表 17-3 所示。

表 17-3 预测分类表

观察值	预测值		
	不租	租	准确率(%)
不租	126	5	96.2
租	32	10	23.8
合计	158	15	78.6

表 17-3 中的总体预测准确率为 78.6%,但对于租房组,这部分样本的预测准确率只有 23.8%,筛出率较低,因此模型的拟合情况并不是很理想。因为分析的目的是识别在校外租房的这部分学生,所以可以考虑降低分界点以提高这部分样本的预测准确率,即使这样会使总样本的预测准确率有所下降。

17.4 多项 Logistic 回归

除了二分因变量,营销研究常会遇到可以取多个值的定类因变量(例如现在使用的品牌、最喜欢的品牌、选择的品牌,等等)。对于这类分类因变量,常用**多项 Logistic 回归**(multinomial Logistic regression,也叫 multinomial logit model,MNL 模型)来估计自变量对因变量的影响。

在市场营销中,该模型常用来研究消费者的选择行为,例如:

- 估计各种营销变量对消费者品牌选择的影响,例如广告、促销、品牌代言人和渠道对品牌选择的影响;
- 分析影响消费者选择与偏好的主要因素,例如人口统计特征、口碑、意见领袖等对品牌偏好的影响;
- 市场份额预测,例如根据有关消费者的特征信息和产品属性信息来预测不同品牌的市场占有率。

以消费者的品牌选择为例,当消费者从 m 个品牌中选其中的一个时:

$$Y = 1, 2, \cdots m$$

对于多项 Logistic 回归模型,选择第 j 个选项的概率

$$P_j = \Pr(Y = j), j = 1, 2, \cdots m$$

$$P_j = \frac{\exp(\boldsymbol{\beta}'_k X_j)}{\sum_{l=1}^{m} \exp(\boldsymbol{\beta}'_l X_j)}$$

式中,P_j 是在 m 个选项中选择第 j 个选项的概率,$P_j = \Pr(Y=j)$,X_j 是一组与选择有关的自变量,$\boldsymbol{\beta}$ 是一组与这些自变量相应的待估系数。回归系数的符号和大小反映了自变量与选择概率的关系,大于 0 表示该变量与选择概率正相关,小于 0 表示负相关,等于 0 表示无对数线性关系。

多项 Logistic 回归模型回归系数的估算也常用极大似然法,其显著性检验和结果解释与二项 Logistic 回归相似。

17.5　常用的统计分析软件

常用的统计软件包都有进行二项 Logistic 回归分析和多项 Logistic 回归分析的功能。现以 SPSS 为例加以简要说明。

若要运行 SPSS 的二项 Logistic 回归模型,点击 Analyze>Regression>Binary Logistic…

若要运行 SPSS 的多项 Logistic 回归模型,点击 Analyze>Regression>Multinomial Logistic…

然后在相应的窗口中定义因变量、自变量、分类自变量等。

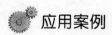
应用案例

含关系变量的电信用户流失预警模型

近年来,随着移动通信行业的快速发展,市场饱和度越来越高,企业获取新用户的成本也越来越大。此外,随着国内三大运营商竞争的加剧,产品和服务的同质化程度越来越高,客户流失率也在逐年上升。企业在开发新客户的同时也要注重对老客户的维系。

在过去的客户维系研究中,研究者往往都是通过客户自身因素出发,很少

关注到与社交数据相关的影响因素。而大数据处理和分析技术的广泛应用使得企业可以借助社交网络数据来帮助制定客户维系和流失管理的相关市场决策。

本案例涉及的是一家市级的电信运营商,其面临的任务是筛选出有可能离网的个人 VIP 用户(重要用户),作为客户维系工作的重点对象。为了完成这一任务,本案例采用包含关系信息的内部客户数据来建立电信 VIP 用户流失预警模型。

建模数据 随机选取 5 万个左右 VIP(平均月话费支出 ARPU 值大于 80元)客户 6 个月的数据,其中包括按月份统计的客户基础通信数据(入网时间、当月花费等)和按月份统计的客户点对点通信数据(个体的度①、联系强度和个体的信息熵),见表 17-4。4—7 月份的数据作为建模数据,8—9 月份的数据作为验证数据。

表 17-4 Logistic 回归模型所用自变量描述

变量	变量名称	单位	计算方法
个体的度	D_i	人数	$D_i = \sum_{j \neq i} \alpha_{i,j}$
联系强度	Tie_i	分钟/人	$Tie_i = \dfrac{T_i}{D_i}$
个体的信息熵	E_i		$E_i = -\sum_{\alpha_{i,j}=1} p_{i,j} \log(p_{i,j} = \dfrac{Comm_{i,j}}{T_i})$
入网时长	Tenure	天	当前时间减去入网时间
当月花费	Expense	元	直接获取
花费变化率	Chgexpense	%	$\dfrac{当月花费-上月花费}{上月花费}$
个体的度变化率	Chgcount	%	$\dfrac{当月个体的度-上月个体的度}{上月个体的度}$
本网用户占比	Dxprop	%	$\dfrac{通话人数中本网用户数}{总人数}$

方法 通过对点对点通信数据的网络分析获取联系信息,然后结合常规基础通信数据,建立 VIP 客户流失预警的 Logistic 回归模型。Logistic 回归结果见表 17-5。

---

① 指当月有通话联系的人数。

表 17-5 Logistic 回归结果

	4月			5月			6月			7月		
	模型1	模型2	模型3	模型1	模型2	模型3	模型1	模型2	模型3	模型1	模型2	模型3
常数项	3.384** (1.172)	-2.180*** (0.167)	0.543 (1.166)	3.487** (1.167)	-2.229*** (0.158)	1.833† (1.113)	4.038*** (1.088)	-2.193*** (0.157)	1.758 (1.100)	1.158 (1.457)	-2.755*** (0.186)	-2.42† (1.344)
个体的度		-0.019*** (0.003)	-0.015*** (0.003)		-0.014*** (0.002)	-0.009*** (0.002)		-0.013*** (0.002)	-0.010*** (0.002)		-0.033*** (0.004)	-0.031*** (0.004)
联系强度		-0.036*** (0.006)	-0.030*** (0.006)		-0.032*** (0.005)	-0.025*** (0.005)		-0.033*** (0.006)	-0.029*** (0.006)		-0.017** (0.006)	-0.014* (0.006)
个体的信息熵		-0.399*** (0.082)	-0.393*** (0.083)		-0.413*** (0.076)	-0.413*** (0.077)		-0.414*** (0.075)	-0.414*** (0.076)		-0.103 (0.100)	-0.117 (0.102)
入网时长	-0.329*** (0.059)		-0.148* (0.063)	-0.391*** (0.059)		-0.253*** (0.063)	-0.422*** (0.059)		-0.254*** (0.063)	-0.271*** (0.076)		0.022 (0.082)
当月花费	-0.807*** (0.059)		-0.476*** (0.068)	-0.831*** (0.051)		-0.665*** (0.055)	-0.761*** (0.051)		-0.489*** (0.058)	-0.661*** (0.063)		-0.271*** (0.078)
花费变化率	-0.804*** (0.173)		-0.516** (0.177)	-1.149*** (0.171)		-0.910*** (0.178)	-0.053 (0.123)		-0.003 (0.100)	-0.310 (0.183)		-0.243 (0.189)
个体的度变化率		-1.078*** (0.132)	-0.966*** (0.134)		-1.355*** (0.132)	-1.132*** (0.132)		-0.949*** (0.124)	-0.927*** (0.125)		-0.573*** (0.127)	-0.520*** (0.129)
本网用户占比	-2.444 (1.541)		0.483 (1.505)	-1.656 (1.531)		0.728 (1.440)	-2.439 (1.408)		-0.079 (1.403)	-1.064 (1.911)		1.063 (1.671)
AUC 值	0.676	0.766	0.775	0.693	0.761	0.785	0.641	0.737	0.739	0.652	0.782	0.783

注：因变量为是否流失，1 为流失，0 为非流失；表中数据为参数估计结果，括号内数据为参数估计的标准误；*** 为 0.001 显著性水平，** 为 0.010 显著性水平，* 为 0.050 显著性水平，† 为 0.100 显著性水平。

模型验证　以 8 月份的客户作为对象,根据模型计算出这些客户在 9 月份的流失概率;按照流失概率从高到低对客户进行排序,将预期流失概率大于 1% 标为高流失风险客户;将预测的流失客户与 9 月份实际的流失客户进行对比,结果以 34% 的样本覆盖率捕获了 72% 的流失客户。

讨论　结合本章所学内容,认真考虑以下问题:
1. 如何在实际工作中应用该客户流失预测模型?
2. 实际应用该模型时应当注意什么?
3. 该模型有哪些进一步改进的可能?

资料来源:周静等,《自我网络特征对电信客户流失的影响》,《管理科学》,2017(5):28—37。

小　结

在分析市场营销研究数据时,常常会遇到只有两个值的因变量,这类变量称为二分变量。Logistic 回归是分析二分因变量的常用方法,在市场营销领域被广泛地用于目标顾客筛选、客户流失预警、消费者选择行为研究等。

Logistic 回归的主要分析步骤包括定义研究问题、估计模型参数并进行显著性检验以及解释结果和评估模型的拟合效果。定义问题主要涉及根据研究目的确定因变量和自变量;Logistic 回归系数一般都是用极大似然法来估计,其显著性检验可以用沃氏法或 t 检验;模型的评估一般采取交叉验证的方法来考察模型对验证样本的预测准确率。

对于可以取多个值的定类因变量,常用多项 Logistic 回归估计自变量对因变量的影响并对选择不同选项的概率进行预测。该模型常用来研究消费者的选择行为,是最常用的消费者选择模型,其分析步骤与二项 Logistic 回归相似。除了用于消费者选择行为研究,该模型还可以用于分类和市场份额预测。

常用统计软件包都有进行 Logistic 回归的功能。

重要术语

binary variable 二分变量
binary Logistic regression 二项 Logistic 回归
social contagion 社会传染
estimation sample 建模样本
maximum likelihood method 极大似然法

Wald's test 沃氏检验
validation sample 验证样本
cross validation 交叉验证
likelihood function 似然函数
hit rate 命中率，正确预测率

classification table 分类表
receiver operating characteristic curve，ROC curve 受试者工作特征曲线
multinomial Logistic regression 多项 Logistic 回归

■复习思考题■

1. 举例说明 Logistic 回归的主要用途。
2. 为什么当因变量是二分变量时，不宜用普通线性回归？
3. Logistic 回归中的回归系数有什么含义？如何检验其显著性？
4. 请举例说明市场营销中常见的取多个值的分类因变量。
5. 多项 Logistic 回归在市场营销中有哪些用途？
6. Logistic 回归系数的估算和显著性检验与普通线性回归有何异同？
7. 在 Logistic 回归中用于评估预测变量相对重要性的指标有哪些？
8. 如何对 Logistic 回归模型进行评估？
9. 为什么要对预测结果进行交叉验证？

■练习题■

1. 某移动公司对用户离网概率进行了一个简单的 Logistic 回归分析。因变量为是否在某月终止使用服务（1＝终止，0＝不终止），自变量是年龄、性别（女＝0，男＝1）和前三个月的话费支出（元）。分析结果见下表：

变量	非标准化回归系数	显著概率
年龄	−0.10	0.002
性别	0.15	0.061
前三个月的话费支出	−0.01	0.001

（1）年龄、性别和前三个月的话费支出与离网概率是什么关系？
（2）如何判断上述自变量对离网概率的影响是否显著？
（3）如何评估 Logistic 模型的拟合情况？

2. 上述分析对于预测离网概率有哪些局限？如何改进？

■ **延伸阅读** ‖

1. Naresh K. Malhotra, Daniel Dunan, David F. Birks, *Marketing Research: An Applied Approach*, 5th edition, Chapter 23, Pearson, 2017.

2. Raghuram Iyengar, et al., "Social Contagion in New Product Trial and Repeat", *Marketing Science*, 2015(3): 408–429.

3. 周静等,《自我网络特征对电信客户流失的影响》,《管理科学》,2017(5):28—37。

第18章 因子分析

本章概要

前几章所介绍的方差分析、回归分析和 Logistic 回归都涉及一个明确的因变量和一组自变量。本章介绍的因子分析主要考察全部变量之间的相互关系,不区分因变量和自变量。我们首先介绍因子分析的基本概念和因子分析模型;然后以主成分分析为例描述因子分析的主要步骤;最后介绍公因子分析方法。

教学目的

阅读本章后,学生应当能够:

1. 理解因子分析的基本概念、目的及用途;
2. 掌握因子分析的主要步骤,包括定义问题、构造相关矩阵、选择方法、确定因子数目、因子的提取与旋转、解释因子含义和评估结果;
3. 理解主成分分析和公因子分析方法之间的区别;
4. 了解因子分析在市场营销领域的应用。

开篇案例

中国消费者奢侈品购买动机

随着消费者可支配收入的不断增加,奢侈品消费在中国快速增长,中国已经成为全球第二大奢侈品市场,预计 2025 年将成为全球最大的奢侈品市场。了解中国消费者的购买动机并制定合适的营销策略,是许多著名奢侈品公司关心的问题。

中国消费者奢侈品购买动机的实证研究大多建立在朱晓辉2006年的中国消费者奢侈品购买动机模型的基础上。朱晓辉在2006年根据相关文献和深入访谈提出了一个中国消费者奢侈品购买动机模型,并开发了一个拥有7个因子、29个题项的中国消费者奢侈品购买动机量表,然后用这个量表在北京、上海、成都和广州4个城市对奢侈品消费者进行了问卷调查。

对问卷调查数据进行因子分析的结果表明:中国消费者中存在7个奢侈品消费动机:炫耀、从众、社交、身份象征、品质精致、自我享乐和自我赠礼(见图18-1)。其中身份象征是国外消费者奢侈品消费动机研究中没有发现的,从而可以看出文化对于奢侈品消费动机的影响。

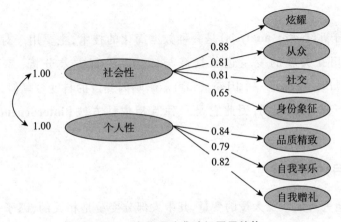

图 18-1 奢侈品消费动机因子结构

进一步分析表明,与西方消费者相比,中国消费者奢侈品消费动机有如下特点:

1. 西方消费者注重个人取向的消费价值,中国消费者更注重炫耀性价值;

2. 西方消费者注重拥有物的个人含义,中国消费者注重拥有物的公众意义;

3. 相对于西方消费者,中国消费者倾向于用产品或品牌的象征性来表达自己在社会中的阶层和地位;

4. 西方消费者注重奢侈品的领先特性,中国消费者在选择和消费奢侈品时,从众动机更明显,以规避消费风险和迎合大众口味;

5. 中国消费者奢侈品的消费很大一部分是用来送礼以建立其社会关系。

6. 由于近年来消费主义和享乐主义的影响,中国消费者也存在个人取向的奢侈品消费动机:品质精致、自我享乐和自我赠礼。

资料来源:朱晓辉,《中国消费者奢侈品购买动机的实证研究》,《商业经济与管理》,2006(7):42-48。

请问:你从上述结果中洞察到了什么?如果现在用同样的量表对中国奢侈品的目标消费者进行测量,结果会有什么异同?

18.1 基本概念

因子分析(factor analysis)是一种数据简化的技术,主要用于对一组数目较多而且相互关联的变量进行提炼与概括。进行方差分析、多元回归和 Logistic 回归时,要确定一个因变量和可能影响因变量的自变量。但是,因子分析并不进行这样的区别,因此它是一种**互相依性方法**(interdependent technique)。

18.1.1 目的与用途

营销研究可能涉及大量的变量,其中大部分变量是相关的,因子分析的目的是以尽可能少的信息损失把大量相互关联的变量浓缩为少数几个因子,以便加深对数据的理解和进一步的统计分析。例如,测量服务质量时,可以让调查对象对一系列服务质量指标进行打分,然后用因子分析确定构成人们评价服务质量的主要因子,考察人们对服务质量的认知到底包含哪几个重要的方面。

因子分析的主要目的有:

- **考察数据的基本结构,识别一些复杂概念的基本维度及相互关系**。例如,可以用一组有关生活方式的问题测量消费者的资源、生活态度和行为,然后进行因子分析,找出反映消费者生活方式的主要维度。
- **数据简化**。用一组数目较少的、相互独立的因子替代原始变量,用于进一步的多元统计分析。例如,在开篇案例中,不同消费者购买奢侈品的动机很多,可以将消费者提到的形形色色的动机归纳成两大类的七个方面,对数据进行提炼和简化,然后用方差分析方法比较不同人群购买动机的异同。

- **测量效度评估**。因子分析是评价量表效度的一种常用方法,可以根据探索性和验证性因子分析评价量表的信度和效度,并加以改进。

因子分析在营销研究中具有广泛的用途,例如:

- **市场细分**。可以用因子分析确定顾客细分的标准。例如,可以根据顾客对经济性、性能、舒适度、外观和品牌的重视程度对家用轿车购买者进行细分。
- **品牌研究**。可以通过因子分析确定影响消费者品牌选择的主要属性。例如,可以根据保健、社交和经济三大因子得分对牙膏新产品进行评估。也可以用因子分析对品牌特征进行概括和分类。
- **广告研究**。可以用因子分析了解目标市场的价值观,然后有针对性地设计广告诉求。

18.1.2 因子模型

因子模型将各相关的变量用几个公因子加一个独特因子表示。假设因子分析所用的变量数为 k,因子数为 m,对于标准化的变量,因子模型可用下式表示:

$$X_i = A_{i1}F_1 + A_{i2}F_2 + \cdots + A_{im}F_m + V_iU_i$$

式中,X_i 为第 i 个标准化变量,$i=1, 2, \cdots, k$;

A_{ij} 为第 i 个变量对第 j 个公因子的标准多元回归系数,即因子负载,$j=1, 2, \cdots, m$;

F_j 为第 j 个公因子;

V_i 为第 i 个变量对第 i 个特殊因子的标准多元回归系数;

U_i 为第 i 个变量的特殊因子。

上述模型假设特殊因子之间、特殊因子和公因子之间彼此独立。

公因子是各个观测变量所共有的因子,用来解释变量之间的相关关系,可用观察变量的线性组合来表示:

$$F_i = W_{i1}X_1 + W_{i2}X_2 + \cdots + W_{ik}X_k$$

式中,F_i 为第 i 个因子的估计值,W_{ij} 为计算第 i 个**因子分(factor score)** 时第 j 个变量的权重,又叫因子分系数。值得注意的是,因子数 m 通常小于变量数 k。

例 18-1

品牌个性的本土化研究

"大五"品牌个性理论自提出以来在很多国家得到了验证,同时也引发了新的问题:品牌个性作为符号文化的一种,在不同的国家是否应该呈现不同差异?而品牌个性作为品牌符号中最具象征意义的部分,是否也必须打上文化的烙印?各个不同文化的国家在品牌个性维度的构成方面是否也应该存在不一致?

为了回答上述问题,黄胜兵和卢泰宏在2003年以词汇法、因子分析和特质论作为方法论基础,对中国消费者的品牌个性认知进行了实证研究。该研究开发了中国的品牌个性量表,并从中国传统文化角度阐释了中国的品牌个性维度:仁、智、勇、乐、雅,然后将中国的品牌个性维度与美国、日本的品牌个性维度进行了比较。他们的研究表明:中国的品牌个性一方面继承了中国文化传统,保留了本土化的独特特点;另一方面,随着中国与世界经济文化的交流和融合,中国的品牌个性也不可避免地受到西方文化的影响。仁(sincerity)、智(competence)、雅(sophisticated)三个维度具有较强的跨文化一致性。"仁"是中国品牌个性中最具有文化特色的一个维度,其次是"乐"。与美国相比,中国品牌个性最具差异性的地方是:中国更加强调集体利益,而美国更加重视个人利益,强调个性的表现。与日本相比,中国品牌个性中存在"勇"这一维度,而日本则不存在这样一个单独维度。

上述结果表明:中国消费者对品牌个性的认知在一定程度上受到西方理论及文化的影响,有其共性;但在某些方面又打上了中国文化的烙印,有一定的独特性。

资料来源:黄胜兵、卢泰宏,《品牌个性维度的本土化研究》,《南开管理评论》,2003(1):4—9。

18.2 分析步骤

因子分析的主要步骤是:首先定义问题和分析变量;然后构造相关矩阵,选择因子分析方法,确定提取的因子数和旋转方法;接着解读旋转后的因子;最后判断模型的拟合情况。

18.2.1 定义问题

定义问题时首先要明确因子分析的目的,并根据相关理论、以往的研究和经验选择用于因子分析的变量。变量应当是定距或定比变量,样本数通常应至少是变量数的 4—5 倍。但现实中不少研究的样本明显低于此值,在这种情况下对结果的解释应当慎重。

本节以主成分分析为例,借用对 30 名消费者购买牙膏时追求的主要利益调查数据,具体说明如何进行因子分析。① 该调查用 7 级量表(1 表示非常不重要,7 表示非常重要)询问调查对象对以下利益的重视程度(见表 18-1)。

V_1:预防蛀牙 V_2:牙齿亮泽 V_3:保护牙龈
V_4:口气清新 V_5:预防坏牙(反向打分) V_6:富有魅力

表 18-1 不同利益的重要性评分

样本编号	V_1	V_2	V_3	V_4	V_5	V_6	样本编号	V_1	V_2	V_3	V_4	V_5	V_6
1	7.00	3.00	6.00	4.00	2.00	4.00	16	6.00	4.00	6.00	3.00	3.00	4.00
2	1.00	3.00	2.00	4.00	5.00	4.00	17	5.00	3.00	6.00	3.00	3.00	4.00
3	6.00	2.00	7.00	4.00	1.00	3.00	18	7.00	3.00	7.00	4.00	1.00	4.00
4	4.00	5.00	4.00	6.00	2.00	5.00	19	2.00	4.00	3.00	3.00	6.00	3.00
5	1.00	2.00	2.00	3.00	6.00	2.00	20	3.00	5.00	3.00	6.00	4.00	6.00
6	6.00	3.00	6.00	4.00	2.00	4.00	21	1.00	3.00	2.00	3.00	5.00	3.00
7	5.00	3.00	6.00	3.00	4.00	3.00	22	5.00	4.00	5.00	4.00	2.00	4.00
8	6.00	4.00	7.00	4.00	1.00	4.00	23	2.00	2.00	1.00	5.00	4.00	4.00
9	3.00	4.00	2.00	3.00	6.00	3.00	24	4.00	6.00	4.00	6.00	4.00	7.00
10	2.00	6.00	2.00	6.00	7.00	6.00	25	6.00	5.00	4.00	2.00	1.00	4.00
11	6.00	4.00	7.00	3.00	2.00	3.00	26	3.00	5.00	4.00	6.00	4.00	7.00
12	2.00	3.00	1.00	4.00	5.00	4.00	27	4.00	4.00	7.00	2.00	2.00	5.00
13	7.00	2.00	6.00	4.00	1.00	3.00	28	3.00	7.00	2.00	6.00	4.00	3.00
14	4.00	6.00	4.00	5.00	3.00	6.00	29	4.00	6.00	3.00	7.00	2.00	7.00
15	1.00	3.00	2.00	2.00	6.00	4.00	30	2.00	3.00	2.00	4.00	7.00	2.00

---

① Naresh K. Malhotra, Daniel Dunan, David F. Birks, *Marketing Research: An Applied Approach*, 5th edition, Pearson, 2017: 714.

18.2.2 构造相关矩阵

相关矩阵揭示了各变量之间的相关关系,是因子分析的基础。只有当变量之间相关时,才适合进行因子分析。如果所有变量之间的相关系数很小,那么因子分析就不合适。为了判断因子分析是否合适,可以用 Bartlett 检验(Bartlett's test)来检验变量之间彼此独立(总体相关矩阵是单位矩阵)这一假设。该检验统计量取值大时表示拒绝零假设。如果不能拒绝零假设,表示变量之间彼此独立,不适合做因子分析。还有一个常考察的统计量是 KMO 值,其取值范围为 0—1。KMO 值越接近 1 表示越适合做因子分析,通常要求 KMO 值大于 0.5。

根据表 18-1 的调查数据计算的相关矩阵如表 18-2 所示。从表中可以看出:V_1(预防蛀牙)、V_3(保护牙龈)和 V_5(预防坏牙)之间的相关系数相对较大,可以推测这些变量与同一因子相关;而 V_2(牙齿亮泽)、V_4(口气清新)和 V_6(富有魅力)之间的相关系数也相对较大,这些变量似乎与另一因子相关。

表 18-2 相关矩阵

变量	V_1	V_2	V_3	V_4	V_5	V_6
V_1	1.000					
V_2	0.530	1.000				
V_3	0.873	0.155	1.000			
V_4	0.086	0.572	0.248	1.000		
V_5	0.858	0.020	0.778	0.007	1.000	
V_6	0.004	0.640	0.018	0.640	0.136	1.000

对上述相关矩阵的 Bartlett 检验的 χ^2 值为 111.31,自由度为 15,在 0.05 水平上显著,拒绝了各变量之间不相关的假设。KMO 值为 0.66,符合因子分析的要求。

18.2.3 确定因子分析方法

一旦确认数据适合做因子分析,就要选择合适的因子分析方法。主成分分析和公因子分析是两种最基本的因子分析方法。**主成分分析(principal components analysis)** 将全部方差引入因子矩阵,其主要目的是用尽可能少的因子解释尽可能多的方差。**公因子分析(common factor analysis)**只考虑公因子部分,其主要目的是识别公因子的主要维度及相互关系。

还有一些其他的因子分析方法,包括最小二乘法、广义最小二乘法、极大似然法等。这些方法比较复杂,因此不太常用。

在本例中,我们希望用最少数目的因子概括人们购买牙膏时追求的主要利益,因此采用主成分分析的方法。

18.2.4 确定因子数

理论上,主成分的数目可以和变量数相同,但这就达不到简化数据结构的目的,因此应当提取比变量数少的因子。确定因子数目的方法有好几种,包括:

- **事先确定**。依据以往的经验,事先确定提取的因子数目。许多统计软件允许用户指定提取的因子数,因此很容易实施。
- **根据特征值(eigen value)**。通常保留特征值大于1的因子。某一因子的特征值代表与该因子有关的方差的大小,特征值小于1的因子并不优于原始变量,起不到简化数据的作用。由于标准化,每个标准化变量的方差为1。
- **根据碎石图(scree plot)**。碎石图是将特征值与因子数按提取的顺序作图,根据图的形状确定保留的因子数。图中特征值的折点处代表应当提取的因子数。根据碎石图确定的因子数通常比根据特征值确定的多1个。
- **根据解释方差的比例**。这一方法根据提取因子解释的累计方差达到满意水平时的因子数来确定保留多少个因子。通常建议提取的因子至少能解释60%的方差。
- **根据显著性检验**。可以分别对不同特征值的显著性进行检验,然后仅保留统计上显著的因子。但是,当样本量大(大于200)时,许多因子尽管从实用的角度看仅解释了很小比例的方差,但统计上还是显著的。

表18-3显示,因子的特征值和能够解释的方差比例从第1个因子到第6个因子呈下降趋势。对于标准化变量,每个变量的方差都是1,6个变量的总方差是6。某一因子所解释的方差比例是其特征值除以变量数。因此,第1个因子解释的方差是2.731,即总方差的45.520%(2.731/6)[①];第2个因子解释了总方差的36.969%(2.218/6);前2个因子共解释了总方差的82.488%。

---

① 此处与表18-3中的数据由计算机软件给出,由于四舍五入的原因,与手动计算的数据略有出入。

表 18-3　主成分分析各因子的特征值和解释的方差比例

因子	特征值	方差百分比(%)	累计百分比(%)
1	2.731	45.520	45.520
2	2.218	36.969	82.488
3	0.442	7.360	89.848
4	0.341	5.688	95.536
5	0.183	3.044	98.580
6	0.085	1.420	100.000

根据表 18-3 中的结果，按特征值大于 1 的标准可选取两个因子。最后，根据解释方差的累计比例，前两个因子解释了 82.488 的方差，增加第 3 个因子的边际作用不大。如图 18-2 显示，在第 3 个因子处有一明显的折点。因此，提取两个因子比较合适。

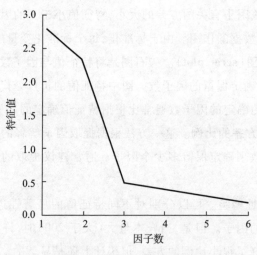

图 18-2　主成分分析的碎石图

18.2.5　因子旋转

因子分析的一项重要输出结果是因子负载构成的**因子矩阵**(factor matrix)。**因子负载**(factor loading)是用因子表示标准化变量时所用的系数，表示因子与变量之间的相关度，系数绝对值大意味着相应的因子和变量之间密切相关。

未经旋转的因子矩阵中的因子与很多变量相关,每个因子的含义均不够清晰,不容易解读。例如,表18-4中未经旋转的因子1至少与6个变量中的5个存在某种程度的相关关系(因子负载的绝对值大于0.3)。同样,因子2至少与4个变量相关。因此,要通过对因子矩阵的旋转获得更容易理解的矩阵。

表18-4 旋转前后的因子矩阵

初始因子矩阵			旋转后的因子矩阵		
变量	因子1	因子2	变量	因子1	因子2
V_1	0.928	0.253	V_1	0.962	0.027
V_2	0.301	0.795	V_2	0.057	0.848
V_3	0.936	0.131	V_3	0.934	0.146
V_4	0.342	0.789	V_4	0.098	0.854
V_5	0.869	0.351	V_5	0.933	0.084
V_6	0.177	0.871	V_6	0.083	0.885

进行因子旋转时,最理想的结果是每个因子只有部分变量的负载显著,同时每个变量最好只在一个因子上的负载显著。旋转并不影响解释的总方差百分比,但每一因子解释方差的比例通过旋转而重新分配。

若旋转时每个轴均保持相互垂直,则称为**正交旋转(orthogonal rotation)**。最常用的旋转方法是**变值尽简法(varimax procedure)**。它使某一因子所含高负载的变量数最小。正交旋转所产生的因子是相互独立的。若旋转时每两个轴之间均不保持相互垂直,则称为**斜交旋转(oblique rotation)**,这时因子之间是相关的。当真实的因子之间可能高度相关时,应当采用斜交旋转,以便如实反映各变量之间的相互关系。

从表18-4用变值尽简法旋转后的因子矩阵中可以看出,旋转使因子矩阵得以简化和便于理解。旋转后只有V_1、V_3和V_5与因子1高度相关,其余的变量V_2、V_4和V_6与因子2高度相关,且没有任何变量同时与两个因子高度相关。这为因子的解读奠定了很好的基础。

18.2.6 解读因子

旋转后的因子负载模式可以揭示各因子的意义。表18-4中旋转后的因子矩阵显示,因子1的V_1(预防蛀牙)、V_3(保护牙龈)和V_5(预防坏牙)的负载大,因此可以将这一因子称为保健利益因子。注意,V_5是反向评分,原始变量取值大表示不重要,因此负载是负值,表示预防坏牙很重要。因子 2 与变量 V_2(牙齿亮泽)、V_4(口气清新)和 V_6(富有魅力)高度相关,因此可以称为社交利益因子。根据因子 1 和因子 2 的含义,可以得出以下结论:消费者购买牙膏所追求的利益可以概括为两大类,即保健利益和社交利益。

实际上,以往的研究表明,消费者购买牙膏追求的主要利益还包括经济利益。但是,表 18-4 的数据中并没有包含这类变量,因此只提取出两个因子。由此可见,提取的因子数及其含义在很大程度上取决于调查所用量表涵盖的内容。

18.2.7　计算因子分

如果因子分析的目的是将原始变量转换成一组数目较小的复合变量(因子)后再用于下一步的多元统计分析,则需要计算每个研究对象的因子分。第 i 个因子的因子分可根据每个原始变量值和相应的因子分系数由下式算出:

$$F_i = W_{i1}X_1 + W_{i2}X_2 + \cdots + W_{ik}X_k$$

多数计算机程序都可以应用户的要求计算因子分。表 18-5 列出了计算因子分所需要的**因子分系数矩阵**(factor score coefficient matrix)。在进一步的多元分析中,可以用因子分代替原始变量。例如,用表 18-5 的因子分系数可以计算每位调查对象的两个因子得分。

表 18-5　因子分系数矩阵

变量	因子 1	因子 2
V_1	0.358	0.011
V_2	0.001	0.375
V_3	0.345	0.043
V_4	0.017	0.377
V_5	0.350	0.059
V_6	0.052	0.395

值得注意的是,一般计算机软件都是根据标准化变量和相应的系数计算因子分的,如果用非标准化的变量计算因子分,则应当用非标准化的因子分系数。

18.2.8 判断模型的拟合情况

因子分析的一个最基本假设是,观察到的变量之间的相关性可以用某些公因子来解释,因此可以根据公因子重构变量之间的相关系数,与相关系数的观察值进行比较,作为判断模型拟合情况的依据。相关系数的估计值与观察值之差称为残差,残差大表示因子模型不能很好地拟合数据。

表 18-6 的左下三角是重构的相关矩阵,斜对角线是公因子方差,右上三角是残差。表 18-6 显示,该表的相关系数矩阵的估计值与表 18-2 的观察值比较接近,17 个残差中只有 5 个残差值大于 0.05,表示模型的拟合情况可以接受。

表 18-6 重构的相关矩阵与残差

	V_1	V_2	V_3	V_4	V_5	V_6
V_1	0.926	0.024	0.029	0.031	0.038	0.053
V_2	0.078	0.723	0.022	0.158	0.038	0.105
V_3	0.902	0.177	0.894	0.031	0.081	0.033
V_4	0.117	0.730	0.217	0.739	0.027	0.107
V_5	0.895	0.018	0.859	0.020	0.878	0.016
V_6	0.057	0.746	0.051	0.748	0.152	0.790

此外,所解释的总方差比例以及各因子含义是否与理论预期相符也是评价因子分析模型的重要标准。好的因子模型应当能解释大部分的方差,各因子的含义应当清晰并与理论预期一致,不同因子之间不应当有明显的交叉负载。

18.3 公因子分析的应用

公因子分析的步骤与主成分分析相同,因此就不再赘述。用公因子模型对表 18-1 的数据进行分析的主要结果如表 18-7 所示。这些结果与主成分分析结果很相似。根据特征值提取的因子数仍是 2 个。第 1 个因子解释了 45.520% 的方差,第 2 个因子解释了 36.969% 的方差,均比主成分分析的略小。

表 18-7　公因子分析结果

因子	特征值与解释方差比例		
	特征值	方差百分比	累计百分比
1	2.731	45.520	45.520
2	2.218	36.969	82.488
3	0.442	7.360	89.848
4	0.341	5.688	95.536
5	0.183	3.044	98.580
6	0.085	1.420	100.000

变量	初始因子矩阵	
	因子 1	因子 2
V_1	0.949	0.168
V_2	0.206	0.720
V_3	0.914	0.038
V_4	0.246	0.734
V_5	0.850	0.259
V_6	0.101	0.844

变量	旋转后的因子矩阵	
	因子 1	因子 2
V_1	0.963	0.030
V_2	0.054	0.747
V_3	0.902	0.150
V_4	0.090	0.769
V_5	0.885	0.079
V_6	0.075	0.847

变量	因子分系数	
	因子 1	因子 2
V_1	0.628	0.101
V_2	0.024	0.253
V_3	0.217	0.169
V_4	0.023	0.271
V_5	0.166	0.059
V_6	0.083	0.500

值得注意的是,公因子分析中未旋转的因子负载值与主成分分析的略有不同,但旋转后的因子矩阵很相似,因此对因子的解读相同。

重构的相关矩阵显示(见表18-8),只有一个残差值大于0.05,因此公因子模型比主成分分析更能准确地反映变量之间的相关性,对输入数据拟合得更好。

表 18-8 重构的相关矩阵

	V_1	V_2	V_3	V_4	V_5	V_6
V_1	0.928	0.022	0.000	0.024	0.008	0.042
V_2	0.075	0.562	0.006	0.008	0.031	0.012
V_3	0.873	0.161	0.836	0.051	0.008	0.042
V_4	0.110	0.580	0.197	0.600	0.025	0.004
V_5	0.850	0.012	0.786	0.019	0.789	0.003
V_6	0.046	0.629	0.060	0.645	0.133	0.723

18.4 常用的统计分析软件

常用的统计软件都具有因子分析功能,SPSS软件的FACTOR程序可以用于主成分分析和公因子分析,该程序还有其他因子分析方法供选择,也可以计算因子分。

若用SPSS的因子分析程序,则点击 Analyze>Dimension Reduction>Factor…然后选择用于因子分析的变量、因子提取方法和因子矩阵旋转方法等。

小 结

因子分析是一组数据概括与简化方法。因子分析模型中的每个变量是一组潜在因子的线性组合,而反过来因子也可用观察变量的线性组合来表示。因子分析的步骤包括定义问题、构造相关矩阵、选择因子分析方法、确定因子数、因子提取与旋转、解读和评估结果。

定义问题时要根据相关理论和经验选择合适的定距或定比变量。考察相关系数矩阵时,应当注意各组高度相关的变量并对该矩阵是否适合因子分析进行统计检验。因子分析的两种基本方法是主成分分析和公因子分析。主成分分析的主要目的是以最少的因子解释数据中尽可能多的方差,而公因子分析的目的是发现数据的潜在维度和相互关系。可以根据相关理论与经验、特征值、碎石图、解释方差百分比或显著检验确定提取的因子数。对因子初始矩阵进行旋转有助于对因子分析结果的理解,旋转后的因子矩阵是解读因子的基础。

可以通过比较相关矩阵的观察值和估计值之间的差值来提取因子所能解释的总方差比例,以及因子分析结果与理论的一致性,评估因子分析结果。

■ 重要术语 ■

factor 因子
factor analysis 因子分析
interdependence technique 互相依性方法
Bartlett's test Bartlett 检验
principal components analysis 主成分分析
common factor analysis 公因子分析
eigenvalue 特征值

factor loading 因子负载
factor matrix 因子矩阵
factor score 因子分
scree plot 碎石图
orthogonal rotation 正交旋转
varimax procedure 变值尽简法
oblique rotation 斜交旋转
factor score coefficient matrix 因子分系数矩阵

■ 复习思考题 ■

1. 因子分析与相关分析有何区别和联系?
2. 因子分析的主要目的是什么?在营销研究中有何用途?
3. 请描述因子分析模型的基本假设。
4. 如何判断某一数据是否适合做因子分析?
5. 什么是特征值、因子负载、因子矩阵和因子分?
6. 主成分分析和公因子分析的主要区别是什么?为了理解变量之间的相互关系,宜用哪种方法?
7. 因子数和变量数之间有何关系?确定因子数的方法有哪些?
8. 为什么要对因子矩阵进行旋转?最常用的旋转方法有哪些?
9. 解释各因子含义时应注意什么?
10. 如何考察模型的拟合情况?

练习题

1. 假设你是一家户外运动用品厂商的营销研究经理,请你:

(1) 设计 9 个有关心理特征的陈述句,以便了解这些句子所描述的心理特征与户外运动的关系;

(2) 用你设计的 7 级利克特量表对 40 名学生进行调查,了解他们对这些陈述句的同意程度;

(3) 对回收的问卷调查数据进行因子分析。

2. 以下是有关生活态度的因子分析结果,请根据表中的结果解释各因子的含义并给这些因子命名。

因子	测量语句	因子负载	方差贡献率(%)	累计方差贡献率(%)
F1	我喜欢被认为是时髦的人。	0.76	24.88	24.88
	与其他人相比,我的穿着更加时髦。	0.74		
	我喜欢追求流行、时髦与新奇的东西。	0.73		
	流行与实用之间我比较喜欢流行。	0.70		
F2	为了成功,我愿意承担风险。	0.76	13.19	38.07
	我具有冒险精神。	0.70		
	我喜欢追求富有挑战、新奇和变化的生活。	0.69		
	我喜欢接受从未尝试过的挑战。	0.65		
F3	我希望被视为一个领导者。	0.77	7.28	45.35
	我把我的工作视为事业。	0.72		
	我希望能达到所从事职业的顶峰。	0.71		
F4	我愿意无偿参与公益活动。	0.76	6.60	51.95
	我常常以实际行动支持环保。	0.70		
	我更愿意在业余时间从事有社会价值的事情而不是去赚钱。	0.68		
F5	尊重传统习俗是很重要的。	0.76	5.91	57.86
	工作的稳定比高收入更重要。	0.75		
	我反对婚外恋。	0.60		

3. 下表是对 6 个变量进行主成分分析的部分结果:(1) 计算所提取的各主成分所解释的方差比例;(2) 确定可以提取的因子数目并说明你的依据。

因子	特征值	解释方差(%)	累计方差(%)
1	2.60		
2	1.40		
3	0.80		
4	0.60		
5	0.40		
6	0.20		

■ 延伸阅读 ■

1. Naresh K. Malhotra, Daniel Dunan, David F. Birks, *Marketing Research: An Applied Approach*, 5th edition, Chapter 24, Pearson, 2017.

2. 朱晓辉,《中国消费者奢侈品购买动机的实证研究》,《商业经济与管理》,2006(7):42—48。

第19章 聚类分析

本章概要

聚类分析的主要目的是根据聚类变量将对象分为相对同质的群组,某一组内部成员之间尽可能相似,而与其他组成员不同。本章首先介绍聚类分析的基本概念;然后通过分层聚类实例说明聚类分析的步骤;接着介绍快速聚类和二步聚类;最后简要介绍变量聚类。

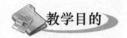
教学目的

阅读本章后,学生应当能够:

1. 理解有关聚类分析的基本概念及其在市场营销中的应用;
2. 掌握聚类分析的主要步骤,包括定义研究问题、选择距离指标和聚类方法、确定群组数目、解读和描述群组;
3. 掌握评价聚类分析结果的常用方法,对聚类分析结果进行评估;
4. 了解快速聚类方法的特点与步骤;
5. 用聚类分析方法分析市场营销问题并提出建议。

开篇案例 --

你的心思我能猜

当你访问某家网店,点开某个产品页时,除了所点的产品,商家经常还会向你展示"购买此产品的顾客同时也购买……",这种所谓的个性化推荐其实并不是根据你的独特爱好确定,而是根据与你相似的顾客经常购买的产品确定。

与此同时,商家还有可能显示"与该产品相关的产品",即与你所点产品相似度高的一组产品。

"物以类聚,人以群分"用来形容产品分类和市场细分再恰当不过。有着类似经历和特征的消费者在态度和行为上也往往具有一定的趋同性。即使在强调个性化的时代,由于互联网和社交媒体的存在,人与人之间的信息交换更加频繁,人们反而更容易受他人态度和行为的影响。人们的许多决策并不是完全根据自己的兴趣爱好独立做出,而是不知不觉地受他人影响。而所谓个性化推荐算法,并不是基于每个个体的独特性,而是基于消费者之间、产品之间,以及消费者和产品之间的相似性做出的。

本章介绍的聚类分析,就是基于研究对象(可以是个人、产品、品牌、变量等)之间相似性的分类方法。

19.1 基本概念

聚类分析(cluster analysis)是一组将研究对象按一定的标准分为相对同质的**群组**(clusters)的统计分类方法。聚类分析也叫**分类分析**(classification analysis)或**数值分类**(numerical taxonomy)。按分类对象可以将聚类分析分为样本聚类(Q 型聚类)和变量聚类(R 型聚类)两大类。按聚类的方法可以将聚类分析分为快速聚类(K-均值聚类)、分层聚类(系统聚类)和二步聚类三种。本章主要介绍样本聚类中的分层聚类和快速聚类。

图 19-1 以基于两个变量的分类为例,显示样本成员的可能分布,根据变量 1 和变量 2 的取值,有可能将样本对象分为 3—4 组,但有些组之间的边界并不很清晰。在这种情况下,需要用聚类分析方法确定群组的数目和每个对象的归属。理想的聚类结果应当是每群内部成员彼此相似,而不同群组之间明显不同。

判别分析也是一种常用的统计分类方法,但它要求事先知道起码一部分研究对象的组别,以便制定分类规则。而本章介绍的聚类分析不要求事先知道任何一个对象的组别,群组是根据聚类的结果事后确定的,所以聚类分析又称为数值分类。

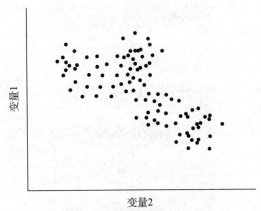

图 19-1　样本成员的分布示意图

聚类分析在营销研究中有广泛的应用,包括:

- **市场细分**。当作为市场细分的标准变量很多时,列联表等描述性统计分析方法无法给出有用的细分结果,因此需要借助聚类分析方法进行市场细分。例如,可以根据价值观和生活方式变量对消费者进行细分。
- **竞争策略分析**。可以用与竞争策略有关的变量作为聚类变量,用聚类的方法将竞争者分组,了解不同策略组的特点。
- **购买行为研究**。当不同人群的购买行为有显著差异时,可以先用聚类分析将样本分为相对同质的消费群,然后分别研究不同消费群的购买行为及主要影响因素。
- **新产品开发研究**。根据有关属性对品牌或产品进行聚类,有助于识别市场中直接竞争的品牌或产品,或发现新产品的潜在机会。
- **数据概括与缩减**。聚类分析可用来生成比单个观察值更容易理解的群体数据,然后对群组而不是观察个体进行进一步的描述与分析。例如,为了描述消费者的购物行为,可以首先用聚类分析将消费者分组,然后分析不同组中典型消费者的购物行为。

19.2　分析步骤

聚类分析的步骤包括定义研究问题、选择距离指标和聚类方法、确定群组数、描述与评估聚类结果等,如图 19-2 所示。

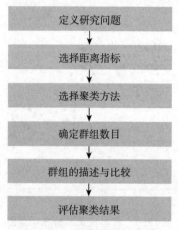

图 19-2 聚类分析的步骤

19.2.1 定义研究问题

定义研究问题的关键是根据研究目的选择合适的聚类变量。应当根据研究目的、相关理论、经验和研究人员的判断选择变量。所选择的变量应当与研究目的密切相关,能够反映分类对象的特征,不同对象之间的差异性足够大,而且聚类变量之间不应高度相关。

现以顾客的购物态度分类为例,说明聚类分析的步骤。为了按购物态度对商店顾客进行细分,研究人员选择了 6 个购物态度变量作为聚类变量。这些变量的测量是请顾客用 7 级利克特量表表示其对以下 6 个陈述句的同意程度(1=不同意,7=同意)。

V_1:购物是有趣的。

V_2:购物导致超支。

V_3:我将购物和在外就餐结合在一起。

V_4:我购物时争取得到最合算的交易。

V_5:我对购物没有兴趣。

V_6:我可以通过比较不同价格省很多钱。

表 19-1 提供了 20 个预调查样本的数据。[①] 这比实际工作中所使用的样本(一般都在 100 以上)要小很多。

---

① Naresh K. Malhotra, Daniel Dunan, David F. Birks, *Marketing Research: An Applied Approach*, 5th edition, Pearson, 2017: 740.

表 19-1 购物态度数据

编号	V_1	V_2	V_3	V_4	V_5	V_6	编号	V_1	V_2	V_3	V_4	V_5	V_6
1	6	4	7	3	2	3	11	1	3	2	3	5	3
2	2	3	1	4	5	4	12	5	4	5	4	2	4
3	7	2	6	4	1	3	13	2	2	1	5	4	4
4	4	6	4	5	3	6	14	4	6	4	6	4	7
5	1	3	2	2	6	4	15	6	5	4	2	1	4
6	6	4	6	3	3	4	16	3	5	4	6	4	7
7	5	3	6	3	3	4	17	4	4	7	2	2	5
8	7	3	7	4	1	4	18	3	7	2	6	4	3
9	2	4	3	3	6	3	19	4	6	3	7	2	7
10	3	5	3	6	4	6	20	2	3	2	4	7	2

19.2.2 选择距离指标

聚类分析的目的是将相似的对象聚到同一组,而对象之间的相似程度可以用它们之间的距离表示,相互之间的距离较小表示彼此之间更加相似。常用的距离指标有欧式距离、马氏距离和切氏距离。两个对象之间的**欧氏距离**(Euclidean distance)是它们之间每一聚类变量差值平方和的平方根,可以用下式计算:

$$欧氏距离 = \left[\sum_k (X_{ik} - X_{jk})^2 \right]^{1/2}$$

式中,X_{ik} 和 X_{jk} 分别为第 i 和第 j 个对象的第 k 个聚类变量值。

马氏距离(Manhattan distance)是两者之间每一聚类变量绝对差值的和。**切氏距离**(Chebychev distance)是全体聚类变量绝对差值中的极大值。上述距离指标中,欧氏距离或其平方是最常用的,本例采用的是欧氏距离平方。

变量的测量单位会影响聚类的结果,聚类的结果会被方差大的变量所左右,而方差的大小和所用的测量单位有关。例如,以元为单位测量的收入的方差要远远大于以万元为单位测量的收入的方差。如果各聚类变量的测量单位不同,则应当首先对变量进行标准化。标准化可以消除测量单位的影响,但也可能人为地减小不同组群之间在某些变量上的差异。所以在决定是否对聚类变量进行标准化时，应当权衡其利弊。

19.2.3 选择聚类方法

聚类分析方法分为快速聚类、分层聚类和二步聚类三种。快速聚类也叫 **K 均值聚类**（K-means clustering），它将数据看作 K 维空间上的点，以距离为标准进行聚类分析，将样本分为指定的 K 类。该方法的基本思路是先选择 K 个聚类起始点，然后根据距离最小的原则将样本成员分配到这 K 类中；接着再重新计算这 K 个聚类中心和分配样本成员；如此不断迭代，最后达到收敛的要求为止。顾名思义，快速聚类的特点是速度快，对于大样本数据具有一定的优势。该方法的主要缺点是需要事先确定群数和选择群中心，聚类结果可能取决于初始中心的确定方法。因为通常取前 K 个没有缺失值的样本（K = 群数）作为起始点，故聚类的结果可能取决于数据中样本成员的排列顺序。

分层聚类（hierarchical clustering）也称系统聚类，以产生分层或树状结构图为特征，又可进一步分为聚合法和分解法。**聚合聚类**（agglomerative clustering）以每个对象为单独一群开始，根据距离最小的原则，将不同群依次聚合在一起，形成越来越大的群，直至所有对象成为一群。**分解聚类**（divisive clustering）过程正好相反，开始时所有对象同属一群，然后不断分裂直至每一对象单独构成一群。

正如对象之间的距离有不同的定义一样，群与群之间的距离也有多种定义。根据群间距离定义的不同，可以将分层聚类进一步分为最小距离法、最大距离法、平均距离法、方差法、重心法等。**最小距离法**（single linkage method）中两群间的距离是两群之间最近两点之间的距离，根据最短距离将两群合并。**最大距离法**（complete linkage method）中两群间的距离是两群之间最远两点之间的距离。**平均距离法**（average linkage method）根据两群中全部对象对子之间的平均距离定义两群间的距离，它利用了所有对象对子之间的距离信息，而不仅仅是距离的极小值或极大值。**沃氏法**（Ward's procedure）是方差法中最常见的一种，它根据组内方差最小的原则进行聚类。在聚类的每一步，合并后群内距离平方和增加最小的两群被合并在一起。**重心法**（centroid method）的群间距离是两群重心之间的距离。在上述方法中，平均距离法和沃氏法较佳。

二步聚类(two-step clustering)通过分析聚类特征树自动确定最佳的群数,然后进行分组。该方法具有能够处理分类变量和连续变量、自动选择群数、适合大样本数据的优点。

本节用表 19-1 中的数据,以沃氏法说明如何进行分层聚类,聚类过程和结果见表 19-2,该表一般被称为**聚类过程表**(agglomeration schedule)。表中列出了每一步合并的对象或群的编号以及合并双方的群间距离。第 1 行表示第 1 步;第 1 行中的"Cluster Combined"列表示调查对象 14 和 16 在这一步被合并为一群;"Coefficients"列提供了这一对调查对象之间的欧氏距离的平方;"Stage Cluster First Appear"表示某一群是在哪一步首次产生的;最后一列"Next Stage"是下一对象或群加入的时间,第 1 行最后一列的数字是 6,表示在第 6 步有一个新的成员加入。同理,第 2 行表示第 2 步,对象 6 与对象 7 在这一步合并为一群。

表 19-2 聚类过程表

Stage	Cluster Combined		Coefficients	Stage Cluster First Appear		Next Stage
	Cluster 1	Cluster 2		Cluster 1	Cluster 2	
1	14	16	1.000	0	0	6
2	6	7	2.000	0	0	7
3	2	13	3.500	0	0	15
4	5	11	5.000	0	0	11
5	3	8	6.500	0	0	16
6	10	14	8.167	0	1	9
7	6	12	10.500	2	0	10
8	9	20	13.000	0	0	11
9	4	10	15.583	0	6	12
10	1	6	18.500	0	7	13
11	5	9	23.000	4	8	15
12	4	19	27.750	9	0	17
13	1	17	33.100	10	0	14
14	1	15	41.333	13	0	16
15	2	5	51.833	3	11	18
16	1	3	64.500	14	5	19

（续表）

Stage	Cluster Combined		Coefficients	Stage Cluster First Appear		Next Stage
	Cluster 1	Cluster 2		Cluster 1	Cluster 2	
17	4	18	79.667	12	0	18
18	2	4	172.667	15	17	19
19	1	2	328.600	16	18	0

除了上述的聚类过程表，还可以用**树状图（dendrogram）**更加直观地显示分层聚类的结果（见图19-3）。该图的纵坐标是对象的编号，横坐标上的位置表示各群聚合时的标准化距离。从图19-3可以看出，早期合并的各群之间的距离很近，最后两步合并时群间的距离很大。这些信息对于确定合适的群数非常有用。

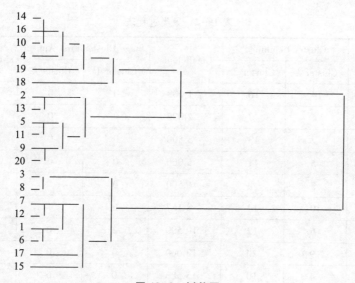

图19-3 树状图

19.2.4 确定群组数目

聚类分析时如何确定群组数并没有固定的标准，但通常遵循以下原则：

- **理论与实际的考虑**。相关的理论与经验可能提供确定群数的依据，尤其对于快速聚类。例如，如果分析的目的是市场细分，则可以根据相关市场细分理论、过去的经验或管理者的要求确定细分市场的数目。

- **群间距离**。对于分层聚类,各群合并时的距离可以作为确定群数的参考。图 19-3 显示,最后两步合并时的群间距离很大,分为 3 个群似乎比较合适。
- **群内与群间方差之比**。对于非分层聚类,可以将群内方差与群间方差的比值作为纵坐标、相对应的群数为横坐标制图,折点处就是合适的群数。
- **各群的相对大小**。各群的相对大小应当合适。从表 19-3 可以看出:当群数是 3 时,各群的成员数分别为 8、6 和 6;但当群数为 4 时,各群的成员数分别为 8、6、5 和 1。只有一个样本的群没有什么意义,因此 3 个群的结果更为合适。

表 19-3 不同群数时的组别分配

编号	群数			编号	群数		
	4	3	2		4	3	2
1	1	1	1	11	2	2	2
2	2	2	2	12	1	1	1
3	1	1	1	13	2	2	2
4	3	3	2	14	3	3	2
5	2	2	2	15	1	1	1
6	1	1	1	16	3	3	2
7	1	1	1	17	1	1	1
8	1	1	1	18	4	3	2
9	2	2	2	19	2	2	2
10	3	3	2	20	2	2	2

19.2.5 群组的描述与比较

通过对各群聚类变量均值的比较可以了解各群的特征并加以描述和命名。表 19-4 列出了各群的聚类变量均值。第 1 群的 V_1(购物是有趣的)和 V_3(我将购物和在外就餐结合在一起)的均值相对较大,而 V_5(我对购物没有兴趣)的均值小,因此可以称该群为"购物迷"。第 2 群正好相反,V_1 和 V_3 的均值小,V_5 的均值大,因此可以将该群称为"购物厌恶者"。第 3 群的 V_2(购物导致超支)、V_4(我购物时争取得到最合算的交易)和 V_6(我可以通过比较不同价格省很多钱)的均值大,因此可以将该群称为"节俭购物者"。

表 19-4　各群的聚类变量均值

群	V_1	V_2	V_3	V_4	V_5	V_6
1	5.750	3.625	6.000	3.125	1.750	3.875
2	1.667	3.000	1.833	3.500	5.500	3.333
3	3.500	5.833	3.333	6.000	3.500	6.000

除了聚类变量,通常还需要用其他相关变量,例如人口统计变量、心理测试变量、产品使用、媒体接触等描述各群,以便开展有针对性的营销工作。

19.2.6　评估聚类结果

与前面介绍过的其他方法不同,聚类分析模型的信度与效度检验缺乏客观的统计指标。可以用以下方法对聚类分析结果进行评估:

- 用不同的距离指标和聚类方法对同一数据进行分析,然后比较其结果。如果不同方法的聚类结果很一致,表明其稳定性和可靠性好。
- 将数据随机地分为两部分,分别进行聚类分析,然后比较其结果的一致性。
- 将个别组间差异很大的变量删除,用剩下的变量进行聚类分析,看看聚类结果是否有很大变化。如果是,可以考虑对聚类变量进行标准化。
- 分别用标准化和未标准化的聚类变量进行聚类,然后比较结果是否一致,判定哪种结果更容易解释。
- 快速聚类的结果可能取决于数据中样本的排列顺序,用不同的顺序进行聚类分析,直到获得稳定的结果。
- 比较聚类所产生的各组在重要的特征指标上是否有显著差异,有效的聚类分析应该能够产生在重要变量上有显著组间差异的分组。

本例中用不同的聚类方法和距离指标得到的聚类结果基本一致,因此其结果是比较可靠的。

19.3　快速聚类与二步聚类

快速聚类(**K-均值聚类**)的执行效率比较高,速度快,对大样本数据尤其合适。现仍以表 19-1 的数据为例说明如何进行快速聚类。根据前面分层聚类的结果,可以事先确定群数为 3。除此之外,还需要确定每群的初始中心,如果不特别指定,聚类程序取前3例样本的变量值为群中心的起始值,群中心的最终值是最终形成的各群所有对象的变量均值。本例的起始值与最终值如表 19-5 所示。

表 19-5 群中心

群	V_1	V_2	V_3	V_4	V_5	V_6
初始值						
1	4	6	3	7	2	7
2	2	3	2	4	7	2
3	7	2	6	4	1	3
最终值						
1	4	6	3	6	4	6
2	2	3	6	4	6	3
3	6	4	6	3	2	4

与分层聚类一样,可以在聚类结果中列出每位对象所属的群及其与所在群中心的距离(见表 19-6)。表 19-6 快速聚类的结果与表 19-3 分层聚类所列出的组别完全一致。不同的是表 19-3 的群 1 在表 19-6 中被标为群 3,表 19-3 的群 3 在表 19-6 中被标为群 1。表 19-6 中的各群分别有 6、6 和 8 名成员。

表 19-6 聚类成员

编号	群	距离	编号	群	距离
1	3	1.414	11	2	1.041
2	2	1.323	12	3	1.581
3	3	2.550	13	2	2.598
4	1	1.404	14	1	1.404
5	2	1.848	15	3	2.828
6	3	1.225	16	1	1.624
7	3	1.500	17	3	2.598
8	3	2.121	18	1	3.555
9	2	1.756	19	1	2.154
10	1	1.143	20	2	2.102

二步聚类可以揭示样本的自然分组，包括两大步骤：第一，以距离为依据形成相应的聚类特征树节点，从而构造聚类特征树；第二，通过信息准则确定最优分组并对各节点进行分组。二步聚类的优点是自动选择分类数目，而且适合大样本数据。

用二步聚类对表19-1的数据进行聚类分析，也获得3个群的结果，与前面的分层聚类和快速聚类的结果相似。本例中3种不同方法得到了类似的结果，现实中不同的方法也可能得到不同的结果。因此，最好用不同的方法对数据进行分析，以评估聚类结果的一致性和稳定性。

19.4 对变量的聚类

除了对对象进行聚类，有时也需要对变量进行聚类，将相似的变量归为同一组，比较不同组的特点。这时变量是分析单位，计算的是所有变量之间的相互距离。例如，可以用相关系数作为相似程度的指标，彼此相似的变量之间的距离短；反之则距离长。

对变量的聚类可以压缩变量的数目，便于进一步分析和描述。每一群变量的线性组合称为群成分，可以用来代替原有的一组变量而不损失太多的信息。变量聚类的目的和用途与因子分析非常相似，在此不再赘述。

19.5 常用的统计分析软件

常用的统计软件包都有聚类分析的功能。SPSS的CLUSTER程序可以计算不同的聚类指标，实施本章所介绍的全部聚类方法。可以用Hierarchical Cluster模块进展分层聚类，用K-MEANS CLUSTER模块进行快速聚类，该方法对大样本数据尤为有用。进行二步聚类的SPSS程序是TwoStep Cluster。

要运行SPSS的分层聚类、快速聚类和两步聚类程序，分别点击Analyze>Classify>Hierarchical Cluster⋯，Analyze>Classify>K-Means Cluster⋯，Analyze>Classify>TwoStep Cluster⋯。

诗 人 与 花

据说中国咏花的诗多,爱花的诗人也多。那么这些诗人到底偏爱什么花?都有哪些流派?我们可以借助聚类分析来进行探索,寻找答案。

以《全唐诗》为例,该诗集共计900卷,有42 762首诗、2 528位诗人。如果以入选作品超过200首的诗人作为样本,共52人,约占总诗人数的2%;这些诗人所作的诗共23 759首,占诗总数的近56%。利用分词软件提取有关花的意象,可以获得这52位诗人作品中各种花的意象出现的频次,表19-7列出了前10位诗人和总样本的数据,并选取出现频率比较高的9种花,作为聚类分析的变量。

表19-7 《全唐诗》主要诗人作品中各种花的意象出现的频次(节选)

诗人	杏花	菊花	荷花	莲花	梨花	桃花	梅花	桂花	野花	总数
白居易	3	9	3	4	7	12	5	1	1	45
杜甫	0	8	1	1	1	11	8	0	4	34
李白	0	1	16	2	3	16	5	0	1	44
齐己	0	1	0	3	1	6	0	0	0	11
刘禹锡	0	1	0	1	2	11	2	1	6	24
元稹	2	2	0	5	4	8	3	0	1	25
李商隐	4	0	2	4	0	2	1	4	0	17
贯休	0	0	0	2	0	8	0	1	2	13
韦应物	2	1	1	0	0	1	0	0	1	6
……										
合计	71	62	40	57	61	169	68	39	64	631

资料来源:康靖琳根据对《全唐诗》的计算机文本分析统计整理而成。

首先用二步聚类法,由软件自动确定合适的组数并进行分类,结果得到了李白和其他51位诗人两大类。这样的结果貌似没什么意思,众所周知,诗仙和其他诗人是不一样的。

那么我们再试一下分层聚类吧。为了排除作品数目的影响,主要依据各种花出现的相对频率来划分诗人,因此对花在作品中出现的频次进行标准化,使每位诗人作品中各种花出现的频次均值均为1。图19-4为分层聚类产生的树状图。

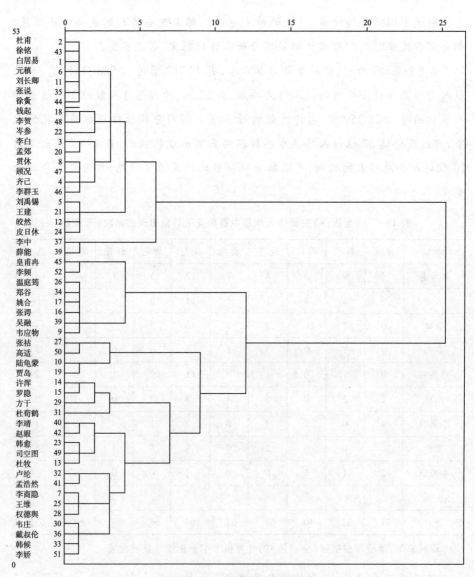

图 19-4　诗人聚类树状图

由图19-4判断,将上述诗人分为5组比较合适,各组诗人标准化聚类变量的均值、人数、偏爱的花与成员名单见表19-8和表19-9。

表 19-8 各组诗人聚类变量的均值

群组	杏花	菊花	荷花	莲花	梨花	桃花	梅花	桂花	野花
1	0.50	1.64	1.27	1.64	1.64	6.55	1.55	0.82	1.36
2	1.36	1.50	0.43	1.29	1.07	1.07	1.57	0.71	0.93
3	4.75	0.38	0.38	0.25	1.00	1.13	0.75	0.38	1.00
4	0.50	0.00	0.00	0.00	0.50	0.00	0.50	1.50	0.25
5	0.25	0.50	0.75	0.25	0.00	0.25	1.00	0.50	3.00
合计	1.37	1.19	0.77	1.10	1.17	3.25	1.31	0.75	1.23

表 19-9 各组诗人人数、偏爱的花及成员名单

群组	N	偏爱的花	成员
1	22	桃花	杜甫、白居易、李白、刘禹锡等
2	14	梅花	韩愈、杜牧、孟浩然、李商隐等
3	8	杏花	皇甫冉、温庭筠等
4	4	桂花	张祜、高适、陆龟蒙、贾岛
5	4	野花	许浑、罗隐、方干、杜荀鹤

根据上述聚类分析结果,可以把《全唐诗》中的主要诗人分为桃花党、梅花党、杏花党、桂花党和野花党五大派别,其中以李白、杜甫和白居易为代表的桃花党的阵容最为强大。

如果我们把本例中的诗人换成消费者,把花换成产品或品牌进行聚类分析,能获得什么有意义的洞察呢?

小 结

聚类分析的目的是根据彼此之间的相似度将研究对象或变量分为相对同质的群组。这些群组是基于数据所显示的个体之间的距离而不是事先的定义形成的,故聚类分析又叫数值分类。聚类分析的步骤包括定义研究问题、选择距离指标和聚类方法、确定群组数目、群组的描述与比较、评估聚类结果等。

定义聚类问题时应当根据以往的研究、理论以及研究人员的经验与判断选择聚类变量。同时还要选择合适的距离指标,最常用的是欧氏距离或其平方。

聚类方法可分为快速聚类、分层聚类和二步聚类。分层聚类的特征是可以产生反映聚类过程的树状图,该聚类方法又可分为聚合法和分解法两大类。快速聚类又称为 K 均值聚类,其优点是速度快,但需要事先确定群数。二步聚类通过比较不同聚类结果的有关指标自动确定最佳群数和聚类结果。可以将分层聚类和快速聚类配合起来使用,先用小样本和分层聚类确定组数,然后再用快速聚类对整个样本进行聚类。可以根据理论、经验和实际用途确定群数;根据群重心对群组进行描述、比较和解释。聚类模型的评估没有统一的统计指标,可以用不同方法评估聚类结果的稳定性和有用性。

根据彼此的相似度,可以对变量进行聚类,其目的与用途和因子分析相似。

■ 重要术语 ■

cluster analysis 聚类分析
classification analysis 分类分析
numerical taxonomy 数值分类
hierarchical clustering 分层聚类
K-means clustering 快速聚类,K 均值聚类
two-step clustering 二步聚类
agglomeration schedule 聚类过程表
distance between cluster centers 群间距离
similarity/distance coefficient matrix 相似度/距离系数矩阵
Euclidean distance 欧氏距离
agglomerative clustering 聚合聚类
divisive clustering 分解聚类
single linkage method 最小距离法
complete linkage method 最大距离法
average linkage method 平均距离法
variance method 方差法
Ward's method 沃氏法
centroid method 重心法
dendrogram 树状图

■ 复习思考题 ■

1. 举例说明聚类分析在营销研究中的用途。
2. 聚类分析常用的距离指标有哪些?最常用的是哪个?
3. 聚类方法主要有哪些?各自有何特点?
4. 分层聚类有哪些优缺点?
5. 快速聚类有哪些优缺点?进行快速聚类时应当注意什么问题?
6. 确定群数的依据有哪些?如何对聚类分析产生的各群进行描述与比较?
7. 评估聚类结果的主要方法有哪些?

8. 如何用聚类分析对变量进行分组？

9. 如何测量社交网络中人与人之间的距离？这一信息在市场营销领域有何用途？

10. 聚类分析和因子分析有何联系与区别？

11. 以下说法是否正确？

（1）不同聚类方法的结果总是一样的。

（2）进行聚类前必须先对聚类变量进行标准化。

（3）采用什么距离指标对聚类结果没有什么影响。

（4）当不知道群数时无法采用快速聚类。

（5）最好用不同的聚类方法分析同一数据。

练习题

假设你是一家社交网站的营销顾问，需要确定注册用户之间的相似度并据此对用户进行分类：

（1）确定聚类变量和数据获取途径；

（2）选择合适的聚类方法并说明其理由；

（3）说明聚类结果的可能用途。

延伸阅读

1. Naresh K. Malhotra, Daniel Dunan, David F. Birks, *Marketing Research: An Applied Approach*, 5th edition, Chapter 25, Pearson, 2017.

第 20 章 报告研究结果

本章概要

本章介绍营销研究的最后一步——报告研究结果。首先介绍沟通的基本过程和要素;然后讨论如何撰写和审阅研究报告,其中特别强调对图表的基本要求;接着讨论如何进行口头报告及其注意事项;最后简要介绍提交研究报告后的主要后续工作。

教学目的

阅读本章后,学生应当能够:
1. 了解沟通的基本过程和影响沟通效果的主要因素;
2. 掌握书面报告的基本结构和要求;
3. 正确运用和制作规范的图表;
4. 知道如何审阅研究报告;
5. 了解进行口头报告的基本要求及注意的事项;
6. 理解后续工作的内容及意义。

开篇案例

疑 邻 盗 斧

人有亡斧者,疑其邻之子。视其行步,窃斧也;颜色,窃斧也;言语,窃斧也;动作态度,无为而不窃斧也。俄而,掘其谷而得其斧。他日复见其邻人之子,动作态度,无似窃斧者。

资料来源:《列子·说符》。

上面这个寓言说的是,人们倾向于先入为主,使得对事物的观察以及由此得出的推论往往受主观偏见的强烈影响。我们对研究结果的报告与解读也常犯类似的错误。心理学研究表明:人们经常有选择性地注意、接受和报告自己想要的结果,而对那些与自己预期或利益不一致的事实往往会视而不见、听而不闻。这就是所谓的"所见,皆因所欲"。因此,在报告研究结果时,首先要克服先入为主的局限,保持一个开放的心态,尽可能做到客观和准确,不要让主观偏见蒙蔽了自己的双眼。

报告研究结果是营销研究的最后一步,也是非常重要的一步。书面报告的质量和口头汇报的效果直接影响研究结果能否得到委托方的认可并发挥其应有的作用。为了撰写研究报告和准备口头汇报,研究人员需要对研究项目进行认真的回顾与总结,这提供了一个总结经验、发现问题、吸取教训的好机会。因此,在数据收集、处理和分析工作完成之后,一定要及时撰写书面报告并向有关人员进行汇报。如果不能及时、有效地将研究结果与有关方面进行沟通,进一步将其转化成相应的行动,再好的研究结果也产生不了应有的作用。

20.1 沟通过程和基本要素

报告研究结果的过程是一个沟通的过程,因此首先从沟通过程及其基本要素开始。图20-1显示了沟通的过程。在这一过程中,研究人员首先要对营销研究问题、研究方法、研究设计与执行、研究结果与建议进行归纳和总结;然后通过口头汇报和书面报告的形式将其提交给有关营销管理人员,使研究的结果能够直接地用于决策;最后还要注意收集有关人员对报告的反馈,进行必要的调整和修改。

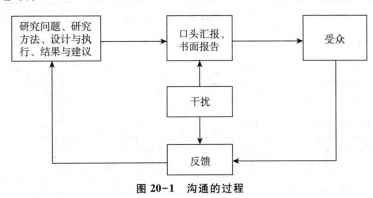

图 20-1 沟通的过程

为了取得良好的沟通效果,在提交报告之前需要对书面报告的主要读者和口头汇报的主要听众有一定的了解,以便确定报告的重点、结构和篇幅,保证报告能够引起受众的兴趣、满足其需要,最终得到认可并为营销决策提供有价值的参考。不同对象关注的问题和兴趣点往往不同。人们一般只关注与自己密切相关的信息,例如营销总监的具体兴趣点可能与产品经理非常不同;高层人员往往只对研究的主要结论和建议感兴趣,而没有时间了解项目的许多技术细节。因此,要针对受众的特点对研究内容有所取舍,突出重点,避免提供大量的无关信息,必要时要为不同的对象准备不同版本的报告。

环境中的各种干扰会影响报告效果。管理人员通常无法花很多时间不受干扰地阅读书面报告和听取口头汇报。因此,必须严格控制报告的篇幅和汇报的时间,做到简明扼要、重点突出,尽可能选择干扰较少的时间和地点进行口头汇报。

在口头汇报之前要提前将有关文字材料发放给相关人员,使其有机会阅读;汇报期间要留出足够的讨论时间,听取有关人员的提问和反馈;报告提交后,应该做一些必要的后续工作,例如帮助委托方正确地理解报告、将有关建议付诸实施、开展进一步的后续研究,等等。

例 20-1

你注意到了什么?

表 20-1 是三款轿车的关键技术参数,你能从中得出什么结论?

表 20-1 三款轿车的关键技术参数

车型	S60 T4 智逸豪华版	325i 运动套装	A4L 35TFSI
厂商指导价(万元)	30.29	31.39	30.58
发动机类型	涡轮增压	涡轮增压	涡轮增压
发动机排量(升)	2.0	2.0	2.0
最大功率(千瓦)	140	135	110
最大扭矩(牛·米)	300	300	270
变速箱	8档手自一体	8档手自一体	7档湿式双离合

（续表）

车型	S60 T4 智逸豪华版	325i 运动套装	A4L 35TFSI
0—100 千米/小时加速时间（秒）	7.7	7.3	9.7
驱动形式	前轮驱动	后轮驱动	前轮驱动
工信部综合油耗（升）	7.0	6.2	6.2
轮胎	225/50 R17	225/40 R18	225/50 R17

资料来源：汽车之家官网，https://car.autohome.com.cn，访问日期：2021-06-16。

如果你是个对汽车一窍不通的"菜鸟"，看了这张表之后可能是一头雾水，甚至连这是哪些品牌的轿车都不知道，这张表对你也就没有什么帮助。但是，如果你对汽车有一定的了解，表中的信息便给你提供了上述三款车的关键性能指标。你知道S60是沃尔沃的一款运动型轿车；上述三款车配备的都是2.0排量涡轮增压发动机；S60的功率和扭矩最大，油耗也最高；宝马325i的功率比S60略小，但提速反而更快；而奥迪A4L的功率、扭矩和提速性能皆垫底。这三款车都采用225毫米宽的轮胎，但宝马采用了18英寸（1英寸=2.54厘米）的轮毂，胎高小于其他两款车，其他两款车配备的是17英寸的轮毂。

上面这个例子说明，提供信息时需要了解受众的知识背景，这样才能选择合适的内容和方式，取得预期的效果。

20.2 撰写研究报告

研究报告常常是项目委托方唯一可见的项目成果，其质量直接影响研究结果能否得到委托方的认可并发挥其应有的作用，因此一定要认真对待。

20.2.1 基本原则

好的报告应当能准确回答营销经理关心的问题，并提出有效的解决方案。为了达到这一目的，良好的研究设计和执行是不可缺少的。除此之外，报告撰写本身也很重要。在撰写研究报告时，要遵循及时、完整、客观、清晰、简洁、专业的原则。

- **及时**。由于营销研究结果的时效性很强,因此在数据收集工作完成后,要趁热打铁,及时进行分析,迅速完成研究报告。不及时的报告对于决策的价值会大打折扣,而且通常也难以获得管理层的重视。

- **完整**。报告应当用读者能够理解的语言提供所需的全部信息,一份完整的报告应当包括哪些内容主要取决于其读者。例如,供高层管理人员阅读的报告不适合包括太多的技术细节,如果需要使用专业术语、公式或符号,应当有必要的解释。

- **客观**。要客观地报告研究结果,而不是先入为主,甚至只是有选择性地报告与自己或管理层想法一致的结果。报告应该准确、如实地描述研究问题、方法、现场执行情况、结果和结论,而不应该歪曲研究结果以迎合领导的意图和要求。

- **清晰**。一份好的报告应当有清晰的思路和结构,报告的各部分应当有很强的逻辑性,而不是罗列和堆砌数据;应该避免晦涩的措辞和术语。为了做到这一点,可以事先列出报告的提纲和重点;让对研究项目不熟悉的人阅读报告并提出意见和建议;在定稿之前进行几轮编辑和修改。

- **简洁**。管理人员工作繁忙,无暇阅读冗长的报告,因此研究报告要尽量简洁,语言精练,重点突出。为了使没时间详细阅读报告的高层管理人员对研究项目及其结果有一个大致的了解,报告的正文前要有一个执行总结,对研究问题、方法、结果和建议进行简要的概括。对分析结果要进行认真的提炼,可有可无的内容应尽量去掉,需要保留的技术细节和非关键的图表可以以附录的形式附在正文后面。

- **专业**。研究报告的内容和外观都要体现专业精神。报告的文字、图表、格式、印刷、装订都要看起来规范和专业。

20.2.2 报告的基本结构

研究报告(research report)的基本结构由于研究项目的性质和读者的不同而有所不同,但大部分研究报告都包括以下几部分:

- **封面**(title page)。以醒目的方式提供项目的关键信息,包括报告题目、作者、执行单位、委托单位和完成日期。

- **目录**(table of contents)。为了便于读者了解报告的主要内容与结构,并查阅其感兴趣的部分,目录一般包括内容目录、图表目录和附件目录。
- **执行总结**(executive summary)。执行总结是报告中极其重要的一部分,因为高层管理人员通常只阅读这一部分。执行总结虽然列在报告的正文之前,但应在报告完成之后撰写,通常包括对研究问题与方法、主要结果、结论与建议的概括性总结。
- **正文**(main text)。正文是报告的主体,通常包括以下几方面的内容:

研究问题——介绍研究的背景并对研究问题进行准确的陈述。

研究设计——描述研究设计类型、数据收集方法、样本设计。

项目执行——对项目的执行与质量控制情况进行必要的描述。

数据分析方法——对数据分析方法的介绍要具体、准确,应尽量使用简单、非技术性的语言进行描述。

研究结果——这是研究报告中最主要的部分,必要时可以分为几章。这部分内容应紧扣研究问题和决策的信息需求,通过文字和图表的合理搭配,展示主要的研究结果及其意义。一些次要的分析结果和图表可作为附录附在正文之后。

结论和建议——针对研究问题,根据研究结果提炼出主要结论,并在此基础上提出建议。所提的建议要具体、有效,具有可操作性。

研究的局限——诚实、客观地指出研究的局限性,防止对研究结果的曲解和误用。

- **附件**(appendices)。一些非必需的但对读者可能有参考价值的内容可以作为附件附在正文的后面,包括参考文献、问卷、说明、补充的图表、项目团队介绍等。

20.2.3 图表的基本要求

图表(graphs and tables)是研究报告的重要组成部分。精心设计的图表往往比文字更加直观,便于读者理解和记忆报告内容。但是,设计不佳的图表可能使读者感到困惑和费解。因此,在制作图表时,应当遵循简洁、明了、规范的原则,这样才能达到良好的沟通效果。

首先以表20-2为例,讨论制表的基本规则。

表 20-2　2021 年 5 月居民消费价格主要数据　　　（单位：%）

	环比涨跌幅	同比涨跌幅	1—5月同比涨跌幅
居民消费价格	-0.2	1.3	0.4
其中：城市	-0.1	1.4	0.4
农村	-0.3	1.1	0.4
其中：食品	-1.7	0.3	0.1
非食品	0.2	1.6	0.5
其中：消费品	-0.4	1.6	0.6
服务	0.2	0.9	0.2
其中：不包括食品和能源	0.1	0.9	0.3

资料来源：http://www.stats.gov.cn/tjsj/zxfb/202106/t20210609_1818278.html，访问日期：2021-06-09。

注：居民消费价格指数(consumer price index, CPI)是度量居民生活消费品和服务价格水平随着时间的推移而变动的相对数，综合反映居民购买的生活消费品和服务价格水平的变动情况。

每张表的上方都应该有统一的编号和标题，标题必须简短但能清楚地描述表的内容。表格中数据的排列应当符合人们的阅读习惯，例如，时间序列数据应从左到右或从上到下排列。用简洁的表头（每列顶端的文字说明）和表端（每行左端的文字说明）对数据做必要的说明，无法包含在表内的信息应该用附注加以解释，附注应该放在表的主体之后。如果引用的是二手数据，则应当在表的下方注明数据来源。

正确使用插图可以直观、形象、清晰地表达各种信息，从而改进沟通的效果。每张图也应该有编号和标题，并注明资料来源。

需要特别指出的是，文字、表和图应当起到相互补充、强调、概括或解释的作用，而不是简单地重复同样的信息。此外，要特别注意根据所要表达的信息选择合适的图类。

饼图(pie charts) 适于表示定类变量的百分比构成，图中不同颜色/深浅面积的大小反映某类别在总体中所占的百分比。图 20-2 显示以购买者户数计算的某日常食品前十大品牌的市场份额,其中,市场份额=(某月份购买某一品牌的居民户数/该月购买该类产品的总居民户数)×100%。

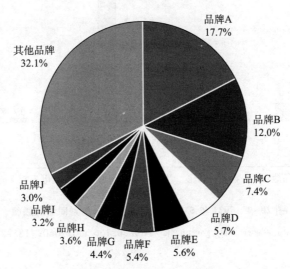

图 20-2　以购买者户数计算的某日常食品品牌的市场份额

线图(line chart) 适于描述和比较变量随时间的变化。绘制线图时,横坐标数据点的间距应当与其时间跨度成比例(见图 20-3)。

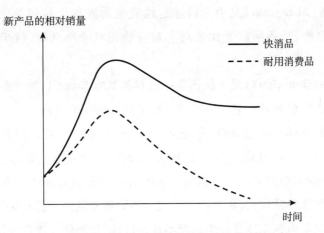

图 20-3　快消品和耐用消费品新产品扩散过程比较

条图(bar chart) 是用条块的高低(竖条图)或长短(横条图)表示数值的大小,以便比较(见图 20-4)。

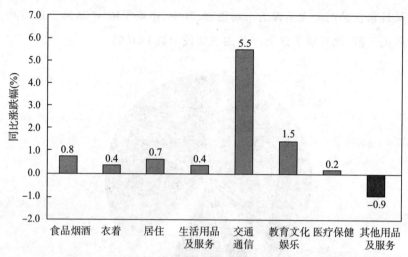

图 20-4　2021 年 5 月居民消费价格分类别同比涨跌幅

资料来源：http://www.stats.gov.cn/tjsj/zxfb/202106/t20210609_1818278.html，访问日期：2021-06-09。

统计地图（statistical map）可以有效地展示与地理位置和分布有关的数据，使之一目了然。值得注意的是，用不同色块表示的图例在用黑白打印机打印或复印后可能难以区分。

直方图（histogram）是用于描述连续变量的频数分布的条图，其横坐标是变量的取值，竖条的高度代表与之对应的相对或绝对频数（参见第 14 章图 14-1）。

流程图（flow chart）用于描述某一过程的基本步骤、主要组成部分及其相互之间的关系，使读者对复杂的过程一目了然（见图 20-1）。

象限图（quadrant graph）是进行产品或品牌属性分析时常用的工具。图 20-5 以学生的满意度评分为横坐标，以重要性评分为纵坐标，将影响学生总体满意度的主要因素在图中标出。图的右上象限为满意度和重要性均高的区域，是主要优势领域，表示学校在管理支持服务和氛围方面有优势，需要继续保持；左上象限为重要性高但满意度不高的区域，是要优先改进领域；左下象限为满意度和重要性均低的区域，是非优先领域；而右下象限为满意度高但重要性低的区域，是可能过度投资的领域。

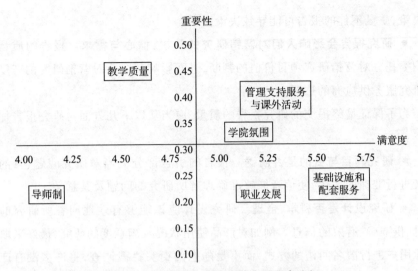

图 20-5　影响学生满意度的主要因素分析

示意图(diagram)用于描述研究的思路、理论框架或模型,便于读者理解。图 20-6 描述了自变量 X、因变量 Y 和控制变量 C 三者之间的关系。

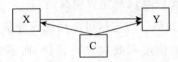

图 20-6　自变量、因变量和控制变量之间的关系

综上所述,图表是研究报告的一个重要组成部分,文字和图表的合理搭配能够大大提高沟通的效果,起到事半功倍的作用。但是,如果图表使用不当,也很可能使读者感到困惑、不解和吃力。因此,在制作图表时要遵循简洁、明了、规范的原则。

20.3　审阅与提交报告

在正式提交报告之前,认真的审阅和修改对于保证报告的质量非常重要,因为:

- **研究报告是整个研究项目的主要可见成果**。作为研究的最终成果,研究报告常常是委托方高层所能看到的唯一成果,是别人判断研究质量的主要依据。
- **研究报告关系到管理层的决策**。所报告的主要结果和建议可能直接影响决策,质量不佳的报告可能导致决策错误。

- **研究报告会影响人们对营销研究的认识、信心与需求**。报告的质量会影响委托方对营销研究项目价值的判断,进而影响其今后对营销研究的态度和对研究服务供应商的选择。

为了保证最终提交的研究报告的质量,应当从以下几方面对研究报告加以审查:

- **研究题目与目的是否明确**。报告的引言部分应当对研究问题、目的及意义进行准确的描述,使读者能够准确理解所研究的问题及其意义。
- **研究设计是否科学、合理**。研究设计应该能够有效地回答所研究的问题,提供准确、有效的信息。例如对产品使用状况及满意度的研究,最好采取对实际用户进行匿名回访的方式,而不是随意的街头拦截调查,将许多没有产品实际使用经验的对象包括进来凑数。
- **研究实施与控制是否达标**。对项目实施应当有明确的标准、程序和要求,有客观的质量评价标准(例如样本量、抽样方法、回答率、误差率等)和措施(复核与抽查、多源数据比较等),避免含糊其词。
- **数据信度与效度如何**。应当尽可能用统计分析方法,例如因子分析、一致性检验等方法对数据的信度和效度进行评价,而不是依赖研究人员的主观判断。
- **统计分析方法是否恰当**。统计分析方法的选择应当符合研究目的和数据的要求。例如,用线性回归分析时,数据应当满足回归分析的基本假设(线性、误差之间不相关、正态分布、均方差)。
- **主要结果、结论及其解释是否有用、可信**。这只能根据以往的文献、经验和对上述各环节工作的评估做出判断。
- **可推论性如何**。这主要根据研究对象和情景是否贴近现实、样本是否有代表性等做出判断。例如,一些根据学生样本在虚拟的情景下得出的研究结果很难代表普通消费者在真实购买环境中的情况。
- **报告结构、文字、图表是否规范**。根据前面讲述的报告撰写要求和注意事项,检查报告的结构、文字和图表是否规范。一篇在文字上有很多错误的报告,往往反映了作者不严谨的工作态度和较低的专业素养。对于这类研究报告,应该格外慎重。
- **结论是否有新意,建议是否有针对性和可操作性**。营销研究的最终目的是获得新的洞察,并将其转化成有效的行动。因此,研究报告应当能够提供新的发现,其行动建议应当是具体的、可操作的和有针对性的。

"细节决定成败"这句话用在研究报告的审阅上再恰当不过,一定要在每个细节上体现严谨的工作作风和专业精神。

20.4 口头汇报

口头汇报(oral presentation)的目的是通过与管理层的互动,引起其对研究结果的兴趣和重视,澄清有关问题,帮助其理解和采纳研究结果与建议。由于管理人员常常没有时间和兴趣阅读整篇书面报告,因此应当重视口头汇报的作用。

口头汇报必须简洁明了,掌握好时间和气氛。为了取得好的效果,要做好下列工作:

- **事先充分准备**。要根据听众的特点进行准备,充分考虑听众的背景、兴趣以及对研究项目的态度。在正式报告之前,最好能够预演一次,切忌临时抱佛脚。
- **借助视听设备、书面材料和图表**。应该借助多种媒体工具进行展示,并将事先准备好的材料发给听众。注意事先对场地和设备进行必要的测试,避免关键时刻掉链子。
- **使用通俗的语言**。要根据听众的背景,使用通俗的语言,避免过多的专业术语,必要时给予适当的解释。
- **适当运用身体语言**。适当借助手势和表情可以使语言表达更加清晰,调动听众的情绪,调节气氛。
- **注意听众的反应**。在报告过程中不要只盯着屏幕或书面报告,要保持与听众的目光交流,注意听众的反应并与其进行良好的互动。
- **掌握好时间**。口头报告要尽可能简短,否则听众很快就会失去兴趣和耐心。在报告期间和报告后要给听众适当的提问机会。

为了取得良好的沟通效果,切忌在报告中漫无目的地罗列大量数据和图表,应当聚焦听众关心的、亟待解决的问题,提出独到见解和具体的、可操作的行动建议。

例 20-2

推销梳子的故事

这是一个广为流传的有关沟通的故事。

某单位招聘业务员,经理出了一个题目,让他们用一天的时间向和尚推销梳子。很多人都说和尚没有头发,怎么可能向他们推销梳子,于是放弃了这个机会,但有三个人表示愿意试一试。

第一个人卖出了 1 把梳子。他对经理说:"我到处跟和尚讲,我们的梳子对头发有多么多么好,结果那些和尚都骂我神经病。我很绝望,这时我看到一个小和尚,头上生了很多癞子,在那里用手抓。我就告诉他,抓头要用梳子抓。就这样,我通过骗他卖出了 1 把。"

第二个人卖出了 10 把梳子。他说:"我到了一个高山上的寺庙,问和尚这里是不是有很多人拜佛。和尚说是的。我又问他:如果他们顶着一头被山风吹乱了的头发拜佛,尊敬不尊敬?和尚说当然不尊敬。我说:'你知道了又不提醒他们,是不是一种罪过?'他说当然是一种罪过。于是我建议他在每个佛像前摆一把梳子,游客来了梳完头再拜佛!这个寺庙一共有 10 个佛像,于是我卖出去了 10 把。"

第三个人卖出了 3 000 把梳子!他说:"我到了最大的寺庙里,直接跟方丈讲:'你想不想增加收入?'"方丈说想。我就告诉他,在寺庙最繁华的地方贴上标语,捐钱有礼物拿。什么礼物呢? 一把功德梳。这个梳子有个特点,一定要在人多的地方用它梳头,这样就能梳去晦气梳来运气。于是很多人捐钱后就到人多的地方梳头,又促使很多人去捐钱,一下子就卖出了 3 000 把。

其实,向管理层报告研究结果,取得他们的认可并将有关建议转变成行动和推销梳子一样,关键是要发现和引导对方的需求并提出有效的解决方案。

20.5 后续工作

报告提交并被委托方接受之后,并非万事大吉,还有一些后续工作要及时完成,其中最重要的是对委托方(客户)的追踪和对研究项目的总结与评估。

事后追踪有助于有关方面对研究报告的正确理解,从而使其能够发挥应有的作用;这还给研究人员提供了一个难得的实践和学习机会,从而可以积累更多的实战经验,也为后续研究奠定了良好的基础。对于专业的研究与咨询公司而言,事后对客户的追踪也是保持和客户的联系、维系客户关系的一种有效手段。

对研究项目的及时总结和评估也很重要,但要注意克服报喜不报忧的倾向,总结和评估工作要针对研究过程的主要步骤,围绕以下几方面的问题展开:

- 对研究问题的把握是否准确?如果答案是否定的,那么其原因是什么?
- 研究设计是否合适?有无需要改进的地方?
- 研究对象和抽样方法的选择是否正确?
- 数据收集方法的选择是否合适?
- 现场工作的组织、实施和质量控制情况如何?督导是否到位?
- 数据分析方法是否恰当?
- 研究结果是否有用并具有可操作性?
- 预算是否合理?成本控制情况如何?
- 研究报告的质量和效果如何?委托方是否满意?

只有对整个项目进行认真的、实事求是的总结和评估,才能使项目组成员及时发现问题,吸取教训,积累经验,获得新的启示和知识。当然,每次的项目总结并不一定要面面俱到,而是要抓住关键环节和关键问题进行。要使总结和评估成为一个难得的学习和提高的机会,而不是一个负担。

小 结

报告研究结果的过程是一个沟通的过程,因此首要先对沟通过程及其基本要素有一个基本的了解。在这一过程中,研究人员要对研究问题、项目的设计与执行、研究结果与建议进行归纳和总结,并通过口头汇报和书面报告的形式提交给有关管理人员,获得他们的认可和采纳,并将其转化成有效的策略与行动。

为了取得良好的沟通效果,在提交报告之前需要对书面报告的主要读者和口头汇报的主要听众有一定的了解,以便确定报告的内容、重点、结构和篇幅,保证报告能够满足其受众的需要,最终得到认可并为营销决策提供有价值的参考。

在撰写研究报告时,要遵循及时、完整、客观、清晰、简洁、专业的原则。精心设计的图表往往比文字更加直观,便于读者理解和记忆。在制作图表时,应当遵循简洁、明了、规范的原则,这样才能达到良好的沟通效果。在正式提交报告之前,要对报告进行认真的审阅和修改。口头汇报必须简洁明了,重点突出,掌握好时间和气氛,注意与听众的互动。

报告提交并被委托方接受之后,还有一些后续工作,其中最重要的是对委托方(客户)的追踪和对研究项目的总结与评估。

■ 重要术语 ■

research report 研究报告
title page 封面
executive summary 执行总结
pie chart 饼图
line chart 线图
bar chart 条图

statistical map 统计地图
histogram 直方图
flow chart 流程图
quadrant graph 象限图
diagram 示意图
oral presentation 口头汇报

■ 复习思考题 ■

1. 沟通过程包括哪些关键要素?
2. 营销研究报告通常包括哪些部分?撰写研究报告应该遵循哪些基本原则?
3. 执行总结有什么用途?
4. 报告中的图表有什么作用?图、表和正文三者之间应该是什么关系?
5. 表的基本要求是什么?
6. 常用的图有哪几种?各有何用途?
7. 进行口头汇报时需要注意哪些问题?
8. 为什么营销研究项目完成后要进行及时的总结和评估?

■ 练 习 题 ■

1. 访问麦肯锡公司官方网站(https://www.mckinsey.com),下载一份该公司最近完成的研究报告,对报告的质量和可能存在的问题进行评估并提出改进意见。

■ 延伸阅读 ■

1. Naresh K. Malhotra, Daniel Dunan, David F. Birks, *Marketing Research: An Applied Approach*, 5th edition, Chapter 28, Pearson, 2017.

附　录

附录 1　标准正态分布表

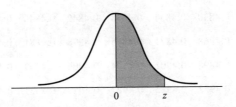

表中的数字是标准正态曲线下由均值 0 至 z 值之间的阴影面积。

z	0.00	0.01	0.02	0.03	0.04	0.05	0.06	0.07	0.08	0.09
0.0	0.0000	0.0040	0.0080	0.0120	0.0160	0.0199	0.0239	0.0279	0.0319	0.0359
0.1	0.0398	0.0438	0.0478	0.0517	0.0557	0.0596	0.0636	0.0675	0.0714	0.0753
0.2	0.0793	0.0832	0.0871	0.0910	0.0948	0.0987	0.1026	0.1064	0.1103	0.1141
0.3	0.1179	0.1217	0.1255	0.1293	0.1331	0.1368	0.1406	0.1443	0.1480	0.1517
0.4	0.1554	0.1591	0.1628	0.1664	0.1700	0.1736	0.1772	0.1808	0.1844	0.1879
0.5	0.1915	0.1950	0.1985	0.2019	0.2054	0.2088	0.2123	0.2157	0.2190	0.2224
0.6	0.2257	0.2291	0.2324	0.2357	0.2389	0.2422	0.2454	0.2486	0.2518	0.2549
0.7	0.2580	0.2612	0.2642	0.2673	0.2704	0.2734	0.2764	0.2794	0.2823	0.2852
0.8	0.2881	0.2910	0.2939	0.2967	0.2995	0.3023	0.3051	0.3078	0.3106	0.3133
0.9	0.3159	0.3186	0.3212	0.3238	0.3264	0.3289	0.3315	0.3340	0.3365	0.3389
1.0	0.3413	0.3438	0.3461	0.3485	0.3508	0.3531	0.3554	0.3577	0.3599	0.3621
1.1	0.3643	0.3665	0.3686	0.3708	0.3729	0.3749	0.3770	0.3790	0.3810	0.3830
1.2	0.3849	0.3869	0.3888	0.3907	0.3925	0.3944	0.3962	0.3980	0.3997	0.4015

(续表)

z	0.00	0.01	0.02	0.03	0.04	0.05	0.06	0.07	0.08	0.09
1.3	0.4032	0.4049	0.4066	0.4082	0.4099	0.4115	0.4131	0.4147	0.4162	0.4177
1.4	0.4192	0.4207	0.4222	0.4236	0.4251	0.4265	0.4279	0.4292	0.4306	0.4319
1.5	0.4332	0.4345	0.4357	0.4370	0.4382	0.4394	0.4406	0.4418	0.4429	0.4441
1.6	0.4452	0.4463	0.4474	0.4484	0.4495	0.4505	0.4515	0.4525	0.4535	0.4545
1.7	0.4554	0.4564	0.4573	0.4582	0.4591	0.4599	0.4608	0.4616	0.4625	0.4633
1.8	0.4641	0.4649	0.4656	0.4664	0.4671	0.4678	0.4686	0.4693	0.4699	0.4706
1.9	0.4713	0.4719	0.4726	0.4732	0.4738	0.4744	0.4750	0.4756	0.4761	0.4767
2.0	0.4772	0.4778	0.4783	0.4788	0.4793	0.4798	0.4803	0.4808	0.4812	0.4817
2.1	0.4821	0.4826	0.4830	0.4834	0.4838	0.4842	0.4846	0.4850	0.4854	0.4857
2.2	0.4861	0.4864	0.4868	0.4871	0.4875	0.4878	0.4881	0.4884	0.4887	0.4890
2.3	0.4893	0.4896	0.4898	0.4901	0.4904	0.4906	0.4909	0.4911	0.4913	0.4916
2.4	0.4918	0.4920	0.4922	0.4925	0.4927	0.4929	0.4931	0.4932	0.4934	0.4936
2.5	0.4938	0.4940	0.4941	0.4943	0.4945	0.4946	0.4948	0.4949	0.4951	0.4952
2.6	0.4953	0.4955	0.4956	0.4957	0.4959	0.4960	0.4961	0.4962	0.4963	0.4964
2.7	0.4965	0.4966	0.4967	0.4968	0.4969	0.4970	0.4971	0.4972	0.4973	0.4974
2.8	0.4974	0.4975	0.4976	0.4977	0.4977	0.4978	0.4979	0.4979	0.4980	0.4981
2.9	0.4981	0.4982	0.4982	0.4983	0.4984	0.4984	0.4985	0.4985	0.4986	0.4986
3.0	0.49865	0.49869	0.49874	0.49878	0.49882	0.49886	0.49889	0.49893	0.49897	0.49900
3.1	0.49903	0.49906	0.49910	0.49913	0.49916	0.49918	0.49921	0.49924	0.49926	0.49929
3.2	0.49931	0.49934	0.49936	0.49938	0.49940	0.49942	0.49944	0.49946	0.49948	0.49950
3.3	0.49952	0.49953	0.49955	0.49957	0.49958	0.49960	0.49961	0.49962	0.49964	0.49965
3.4	0.49966	0.49968	0.49969	0.49970	0.49971	0.49972	0.49973	0.49974	0.49975	0.49976
3.5	0.49977	0.49978	0.49978	0.49979	0.49980	0.49981	0.49981	0.49982	0.49983	0.49983
3.6	0.49984	0.49985	0.49985	0.49986	0.49986	0.49987	0.49987	0.49988	0.49988	0.49989
3.7	0.49989	0.49990	0.49990	0.49990	0.49991	0.49991	0.49992	0.49992	0.49992	0.49992
3.8	0.49993	0.49993	0.49993	0.49994	0.49994	0.49994	0.49994	0.49995	0.49995	0.49995
3.9	0.49995	0.49995	0.49996	0.49996	0.49996	0.49996	0.49996	0.49996	0.49997	0.49997

附录2 卡方分布表

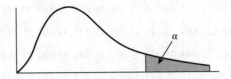

表中的数字是与自由度和右尾面积相对应的卡方值。

自由度	右尾面积(α)										
	0.995	0.99	0.975	0.95	0.90	0.75	0.25	0.10	0.05	0.025	0.01	0.005
1			0.001	0.004	0.016	0.102	1.323	2.706	3.841	5.024	6.635	7.879
2	0.010	0.020	0.051	0.103	0.211	0.575	2.773	4.605	5.991	7.378	9.210	10.597
3	0.072	0.115	0.216	0.352	0.584	1.213	4.108	6.251	7.815	9.348	11.345	12.838
4	0.207	0.297	0.484	0.711	1.064	1.923	5.385	7.779	9.488	11.143	13.277	14.860
5	0.412	0.554	0.831	1.145	1.610	2.675	6.626	9.236	11.071	12.833	15.086	16.750
6	0.676	0.872	1.237	1.635	2.204	3.455	7.841	10.645	12.592	14.449	16.812	18.548
7	0.989	1.239	1.690	2.167	2.833	4.255	9.037	12.0-17	14.067	16.013	18.475	20.278
8	1.344	1.646	2.180	2.733	3.490	5.071	10.219	13.362	15.507	17.535	20.090	21.955
9	1.735	2.088	2.700	3.325	4.168	5.899	11.389	14.684	16.919	19.023	21.666	23.589
10	2.156	2.558	3.247	3.940	4.865	6.737	12.549	15.987	18.307	20.483	23.209	25.188
11	2.603	3.053	3.816	4.575	5.578	7.584	13.701	17.275	19.675	21.920	24.725	26.757
12	3.074	3.571	4.404	5.226	6.304	8.438	14.845	18.549	21.026	23.337	26.217	28.299
13	3.565	4.107	5.009	5.892	7.042	9.299	15.984	19.812	22.362	24.736	27.688	29.819
14	4.075	4.660	5.629	6.571	7.790	10.165	17.117	21.064	23.685	26.119	29.141	31.319
15	4.601	5.229	6.262	7.261	8.547	11.037	18.245	22.307	24.996	27.488	30.578	32.801
16	5.142	5.812	6.908	7.962	9.312	11.912	19.369	23.542	26.296	28.845	32.000	34.267
17	5.697	6.408	7.564	8.672	10.085	12.792	20.489	24.769	27.587	30.191	33.409	35.718
18	6.265	7.015	8.231	9.390	10.865	13.675	21.605	25.989	28.869	31.526	34.805	37.156
19	6.844	7.633	8.907	10.117	11.651	14.562	22.718	27.204	30.144	32.852	36.191	38.582
20	7.434	8.260	9.591	10.851	12.443	15.452	23.828	28.412	31.410	34.170	37.566	39.997
21	8.034	8.897	10.283	11.591	13.240	16.344	24.935	29.615	32.671	35.479	38.932	41.401

（续表）

自由度	右尾面积(α)										
	0.995	0.99	0.975	0.95	0.90	0.75	0.25	0.10	0.05	0.025	0.01	0.005
22	8.643	9.542	10.982	12.338	14.042	17.240	26.039	30.813	33.924	36.781	40.289	42.796
23	9.260	10.196	11.689	13.091	14.848	18.137	27.141	32.007	35.172	38.076	41.638	44.181
24	9.886	10.856	12.401	13.848	15.659	19.037	28.241	33.196	36.415	39.364	42.980	45.559
25	10.520	11.524	13.120	14.611	16.473	19.939	29.339	34.382	37.652	40.646	44.314	46.928
26	11.160	12.198	13.844	15.379	17.292	20.843	30.435	35.563	38.885	41.923	45.642	48.290
27	11.808	12.879	14.573	16.151	18.114	21.749	31.528	36.741	40.113	43.194	46.963	49.645
28	12.461	13.565	15.308	16.928	18.939	22.657	32.620	37.916	41.337	44.461	48.278	50.993
29	13.121	14.257	16.047	17.708	19.768	23.567	33.711	39.087	42.557	45.722	49.588	52.336
30	13.787	14.954	16.791	18.493	20.599	24.478	34.800	40.256	43.773	46.979	50.892	53.672
31	14.458	15.655	17.539	19.281	21.434	25.390	35.887	41.422	44.985	48.232	52.191	55.003
32	15.134	16.362	18.291	20.072	22.271	26.304	36.973	42.585	46.194	49.480	53.486	56.328
33	15.815	17.074	19.047	20.867	23.110	27.219	38.058	43.745	47.400	50.725	54.776	57.648
34	16.501	17.789	19.806	21.664	23.952	28.136	39.141	44.903	48.602	51.966	56.061	58.964
35	17.192	18.509	20.569	22.465	24.797	29.054	40.223	46.059	49.802	53.203	57.342	60.275
36	17.887	19.233	21.336	23.269	25.643	29.973	41.304	47.212	50.998	54.437	58.619	61.581
37	18.586	19.960	22.106	24.075	26.492	30.893	42.383	48.363	52.192	55.668	59.892	62.883
38	19.289	20.691	22.878	24.884	27.343	31.815	43.462	49.513	53.384	56.896	61.162	64.181
39	19.996	21.426	23.654	25.695	28.196	32.737	44.539	50.660	54.572	58.120	62.428	65.476
40	20.707	22.164	24.433	26.509	29.051	33.660	45.616	51.805	55.758	59.342	63.691	66.766
41	21.421	22.906	25.215	27.326	29.907	34.585	46.692	52.949	56.942	60.561	64.950	68.053
42	22.138	23.650	25.999	28.144	30.765	35.510	47.766	54.090	58.124	61.777	66.206	69.336
43	22.859	24.398	26.785	28.965	31.625	36.436	48.840	55.230	59.304	62.990	67.459	70.616
44	23.584	25.148	27.575	29.787	32.487	37.363	49.913	56.369	60.481	64.201	68.710	71.893
45	24.311	25.901	28.366	30.612	33.350	38.291	50.985	57.505	61.656	65.410	69.957	73.166
46	25.041	26.657	29.160	31.439	34.215	39.220	52.056	58.641	62.830	66.617	71.201	74.437
47	25.775	27.416	29.956	32.268	35.081	40.149	53.127	59.774	64.001	67.821	72.443	75.704
48	26.511	28.177	30.755	33.098	35.949	41.079	54.196	60.907	65.171	69.023	73.683	76.969
49	27.249	28.941	31.555	33.930	36.818	42.010	55.265	62.038	66.339	70.222	74.919	78.231

附录3 t 分布表

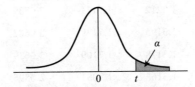

表中的数字是与自由度和右尾面积相对应的 t 值。

自由度	右尾面积					
	0.25	0.10	0.05	0.025	0.01	0.005
1	1.0000	3.0777	6.3138	12.7062	31.8207	63.6574
2	0.8165	1.8856	2.9200	4.3027	6.9646	9.9248
3	0.7649	1.6377	2.3534	3.1824	4.5407	5.8409
4	0.7407	1.5332	2.1318	2.7764	3.7469	4.6041
5	0.7267	1.4759	2.0150	2.5706	3.3649	4.0322
6	0.7176	1.4398	1.9432	2.4469	3.1427	3.7074
7	0.7111	1.4149	1.8946	2.3646	2.9980	3.4995
8	0.7064	1.3968	1.8595	2.3060	2.8965	3.3554
9	0.7027	1.3830	1.8331	2.2622	2.8214	3.2498
10	0.6998	1.3722	1.8125	2.2281	2.7638	3.1693
11	0.6974	1.3634	1.7959	2.2010	2.7181	3.1058
12	0.6955	1.3562	1.7823	2.1788	2.6810	3.0545
13	0.6938	1.3502	1.7709	2.1604	2.6503	3.0123
14	0.6924	1.3450	1.7613	2.14488	2.6245	2.9768
15	0.6912	1.3406	1.7531	2.1315	2.6025	2.9467
16	0.6901	1.3368	1.7459	2.1199	2.5835	2.9208
17	0.6892	1.3334	1.7396	2.1098	2.5669	2.8982
18	0.6884	1.3304	1.7341	2.1009	2.5524	2.8784
19	0.6876	1.3277	1.7291	2.0930	2.5395	2.8609
20	0.6870	1.3253	1.7247	2.0860	2.5280	2.8453
21	0.6864	1.3232	1.7207	2.0796	2.5177	2.8314

（续表）

自由度	右尾面积					
	0.25	0.10	0.05	0.025	0.01	0.005
22	0.6858	1.3212	1.7171	2.0739	2.5083	2.8188
23	0.6853	1.3195	1.7139	2.0687	2.4999	2.8073
24	0.6848	1.3178	1.7109	2.0639	2.4922	2.7969
25	0.6844	1.3163	1.7081	2.0595	2.4851	2.7874
26	0.6840	1.3150	1.7056	2.0555	2.4786	2.7787
27	0.6837	1.3137	1.7033	2.0518	2.4727	2.7707
28	0.6834	1.3125	1.7011	2.0484	2.4671	2.7633
29	0.6830	1.3114	1.6991	2.0452	2.4620	2.7564
30	0.6828	1.3104	1.6973	2.0423	2.4573	2.7500
31	0.6825	1.3095	1.6955	2.0395	2.4528	2.7440
32	0.6822	1.3086	1.6939	2.0369	2.4487	2.7385
33	0.6820	1.3077	1.6924	2.0345	2.4448	2.7333
34	0.6818	1.3070	1.6909	2.0322	2.4411	2.7284
35	0.6816	1.3062	1.6896	2.0301	2.4377	2.7238
36	0.6814	1.3055	1.6883	2.0281	2.4345	2.7195
37	0.6812	1.3049	1.6871	2.0262	2.4314	2.7154
38	0.6810	1.3042	1.6860	2.0244	2.4286	2.7116
39	0.6808	1.3036	1.6849	2.0227	2.4258	2.7079
40	0.6807	1.3031	1.6839	2.0211	2.4233	2.7045
41	0.6805	1.3025	1.6829	2.0195	2.4208	2.7012
42	0.6804	1.3020	1.6820	2.0181	2.4185	2.6981
43	0.6802	1.3016	1.6811	2.0167	2.4163	2.6951
44	0.6801	1.3011	1.6802	2.0154	2.4141	2.6923
45	0.6800	1.3006	1.6794	2.0141	2.4121	2.6896
46	0.6799	1.3002	1.6787	2.0129	2.4102	2.6870
47	0.6797	1.2998	1.6779	2.0117	2.4083	2.6846
48	0.6796	1.2994	1.6772	2.0106	2.4066	2.6822
49	0.6795	1.2991	1.6766	2.0096	2.4049	2.6800
50	0.6794	1.2987	1.6759	2.0086	2.4033	2.6778

教辅申请说明

北京大学出版社本着"教材优先、学术为本"的出版宗旨,竭诚为广大高等院校师生服务。为更有针对性地提供服务,请您按照以下步骤通过**微信**提交教辅申请,我们会在1~2个工作日内将配套教辅资料发送到您的邮箱。

◎ 扫描下方二维码,或直接微信搜索公众号"北京大学经管书苑",进行关注;

◎ 点击菜单栏"在线申请"—"教辅申请",出现如右下界面:

◎ 将表格上的信息填写准确、完整后,点击提交;

◎ 信息核对无误后,教辅资源会及时发送给您;如果填写有问题,工作人员会同您联系。

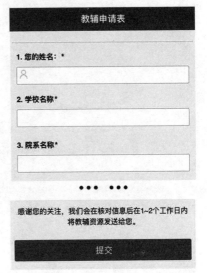

温馨提示:如果您不使用微信,则可以通过以下联系方式(任选其一),将您的姓名、院校、邮箱及教材使用信息反馈给我们,工作人员会同您进一步联系。

联系方式:

北京大学出版社经济与管理图书事业部

通信地址:北京市海淀区成府路205号,100871

电子邮箱:em@pup.cn

电　　话:010-62767312

微　　信:北京大学经管书苑(pupembook)

网　　址:www.pup.cn